臺灣政經史系列第三輯08 陳天授主編

元華文創

臺灣政經發展史論述稿

臺灣政經發展的未來，有如泰戈爾闡述：
生命因世界的需要而發現它的財富，
因愛的需要而發現它的價值。
這彰顯政權、金錢與人權關係發展的重要目標。

陳添壽——著

自序：我的臺灣政經發展史論述與苦行

　　這本書是我延續撰寫《臺灣警政治安史論述稿》而來，專攻歷史並非我的本科，但是做為一位畢生專致於研究政治經濟學，和在大學講授政經發展史，並且聚焦從 1945 年臺灣光復、1949 年中華民國政府南移；尤其是在 1970 年代後期，到 2000 年的期間，自己非常有幸實際參與國家重大政策制定與實行的經驗，這是驅動我撰寫本書的最原始動力。

　　2024 年，雖然我已曾在拙作《臺北城南印記：1978-2000 年臺灣本土化與民主化的雙軌發展歷程》，把我這一段人生難逢的際遇做了部分的回述，但我深感還是有需要將自己所學、所思、所感，以及針對國家與社會之間，有關於政（治）經（濟）社（會）文（化）等歷史結構性因素，其相互影響過程做更進一步的完整闡述。

　　我設想若能以通俗生活化的易懂解說方式，透過其各主（個）體的微觀，與整合宏（總）觀的縱深歷史論述，這何嘗不是在我過往撰寫著作過程中，所有要求自己必須秉持的原則與努力的嘗試嗎？尤其本書並非學術性專題論文，而是要提供給大學修習通識課程學生的參考用書。

　　2004 年，溯自我從臺北溫州街遷居到更往城南的蟾蜍山下，迄今的 2025 年，我已歷經了二十個年頭。尤其在 2017 年起

至 2023 年的這六年，我已從專職退休後的改兼職教學之餘，更把〔臺灣政治經濟思想史論叢〕（卷一）至（卷八）的八卷，約 200 萬字的論文集書全部出齊。

我在這階段對於臺灣政經思想與發展的書寫完成，耗盡了我憧憬退休後的悠閒歲月。有些時候，自己突然會有「浮生暫寄夢中夢，世事如聞風裏風」的感嘆，促使我興起在歷經這段苦行之後的決定暫時擱筆，待他日有新史料的出現再做更縝密增修的想法，或許這能夠讓我的臺灣政經思想與發展史的有關作品整理得更周詳，好為我念茲在茲喜愛閱讀與書寫的人生，塗上多采多姿的美麗圖案。

只是，此構想並未能讓我的思緒沉澱下來，因為我除了服膺 17 世紀，曾效力於荷蘭奧倫治親王（Prins van Oranje）黃金時期的法國哲學思想家笛卡爾（René Descartes, 1596-1650），其在啟蒙時代的主張「我思故我在」影響之外，最主要我還是想為修習我課程學生的需要，激發我有必要從〔臺灣政治經濟思想史論叢〕的這八卷書中，再思慮審修的萃取精華，計畫來陸續完成〔臺灣政經史論述稿系列〕三書。

〔臺灣政經史論述稿系列〕，其三書中除了去（2024）年已出版的《臺灣警政治安史論述稿》，和現在即將要出版的《臺灣政經發展史論述稿》之外，未來我希望能完成《臺灣政經體制史論述稿》，來彰顯我生於斯、長於斯，賦予建構臺灣政經思想與發展的歷史意義。

有基於此，我除了在《臺灣警政治安史論述稿》一書中，已經特別增列了〈導讀與摘錄注（清）林豪《東瀛紀事》〉，和〈導讀與摘譯注（日）織田 萬《清國行政法汎論》第七章地方

自治〉，其目的在凸顯這二篇文獻，對於我從政府、警察與社會關係發展來書寫《臺灣警政治安史論述稿》過程中的重要性。

現在《臺灣政經發展史論述稿》除了從政權、金權與人權關係發展的探討臺灣前近代、近代、現代與當代等四個時期政經發展以外，亦採取前書的寫法，增列導讀與錄注陳第《東番記》、導讀江日昇《臺灣外記》、導讀與摘錄注郁永河《裨海紀遊》、導讀與摘錄注藍鼎元《平臺紀略》、導讀與摘錄注周凱〈封禁山考記臺灣張丙之亂〉等四種文獻，提供讀者進一步對照研讀。

撰寫本書，是在我早已過韓愈（768-824）在他三十六歲那年的感嘆：「吾年未四十，而視茫茫，而髮蒼蒼，而齒牙動搖」的年紀；尤其又是在我已跨七十之後的第五年，時間關鍵迫使我的書寫生涯再度面對新的處境，頗有感觸陸游〈寄題朱元晦武夷精舍〉詩：「身閒剩覺溪山好，心靜尤知日月長；天下蒼生未蘇息，憂公遂與世相忘。」的憂世情懷。

我也深深體會到一位「知識人」，當其身處閒時勝過溪山美好；心境寧靜時感受日月長久的難得時光。我願隨著年歲的增長和閱歷的漸廣，多遙想詩人陸游的愛國心境，或許更能意識遭逢並未如想像中的身閒心靜，但總祈望自己在思想最成熟的階段，可以也有智慧選擇，暫且放下世間紛擾，享有劉勰所述：「寂然凝慮，思接千載。悄然動容，視通萬里。」，與我自述「樂在苦行」的自由書寫歲月。

是為序。

陳添壽

2025.02.24 謹識於臺北城南蟾蜍山居安齋

目 次

自序：我的臺灣政經發展史論述與苦行 ················· i

導論：政權、金權與人權關係發展 ···················· 1

第一時期　前近代臺灣時期政經發展史（-1895）······· 11
　一、早期臺灣原住民階段政經發展（-1624）········· 17
　　附錄一：導讀與錄注陳第《東番記》··············· 28
　二、荷西福爾摩沙階段政經發展（1624-1662）······· 39
　三、南明東寧王國階段政經發展（1662-1683）······· 69
　　附錄二：導讀江日昇《臺灣外記》················· 90
　　附錄三：導讀與摘錄注郁永河《裨海紀遊》········· 97
　四、大清帝國階段臺灣政經發展（1683-1895）······ 105
　　附錄四：導讀與摘錄注藍鼎元《平臺紀略》········ 145
　　附錄五：導讀與摘錄注周凱〈封禁山考記臺灣張丙之亂〉
　　··································· 188

第二時期　近代臺灣日治時期政經發展史（1895-1945）·· 207
　一、日治前期內地化階段臺灣政經發展（1895-1930）·· 209
　二、日治後期南進化階段臺灣政經發展（1930-1945）·· 217

三、小結 ……………………………………………… 224

第三時期　現代臺灣中華民國政經發展史 ……………… 227
　　一、戒嚴前期黨國化階段臺灣政經發展（1945-1972）‥ 227
　　二、戒嚴後期本土化臺灣政經發展（1972-1987） …… 244
　　三、小結 ……………………………………………… 253

第四時期　當代臺灣中華民國時期政經發展史（1987-迄今）
　　　　　……………………………………………………… 227
　　一、解嚴前期威權轉型階段臺灣政經發展（1987-2000）‥ 255
　　二、解嚴後期鞏固民主階段臺灣政經發展（2000-迄今） 261
　　三、小結 ……………………………………………… 264

結論：生命、財富與價值時代 …………………………… 267

導論：政權、金權與人權關係發展

　　我想先論述政治經濟學研究途徑。人類的歷史乃是成長的歷史，而歷史作為各個主體相互選擇的過程，亦必須盡可能貼近事實的歷史具體陳述。本書稿將從臺灣發展歷史作為政權、金權與人權的分別代表了政治、經濟、社會的三個角度，並將其所糾葛因素的相互影響過程來加以論述。

　　17 世紀以來，「政治經濟學」（Political economy）一詞首先由法國蒙奇雷汀（Antoyne de Montchretien, 1575-1621）針對當時盛行重商主義（Mercantilism），並於 1615 年出版了《獻給國王和王后的政治經濟學》的書中所述：研究一個社會生產、資本、流通、交換、分配和消費等經濟活動、經濟關係和經濟規律的概念。

　　百年之後的 1776 年，亦如延續亞當‧史密斯（Adam Smith, 1723-1790）綜合重商主義（Mercantilism）與重農學派（Physiocracy）思想的提出《國家財富的性質和原因之研究》（*An Inquiry into the Nature and Causes of the Wealth of Nations*），該書簡稱《國富論》，為探求創造國民財富的古典政治經濟學（Classical political economy）。

　　1817 年，李嘉圖（David Ricardo, 1772-1823）《關於政治經濟學和稅收的原理》（*On the Principles of Political Economy and Taxation*），與 1821 年，法國經濟學家賽伊（Jean Baptiste Say, 1767-1832）《政治經濟學文集》（*Treatise*）的更相繼出版之後，「政治經濟學」的盛行達到一個階段的高峰期。

承上述，「政治經濟學」的意義，主要是研究國家經濟的管理，如何以最有效率的方式，來滿足社會成員的需要與推動國家的經濟發展。「政治經濟學」的目的，係為人民提供富裕的生活物質與收入，和提供國家機關（the state, 指包括行政、立法、司法的廣義政府）足夠的財政來源，以便從事公共建設與服務。

易言之，「政治經濟學」是一種科際整合的探討市場機能（market function）運作與政府機關（the state）互動關係的學科。即是代表政治學（Politics）「權力」（power）與經濟學（Economics）「利潤」（profit）觀念上的分析，凸顯政治強調權力的分配運用，經濟重視利潤的金錢（money）利益。

「政治經濟學」當在實際運作上，通常會出現二個層面的現象。第一個現象，是國家機關是否進行經濟干預或讓經濟自由運作，會對經濟發展比較有利。第二個現象，是民間的需求（wants）或是市場需求（market demand）是否由國家機關來提供，或是由私有部門或是市場供給（market supply）會來得比較有效果。

依上述二個現象議題的延伸，「政治經濟學」在其研究途徑（approaches）上主要採用三種方式：

第一種方式，是凸顯經濟市場具有自我調節的功能，重視私有與利己的原則。我們將其稱為以亞當·史密斯為代表的古典經濟學理論。

第二種方式，是強調國家機關對經濟發展的主導角色，為求

經濟發展與穩定，國家機關應有效的調整與控制經濟。我們將其稱為以凱因斯（J. M. Keynes, 1883-1946）為代表的凱因斯經濟學理論。

　　第三種方式，是在世界體系的講求生產效益，重視對現有的社會資源作有效的配置，以獲取大的利潤，提高經濟成長。但是這產生資源分配的不平均，貧富差距擴大的問題，極容易產生國際間政治與經濟的衝突。我們將其稱為以華勒斯坦（Immanuel Wallerstein, 1930-2019）為代表的「國際政治經濟學」理論。

　　因此，「政治經濟學」的研究分析方式，可採取宏觀的總體分析（macro-analysis）與微觀的個體分析（micro-analysis）。正如經濟學亦有「總體經濟學」（Macro-economics）與「個體經濟學」（Micro-economics）之分。「個體經濟學」研究的是個體或個體與其他個體間的決策問題。「總體經濟學」則以地區、國家層面作為研究對象。

　　宏觀的總體分析，是從結構層面加以探討政經結構的相互關係。通常採用的分析單位（unit of analysis）是一個類屬（attribute）的如國家機關、社會階級、跨國公司等，亦或是一個狀態的如失業、經濟不景氣、通貨膨脹、國際貿易，或是政策的如貨幣政策、進口替代或出口導向的工業化政策、國際匯率與利率政策、財稅政策等等，可用來處理政經結構面的互動關係。

　　微觀的個體分析，則是以個人行為層面為出發點。因為資源（resources）的稀少性（scarcity），而人類的慾望無窮，為探討個人自利行為為主，也就是理性抉擇的問題。因此，探討個人如何將有限的資源，做有效的配置，以獲取最大的利益。

　　承上論，總體與個體的理論分析，哈佛大學經濟學教授麥基

（N. Gregory Mankiw, 1958-）將其透過人們如何做決策、人與人如何互動，和整體經濟如何運作的三個研究途徑，綜合歸納為：

第一個研究途徑，是人們如何做決策，包括 1.人們面臨取捨，2.某件事物的成本是為獲得它而放棄其他選擇的代價，3.理性決策者以邊際方式思考，4.人們會對誘因有所反應；

第二個研究途徑，是人與人如何互動，包括 1.交易讓每個人過得更好，2.市場經常是一個組織經濟活動的良好方式，3.政府有時能夠改善市場結果；

第三個研究途徑，是整體經濟如何運作，包括 1.一個國家的生活水準取決於該國生產商品與服務的能力，2.當政府印製太多鈔票時物價會上升，社會面臨通貨膨脹與失業之間的短期抵換關係等，所謂的「經濟學十大原理」（Ten Principles of Economics）。

政治經濟學的研究向度（dimension），基本上可區分為：動態（dynamics）與靜態（statics）二種。動態分析（dynamics analysis）是偏向歷史發展分析，它是縱向（vertical）的探討，可以檢視政治經濟發展的因果關係，對於一個國家經濟發展或個案的分析，從歷史發展過程的進化觀點，可以得知發展的動力因素與其長期政治經濟的互動關係。

靜態分析（statics analysis）是水平橫向的研究，偏向社會政經結構與制度的互動關係分析，注重結構或制度因素的改變，諸如政策改變、失業人口增減、人口成長、勞資關係，與工業化等等，對整個國家與社會的全面影響，以及尋求因應政策，進而調整其間的結構性關係。

承上論，政治經濟學則是整合了動態分析與靜態分析的理論，而建構成為所謂的「歷史結構分析法」（historical-structural analysis）。透過政治體制（polity）與經濟體制（economy）的兩個制度性的結構關係，政治體制已變成一種經濟化的過程，且是一個權威與權力的系統；而經濟體制已變成一個政治性權力系統，且是一種經濟合理化的過程。

政治經濟學的整合政治與經濟的研究原則，以便了解全球或國家的政經發展。在西方近代社會，自從 1453 年東羅馬帝國解體，並歷經 14 世紀至 16 世紀文藝復興（The Renaissance），與起源於 16 世紀中葉宗教改革（Protestant Reformation）的兩大文化運動，其終結歐洲中古世紀以來，所發展出來的政治與經濟關係。在其民主文化意涵上是充滿政治的國王專制，與經濟的封建主專制。

19 世紀的 1848 年，西方社會也因為馬克思（Karl Marx, 1818-1883）與恩格斯（Friedrich Engels, 1820-1895）發表〈共產黨宣言〉（The Communist Manifesto）的揭櫫共產主義思想。它是以資本主義的反命題作為思考基礎，建立起極權主義的大標誌。其在政治上凸顯了帝國主義與殖民主義，乃至於極權國家的紛紛出現；在經濟上資本主義則導致充分代表了貪婪資本家的政經利益，也因此形塑的凸顯了自由與平等之間的矛盾問題。

檢視資本主義與共產主義，在 20 世紀的 1930 年代至 1960 年代，其仍然沿續著自由與平等之間爭議的熱門話題。1945 年 4 月 29 日，傅斯年發表於重慶《大公報》〈羅斯福與新自由主義〉，並於 1967 年收錄在文星版《傅斯年選集》的文章指出：

> 人類的要求是自由與平等，而促成這兩事者是物質和精神的進步。百多年來，自由主義雖為人們造成了法律的平等，卻幫助資本主義更形成了經濟的不平等，這是極可恨的。沒有經濟的平等，其他的平等是假的，自由也不是真的。但是，如果只問平等，不管自由，那種平等久而久之也要演出新型的不平等來，而且沒有自由的生活是值不得生活的，因為沒有自由便沒有進步了，所以自由與平等不可偏廢，不可偏重，不可以一時的方便取一舍一。利用物質的進步（即科學與經濟）和精神的進步（即人之相愛心而非相恨心），以促成人類之自由平等，這是新自由主義的使命。

承上述，傅斯年的強調「不可以一時的方便取一舍一」，即指只求「平等」的共產革命，或只求「自由」的資本主義，旨在於促成人類追求自由與平等的普世價值。

1949年11月20日，傅斯年在臺北《自由中國》雜誌創刊號，又針對自由主義與共產主義的〈自由與平等〉矛盾，發表了〈自由與平等〉這篇措辭比較中性的文字指出：

> 沒有經濟平等，固然不能達到真正的政治自由，但是沒有政治自由，也決不能達到社會平等。現在在世界上一派人批評「自由」，說他是假的，其中也不無道理之處，當然也不是全有道理，然而他們犯了一個最大錯誤，「平等」二字，其難解，其在近代史上之失敗，其在俄國當代宣傳中之虛偽，比起「自由」二字來，有過而無不及。在「自由」「平等」不能理想的達到之前，

與其要求絕對的「平等」而受了騙，毋寧保持著相當大量的「自由」，而暫時放棄一部分的經濟平等。這樣將來還有奮鬥的餘地。

1949 年，二戰結束後的蘇聯共產集團，其所實施強調經濟社會「平等」的理論，相對於美、英等民主國家，其所實施政治社會「自由」的理論，乃至於為解決因自由市場失靈的出現大量失業問題，於是期望透過凱因斯（J. M. Keynes, 1883-1946）重視政府職能的實施資本主義經濟政策，導致 1970 年代末期世界經濟爆發「惡性停滯性通貨膨脹」（hyper-inflation）的嚴重後果。

為解決政府經濟政策的過度干預市場機能，於是出現了 1980 年代中期美國總統雷根（Ronald W. Reagan, 1911-2004）政府，與英國首相佘契爾（Margaret Thatcher, 1925-2013）政府聯手共同倡導實施所謂「新自由主義」（Neo-liberalism）的全球化策略，並且強烈批判共產主義的危害全球自由經濟體系與市場。

「新自由主義」是古典經濟自由主義的復甦，從政治經濟學的角度，無論古典或新古典經濟學的強調自由市場機制，其主張小政府的組織型態，政府介入市場自由的干預越少越好，尤其反對政治對經濟的干預和對商業、貿易和財產權等等的管制措施。

「新自由主義」的出現，除了造成國家、社會結構的顧及國內重大改變之外，它更是強化支持利用經濟、外交壓力或是軍事介入等因應國外手段，來擴展全球化的市場，達成自由貿易和國際性分工的目的。

「新自由主義」的政經理論，其亦在凸顯任何政治體制或經濟體制都糾葛於國際政治與經濟體系的網絡中，故其政經問題亦深受國際政治與經濟體系相關特質的影響。同時間，也導致了 1987 年整個蘇聯共產集團，在政治與經濟結構上的徹底轉變和解體。

「新馬克思主義」（Neo-Marxism）的政經理論，其試圖在馬克思古典理念基礎之上的結合一些人類現代哲學思想，但仍堅信馬克思主義的基本原則，特別是認為如果沒有社會下層的經濟基礎改變，上層建築的改變是不會發生的，意在凸顯「社會學」（Sociology）的強調的平等、正義和福利的理念，主張從社會層面去深入探討政治、經濟、社會、文化的結構性關係。

然而，「新自由主義」偏重強調政治經濟學的「自由」理念與目標，終致 2008 年全球爆發嚴重金融風暴的經濟失序現象，和「新馬克思主義」偏重強調政治經濟學的「平等」理念與目標，終致國家出現經濟發展落後的嚴重問題。

承上論，為解決當代「新自由主義」與「新馬克思主義」，在政經發展上的出現各有偏執現象，這也凸顯在政治行動上的「有限理性」，仍然為制度所制約；同時，在政治行動上還必須與其他同樣處於制度內的經濟、社會者之間的互動而定。

因此，本論述希望藉由歷史對事件「外在性與內在性」（the outside and the inside）研究的求真原則，和理性批判的態度，透過政治經濟學的研究途徑，整合社會學、政治學、和經濟學等三門主要社會科學互動關係，並從中論述其影響臺灣歷史發展連續性（continuities）和斷裂性（discontinuities）的環境因素。

本論述將採用歷史結構分析，循上述政經發展重視的一般規律或通則，透過政策或制度的視角，從臺灣每一個時期歷史的發展作為論述主題，檢證各該時期政治的政府政策、經濟的市場利益，與社會的公民權益之間動態的結構性因素，從而詮釋臺灣政經發展中理性政治、自由經濟與公平社會的互動關係。

針對臺灣政經發展歷程，將根據政治經濟學的歷史結構性分析途徑，透過對政治、經濟與社會的論述，將臺灣政經發展的歷史階段分為近世政經發展史、近代政經發展史、現代政經發展史與當代政經發展史的四個分期。

近代（Modern）指的是接近當今的一個歷史時代，為西方歷史學界的古代、中世紀、近世與近代等四階段分期法。近代為近世（Early modern）之後，意指 18 世紀法國大革命與工業革命之後至今這段時間。

近代與現代又有不同的定義。近代可以是現代之前的一個時期，相當於近世；而近代又可以被譯為現代（Modern），有時近代和現代沒有截然的含義區別，而相互替代使用。

近代之後為現代，也有將現代（Modern）定義為近代，而近代之前為近世（Early modern）。當代「現代」（Modern）和「當代」（Contemporary）是近義字，但通常是指第二次世界大戰之後迄今。

基此歷史劃分原則，本論述將臺灣政經發展史的歷史時間，第一時期前近代臺灣政經發展史的歷史時間，指的是 1624 年以前原住民、1624-1662 年荷蘭與西班牙、1662-1683 年南明東寧，以及 1683-1895 年大清國等歷史階段。

第二時期近代臺灣政經發展史的歷史時間，指的是 1895-

1945 年日本殖民統治臺灣的歷史階段。

第三時期現代臺灣政經史的歷史時間，指的是從 1945-1987 年中華民國政府戒嚴統治臺灣，到宣布解嚴之前的歷史階段。

第四時期當代臺灣政經發展史的歷史時間，指的是從 1987 年解嚴之後迄今（2025 年）中華民國政府威權轉型與鞏固民主的歷史階段。

本論述不認為應該將中華民國政府戒嚴統治臺灣，稱之為「再殖民」階段；當然也就不認為解嚴之後的應該稱之為「後殖民」階段。畢竟日本殖民統治與國民政府戒嚴統治是有所不同的歷史發展觀點，我在其他拙作已有過論述，提供有興趣的讀者可以參考。

第一時期　前近代臺灣時期政經發展史（-1895）

　　前近代臺灣時期政經發展，在此所指的是 1895 年以前的臺灣政經發展環境。臺灣面對當時代表西方文明的歐洲，和代表東方文明的古中國。先論述歐洲，再論述亞洲。

　　歐洲在東羅馬帝國統治時期，由於禁止元老院的議員及其子女直接參與商務，真正從事商業活動的是奴隸，但仍無法斷絕上階層的其從商業中擷取利益，社會普遍存在著嚴重的階級組織。

　　帝國政府對國內工商業雖有諸多管制，特別是礦業，但對外則允許貿易，並以貨幣流通，拓展出口貿易。茲因過於強調財政重稅與長期征戰結果，雖為羅馬帝國帶來了大量財富和戰利品，也因擴大領土而拓展了市場和取得的原料；相對的，也給羅馬社會帶來奢靡浪費、道德淪喪的負面效果。

　　中世紀歐洲爭戰不已，東羅馬帝國衰微，回教及基督教文化興起。封建體系維繫的是一種契約性的生產關係，勞役可用來交換，地方領主必須為國王提供兵役以保護王國。重視集團經濟利益的莊園經濟，在社會底層是為社會生產商品和勞務的農奴和自由勞動者，農業經濟缺少移動性，市場規模小，只能以自給自足方式維持生計，加上受到倫理教條常含有抑制慾望的影響，阻礙

了經濟生產。

　　然而，貿易利益越來越鼓勵於擴大範圍的經濟活動，形成13世紀至17世紀間北歐一些城市組成「漢薩同盟」（Hanseatic League）的商業公會組織，以控制市場、壟斷貿易和確保會員利益。14世紀的「漢薩同盟」是組織德國商人，在西歐和地中海東部地區進行商貿活動，交易項目涵蓋農業生產、冶鐵和一般製造。

　　大約在同一個時期，出現有所謂「商人探險隊」（merchant adventurers）之稱的生意人，開始從事於組織英國生產的羊毛和布匹，並將其產品銷往荷蘭、比利時、盧森堡等三個低地國（low countries），和其他地區的商業交易活動。

　　當時的威尼斯則以魚、鹽的利益在波河（Po River）及亞德里亞（Adriatic）近海建立交易市場，並逐步向東發展，商品的項目由食鹽的供應推展到食糧，成為地中海地區的商業中心，也是歐洲最大的奴隸交易市場，形成威尼斯是一個沒有領域的城市，純為商人的共和國，形塑政府結構正如一家公司的企業組織，統領就是總經理（CEO），參議院就是董事會，人民就是公司的持有人。

　　1252年，義大利佛羅倫斯的首先發行金幣，成為世界金融的交易中心。銀行開始以放高利貸方式獲取暴利，導致1343年到1383年間，爆發佛羅倫斯借貸給英國國王，被愛德華三世賴債所引起的經濟危機；加上，1315至1317年間，遍及西歐各地的饑荒，和1347至1351年間，黑死病（鼠疫和肺炎）的侵襲，使整個城市的人口銳減，影響經濟發展。

　　1453年，土耳其攻陷君士坦丁堡；1488年，葡萄牙人通航

經過好望角，截斷紅海的交通與貿易，促使遠東的產品環繞非洲進入西歐，因而結束地中海區域的經濟興盛。加上，之後十字軍的東征，大規模軍事行動前後 7 次，歷時 200 年，終致教皇（會）權力的式微。然而，其長期商業活動所建構完成的商業法律規範，仍然深深影響商業資本的發展。

近世歐洲由於具有優良的航海技術、個人主義興起、主權的擴張，以及充沛的物質條件，而能不斷的對海外拓展，經濟活動的範圍和型態不再以城邦為主，而轉以國家為中心，因而活動範圍由地中海地區轉向大西洋。

加上，世界地理大發現，對商品航路的開闢、海外殖民地市場的開發等都對經濟發展有所助益。在葡萄牙、西班牙和荷蘭等實施重商主義的強調經濟發展，不再只是純為創造個人利潤與國內市場競爭，替代而起的是以國家為中心，以及海外貿易的經濟發展；而在法國、德國等實施重農學派的強調市場競爭，以及政府所實施的經濟政策，對於促進農業展具有正面的意義。

近世歐洲的荷蘭，在順利擺脫君權和神權的政治控制之後，政府政策隨著產業發展的生產趨勢，傾向於唯物主義、個人主義與自由主義，充滿著冒險與投機的性格，遂與種族主義、帝國主義的發展歷史密不可分。

荷蘭發展商業目標，是接續葡萄牙挑戰地中海的貿易壟斷利益。荷蘭不以暴力手段，而是以船舶技術和增進組織效率優勢所引發的價格競爭，取代了義大利威尼斯城市在奢侈品的獨占市場地位，並將其貿易利益從大西洋水域推展到東方亞洲國家的印度和整個印度洋海域。

1602 年，荷蘭籌組東印度公司（Dutch East India Company）

經營東方的貿易，以國家型態的武力為後盾，拓展其海外殖民地的經濟發展；1609 年，更設立阿姆斯特丹銀行，接受各種貨幣存款，並給予存款人以自己所指定的一種等於荷幣的信用貨幣，登記於帳簿之上，存款人即以此信用與人交易，顯示歐洲初期信用貨幣的流通，確實掌握金銀為保持國家財富與經濟實力的目標，也因而金融流通的結合現代商業組織與技術，更將帶有政治資本主義的特性，向外擴展殖民地，這期間包括 1624 年至 1662 年的統治臺灣。

前近代或稱近世代臺灣政經發展歷史，在 1624 年，荷蘭人未來到亞洲統治臺灣以前的政經環境，當時臺灣在東南海域上面對主要是來自代表東方文明的古中國。

臺灣最早住民族群的源起，對於「臺灣」地名自古以來，即有許多不同的稱呼，亦正如其在歷史上應有的歸屬權問題，仍存在許許多多的爭論，這不但是延續了幾百年之久，縱使到了 21 世紀的今天，仍然因為臺灣政經發展的經歷不同政權的統治，反而顯得更是複雜化和尖銳化。

臺灣最早住民的族群分布，基本上可溯自最早期南島族民的北上，與古中國閩越族民的南下，而相會在臺灣的這一個島上，生活過了一段很長的時期。但是由於南島族人在臺灣並沒有留下確切的文字歷史，而閩越族則是延續與在臺灣發展歷史的關係。

約 1,800 年前的時間，當吳國（222-280）孫權（182-252）於黃龍二年（230 年）的派兵討伐「夷州」，「夷州」時為今日的臺灣。根據曹永和院士的引述日人市村瓚次郎、和田清兩博士論斷認為夷州即臺灣。後凌純聲教授更根據民族學的資料和古籍的記載，詳加論證，於是夷州為今臺灣，殆為定案。這是我國經

營臺灣的最早記載，當時吳雖未曾將夷州置入版圖，但可知對臺灣有了更進一步的認識。

從東漢（25-220）經三國時代（220-280）、晉朝（280-420）、南宋（420-479）、南北朝（479-581）到了隋朝時代（581-618）的開始。期間歷經政權更迭和朝代變動，足足已過了 300 多年的歲月。

到了 610 年（大業 6 年）隋煬帝的遣陳稜、張鎮州征破「流求」，又東伐高句麗，對外的經營開始轉趨積極。根據曹永和院士引述：隋書所載流求人習俗，顯與臨海水土志所記夷州多有脗合，亦大可與今日臺灣土著民族古習相印證，因此學者對此雖有爭論，而大多說隋代流求即今臺灣。

臺灣有可能是東越人所移殖的地方。因地理位置東越海外最近的島嶼為澎湖臺灣，凌純聲引司馬遷《史記》記載認為「所謂亡入海，不能不疑及澎臺諸島，早為越人所移殖之地」。

從生活圈環境而言，臺灣地處東亞要衝，南島族人的早在幾千年前即乘坐小型船隻四處貿易，嗣後並與漢人廣泛地繁衍到江南、南洋和亞洲各地。德國民族學者 Wilhelm Joest（1852-1897）指出：這座島嶼充滿了亞洲大陸與馬來諸島、菲律賓群島以及南太平洋諸島之間「遺失的連結」（missing link）。縱使到 14 世紀大明國的建國，臺灣對當時的大明國人而言，在其所認知的圖景還只是不相連屬的雞籠、小琉球、東番等島，或稱屬於琉球群島之一。

里斯（Ludwig Riess）在《福爾摩沙島史》所述：福爾摩沙最古老的居民不是來自亞洲大陸，而是來自其北邊及南邊的島嶼，但亦無可否認在福爾摩沙的蠻族之中，可能還有些原住民遺

族與中國大陸上一些尚未被征服的苗族（Miaotsze）野人同宗。

里斯（Ludwig Riess）指臺灣居民的第一批來自北邊的琉球，第二批是來自南邊的馬來諸島移民，第三批是所謂「客家人」（Hakka）湧向福島（福爾摩沙）的移民，細水長流持續了兩百多年，一直到17世紀初。

檢視臺灣地質上與史前人類活動的關係，一般都認為南島民族源於臺灣，但最多只有6千年。然而，馬祖亮島人的發現一舉將南島民族的年代推前至8千多年前，也推翻了「南島民族起源於東南亞島嶼」之說。惟「南島民族起源於臺灣」之說並未推翻。

亮島人體質上雖與部分臺灣原住民族有親緣關係，但文化上與南島語族的文化關聯性尚未有進一步的證實，然而亮島人與福建閩江口的史前文化卻有著密切關係。或者說臺灣一開始就處在直立人走出東非，沿著溫暖的海洋駕駛小舟，經由東南亞古路，來到東亞的交通要道上，這是凸顯臺灣在遠古時期的大航海時代。

換言之，與臺灣現存原住民族群有直接血緣關係的民族，先後、陸續的由華南或東南亞移居臺灣，之後又遷徙擴散到大洋洲群島。在學術分類上，這些現存約40萬人口的族群，一般分為高山族與平埔族。由於他們的使用南島語言，故被統稱為「南島語族」（Austronesian）的同屬南島文化。

承上述，從地質學家所提出臺灣島是歐亞和菲律賓板塊衝撞擠壓而成，以及從這在生活圈位置的商業交易角度，亦正指明1624年以前，臺灣最早期與閩越人歷史發展的關係，臺灣是屬中華民族發展中的一支，和代表東方中國古文明所蘊含的中華文

化元素。這也凸顯曹永和「臺灣島史」，是要比史明「臺灣人四百年史」，來得更具有臺灣發展歷史的縱深與宏觀思維。

一、早期臺灣原住民階段政經發展（-1624）

1624 年以前的 6 千年至 8 千年，可謂是臺灣的古代史。政經發展的社會演進歷程，概略可分為：

第一、舊石器時代以長濱文化時期為主要代表。除了發現左鎮人的化石之外，主要分布在臺東縣長濱鄉所發現舊石器時代晚期的文化，被命名為長濱文化時期。長濱文化時期的人已知使用火，主要使用打製石器、骨角器為工具，來採集植物和獵取動物，過著採集狩獵業和漁撈的生活。但這時期文化的人約在 5 萬年前出現，5 千年前消失。

第二、新石器時代早期以大坌坑文化為代表。主要存在臺北淡水河口附近和西南沿海地帶的丘陵等地區。新石器時代早期文化大約在 5 千年前至 4 千年前，主要用魚網捕魚、弓箭狩獵，和製作樹皮布的傳統手工藝，雖尚未發現有種植糧食作物和飼養家畜的明顯跡象。

中央研究院院士臧振華考古團隊搶救南科遺址發現「臺灣第一狗」和「臺灣第一米」，距今 5 千年，是臺灣目前發現最早的水稻化石，不僅讓臺灣農耕歷史往前推進 1 千年；甚至透過 DNA 檢驗，發現大部分屬於梗稻，且每一粒大小相近，代表臺灣在新石器就已有稻米育種能力。

第三、新石器時代中期以圓山文化為代表。大約在 2 千 5 百年前至 1 千 1 百年前，已出現大量石斧、石鋤、石鏟，可知這時

期人們開始懂得以根莖作物為主的初級農耕。

2012 年,蘇花改計畫工程中意外發現漢本遺址,位在宜蘭縣南澳鄉至花蓮縣和平鄉,亦屬新石器時代中期文化。在當地發現的墓葬、房屋等遺跡,年代距今約 1100 年至 1800 年歷史,與十三行遺址屬於同一文化。漢本遺址出土的鐵渣,證實當時臺灣已擁有簡易的冶鐵技術。

第四、新石器時代晚期以卑南文化為代表。已逐漸發展成為以稻米等穀類作物為主的農耕,特別是在所謂墾丁文化的最重要發現,在於陶片上發現穀痕的這項紀錄,隨著南科遺址的發現臺灣最早稻米、小米等種子,還有墓葬人骨、動物遺骸及陶器、石器及骨角器等更獲得進一步的證實。

第五,金屬器與金石並用時代,以十三行文化為代表。大約在 2 千年前,臺灣新石器時代逐漸進入以鐵器為主的金屬時代,以淡水河口南岸,至花蓮之間的沿海地帶,主要以十三行文化、蔦松文化,和靜埔文化為代表,人類已發展到使用鐵器和銅器階段,主要還是過著稻米等穀類作物為主,根莖作物為副的農耕生活,活動地區分布在臺灣西部沿海、平原和丘陵地。

這些不同類型產業文化都被先後來自南島民族和閩越族的先民祖先所承傳下來,但在 1624 年以前,臺灣其與外界幾乎完全隔絕了一段相當久的時期,因而保有其固有的文化特質,但從沒有一個正式建立統治政權發展的歷史而論,臺灣發展歷史上仍被視為「無主之島」。

臺灣最早住民的後裔,在臺灣近世代政經發展史上的先住民時期,即通常被藐視的統稱為「未開化的原住民」(the savage aborignes)。檢視政經發展過程是一套經過幾千年的演變,既複

雜且互相影響的關係。在現代國家成立以前，人類生活於地方、於家族、於宗教、於城市之中，這時只有鄉黨主義、家族主義、宗教主義和城市主義。

人類在進入文明前的時代，已開始邁向土器的製造、動物的飼養及植物的栽培，經畜牧、灌溉耕作、紡織機的製造及金屬的溶解，再發展為使用鐵器的農耕及開墾、文字的發明，逐漸踏入奴隸或封建的農業政經發展新階段。

前近代臺灣政經社會的部落型態與組成方式並不盡然相同，但基本上仍可分為由「分派式形成的聯合部落」與「分裂式形成的復成部落」的兩種型態來檢視，但其部落在原始經濟階段社會的共同特性，如果想要繼續生存與發展下來的話，唯一的方式只有是選擇不斷地遷徙，以永保生命的代代相傳。

因此，擁有競爭實力，能夠帶領族人遷移到水草更豐碩、適合種植作物地方的部族領袖，便會受到眾人的支持，而享有其更大領導的權力。部落社會的組成，乃隨打獵、漁撈而發展到初級農耕階段。由於在固定土地上定居生活下來，逐漸從聚落形成村社的組織型態，導致村社共同體形成與發展，是包含單獨家族的四至五組的一大血緣共同體，是傳統家庭經濟社會的一種延伸結果。

村社即是人群的聚集，甚至形成一個市集的組織體。村社政經社會結構的主要特性有：第一、村社的規模不是很龐大，當村社發展至類似近代國家時，就不稱為村社或部落了；第二、村社權力的領導方式並非全然制度化，一部分是依循傳統式的繼承，一部分就是依個人領導的魅力；第三、村社成員對該村社的政經社會具有強烈歸屬感。

村社組織在領導機制上，從最初無酋長，而通常是由一家族長的支配下，從族長的家長式領導，到逐漸形成有酋長與村社集會的設置。然其本質上，族長或酋長並非統治的機關，真正掌控權力機制的是村社集會的民會組織，類似當今議會的治權機關。

　　村社共同體的最高權力機構既是掌握在村社集會，遂以透過村社集會的討論決策模式，推動各項決議事項，並擁有命令與制裁權，因而相對地制衡各族長專制領導的權力。

　　村社共同體以召開成人階層的集會方式運作，出席者為各大家族共同體的家長，議題內容包括村社的經濟、行政、祭禮及仲裁等重要事項。同時，村社集會特別是每年要定期提出對農耕經營項目的商議，例如協調播種時間、分配耕地等，都會利用村社集會做出決定。

　　尤其每當在村社集會閉會後，按例都會固定以舉行餐會的方式聯誼，讓與會的村社代表盡情歌舞，所需開支費用則由不分割共有地的生產物所得來支付，形成一種特殊村社的最高權力組織與運作機制，凸顯了 1624 年以前各族群村社共同體制並存的權力中心。

　　根據近年來研究資料發現的顯示，在臺灣島的某些地區，似乎存在著有規模更大的政經實體。諸如位於南方偏遠地區，荷蘭人曾遭遇一個被稱為「瑯嶠人」（Lonkius，琉球人）的雛形王國，其領袖則被稱為「瑯嶠君主」。

　　此所謂的「君主」下轄 15 到 20 個村落，每個村落都各自有他指派的首領。君主死後，其權位由長子繼承，領地原則上是透過繼承而得來。瑯嶠的君主體制，重視威權，或許是福爾摩沙島上政經權力最集中的，曾支配島上到 6 世紀之後的一度幾乎被滅

絕，但仍存續直到 1648 年荷蘭人用武力征服了這些瑯嶠人的村社。

另外，其他地區的卑南族、排灣族等族群，也分別存在有跨村社的政經組織存在，例如臺灣中部平埔族所建立的「大肚王國」。這也就是在臺灣政經社會發展歷史上，曾經出現過跨族群及部落的「君主」，而「大肚王國」的持續存在，也一直要到大清國採取「以番治番」的武裝鎮壓方式後，「大肚王國」的政經組織，到了雍正（1723-1735）統治時期以後才逐漸沒落而滅亡。

揆諸其他民族國家（nation-state）村社共同體的政經結構與形成過程也都不盡然相同。就臺灣原住民時期政經共同體的近似處在有序的無政府狀態，是凸顯村社體系可以經由從不斷衝突中協調產生秩序的趨向。

這一趨向的結果正如一直在歐洲中世紀，及現代統治體系中的角色與功能，因為在這權力體系中的缺乏中央統治，也並非指缺乏組織機構，而是在一定的限度內，衝突可以透過協調來建立共同遵守的秩序。雖沒有國家型態和正式法令的規範，但密集的社會網絡仍可導致非正式組織結構的高度穩定地發展形成。

在這樣村社共同體條件下變化的血親關係，使臺灣社會從部落社會非正式、不成文的限制，到了 1624 年（明天啟 4 年）以後，而與荷蘭和西班牙統治臺灣重商政經體制下的磨合與轉型。

臺灣在荷蘭東印度公司統治下，包括由閩越漢族與南島族所形塑原住民村社政經組織在經歷磨合與轉型之後，村社組織的統治組織已經談不上什麼「最高權力」。實際的政經權力機制上，它們開始受制於一個更大實體的法律和習慣，這個實體就是殖民

地政經權力結構的社會，村社組織的政經權力已是被壓縮成為這個實體的一部分。

村社共同體的組織運作，到了 1635 年（明崇禎 8 年），荷蘭人首先攻下了南部的麻豆（今臺南市麻豆區）、蕭壠（今臺南市佳里區）二社以後，南北各社都在荷蘭東印度公司所屬軍事武力的威脅下紛紛投降，並推派代表齊集新港（今臺南市善化區）對荷蘭駐臺的長官宣誓效忠。

這種宣誓效忠的村社集會，在 1641 年（明崇禎 14 年）以後就以「地方集會」（Landdag）的名義舉行，並分為北部（北路）、南部（南路）、東部卑南，及北部淡水四個集會區，而其中以南、北兩路的會議召開最為慎重與常態化。

地方集會定於每年的 3-4 月間召開，各村社長老齊聚於一定場所，集體宣誓效忠服從荷蘭東印度公司的治理，並利用會中報告各村社的政經社文情況，諸如長老任期、長老與教師的工作分工、村社與村社之間關係的彼此維繫、訂定繳稅金額與相關規章，以及和漢人族群的相處方式與原則等等。

東印度公司則賦予這些長老在自己村社內擁有政經權力的合法性，並授予鑲有銀質公司徽章的藤杖，作為法律與權力地位的表徵。臺灣原住民政經社會發展到了 1648 年（明永曆 2 年）的前後，臺灣南部平原地區的村社已幾乎全歸荷蘭統治，只有少數難以靠近的山上村社，仍處在荷蘭東印度公司法權無法到達的有效統治之外。

承上論，無論西班牙或荷蘭人對福爾摩沙土地佔有的地方，或權力行使範圍的臺南（安平）或基隆（和平島），在最初期的發展並不完全在這些政經權力較集中的區域內。臺灣村社共同體

政經社會網絡的真正形成，是一直要到歷經荷蘭東印度公司每年動員地方集會後，臺灣的來自南島族群和來自閩越漢族群所形成的原住民時期「村社共同體」，才逐漸有了國族「想像共同體」（imagined communities）概念的形成。

從政經社會發展史的角度，臺灣原住民族原本無所謂「生番」、「土番」、「野番」、「熟番」之類的區別，主要根據是取決於土地生產工具所發展出來的生活習性與特徵。原始經濟發展的組成，乃隨著沒有家畜與野獸的採集、打獵、漁撈階段而逐漸移向農耕階段。加上，由於在固定土地上定居生活的影響，逐漸聚落形成村社的組織型態。

臺灣原始經濟對於土地的認知，有如歐洲在前資本主義時期的經濟組織，在其所有居留聚落的型態中，農地的總面積內常有一巨大的部分，不會分配給予各單個農家，而是被視為整個氏族共同的所有物，及公有造產。農村土地中這一部分，用為一種共同經濟行為的支柱，大半是作為家戶一起經營的牧場。

原始經濟上，則表現於氏族自立和各農家的彼此依賴中，對外沒有交接，原始的村社建設在各單個鄉村間沒有通行的道路，全部生存在封閉鄉村土地的狹小範圍內，每一單個家庭既要在自己的土地上自立謀生，這種狀況自然發生一種規定生產的原則，即滿足自己基本生存的需要。

1624年以前，臺灣原住民族在歷經幾個世紀土地財產權的演變，其過程凸顯在下列四個階段：

第一，土地最初是由領有而公有，所謂領有即是部族對其占領地域的關係，後由原始部族所形成的各部落分割領域的土地構成，土地是公產、是「共同耕地」（common field），不許私

有。

　　第二，公有之後，乃變成族有，族有土地已近乎有私法保障的所有權，族有地的對外關係，完全是屬於宗族所有的私產。

　　第三，族有之後，乃變成家有，當一宗族由於征服或先佔有，而取得這地區作為自己的領域之後，就以自己的部屬及被征服者，作為自己領地的子民，這一地域就為其一家所領有，領主對其地域或土地具有統治權。

　　第四，家有之後，乃變成私有，由於人口逐漸增加，農業生產力也逐漸發達，對於土地的需求漸感迫切，加上轉作亦有困難，致使個人持有的已耕墾土地，即使地利已盡，亦不輕易放棄，而待地力的恢復，占有時間一久，對於土地，自然形成所有權。

　　這是採集經濟與財產共有制並行，由於採集的成果受到天候運氣影響的成份大於人的努力，財產制度也就傾向於共有制，而當一對夫婦和一個家族定居下來農墾時，土地權概念就成為一個誘因，也因為有了私人財產權制度的形成，市場經濟交易才得以逐漸展開來。

　　這時期土地所有權與使用權制度的形成與演變，顯示臺灣南島族人和閩越漢族人，對於土地的開拓情形，雖然各族群對土地制度和財產權的論點並不完全一致，這相對也突顯移民社會在無正式政府狀態下的管理效率不彰。這型態一直到了1624年荷蘭統治臺灣之後，新統治階層的法令規章遂成為財產權主要決定因素，臺灣土地制度才出現大的改變而有了一個全新的面貌。

　　檢視臺灣原本為原住民生息的地方，因為荷蘭統治臺灣才逐漸脫離了封閉政經社會的環境，發展成為荷蘭東印度公司在遠東

貿易網絡中，一個不可或缺的貿易基地。

對最初深受荷蘭人歡迎而來自大明國漢族移民來說，臺灣原先主要是他們避難的去處，而後漸漸成為他們定居繁衍的地方。此一身分地位的轉變，導致原先在此持有土地者的受到嚴重排擠與掠奪，並且被迫移居山地的種植與生活，大量漢人移民特別是來自福建漳州、泉州地區隨季節性的漁民，也由原本短期定居的處境，慢慢轉變成是臺灣土地的開發者與擁有者。

臺灣四周環海，地狹、山高、水急，除了沒有可供游牧的地方，也就無法產生游牧生活，但是對於獵場與漁場的使用權則有明確的區分，每條河流都有分段分屬各氏族掌理，如果要到別的區域捕魚，必須徵得同意，或是提出交易條件。

一般農業生產方式主要分為：第一，家庭農業，分工係以性別為基礎，母系家庭，農業生產多由婦女擔綱為主；第二，部落農業，各個家庭依合作基礎結成團隊而耕作，其結合要素或為血緣，或為對外禦敵需要；第三，主從關係的領主農業制度等三種。

臺灣農業技術從最早期刀耕火種農業的發展，一直要到荷西時期（1624-1662）才有鋤耕，明鄭東寧王國時期（1662-1683）才有犁耕的農業階段。根據最近臺南社內遺址的位置，即西拉雅族新港社舊址，發掘出土的各類金屬文物，依其材質可分為鐵質、銅質、銀質、鉛質共四種。

其中鐵質金屬又可再細分為：刀具、矛頭或箭簇、錐或釘、鏟與鋤、鐵鍋、鐵環、鐵鉤、管狀器、鐵鎖、不明鐵器共十類，有助於解讀 1624 年以前，臺灣南部西拉雅族所使用鐵器的原料來源、鐵器進口與消費，相關工藝技術等產業發展議題。

1624 年以前，所謂「百越南島一體」的原住民時期經濟基本單位，也是採聯合家族制的氏族型態，藉由組織產生了相互換工的生產關係，由多少不等的聯合家族形成一個團隊工作模式，輪流在每個家族從事開墾或收穫工作，經濟作物還是以漁獵和游耕農業為主的原始經濟。

　　各族作物不全相同，主要以栗、黍及蕃薯為主，到了近代才有陸地種植稻米與黑芋，最後才有瓜類、甘藷雨水稻。果樹則以芭蕉、李桃、蜜桔、鳳梨、木瓜、枇杷、柿、石榴等，尤其檳榔，在南部各族為最重要的果樹。牧畜除鹿、雞、豬外，尚有放牧的水牛、黃牛、羊、蜜蜂等。

　　早期的生活多是產銷合一的農人，自己栽種、蓋屋、縫紉，生產所需要的東西。每一村社或多或少都能自給自足，貨幣很少見，商業交易極有限，甚至連農業所不可或缺的土地買賣也不多見，成熟的勞動市場亦不存在。多數人不只是過著前資本主義的生活，甚至是無市場交易型態的生活。

　　因為，對外沒有交通，原始的村社建設在各單個鄉村間沒有通行的道路，全部生存閉鎖在鄉村土地的狹小範圍之內，每一單個家庭既要在自己的土地範圍中自立謀生，這種狀況自然發生一種規定生產的原則，即滿足自己自然的需要。

　　1624 年以前，原住民族在大航海時代，隨著東亞地區成了西歐海上強權拓展貿易的殖民體系，居住在海岸、平原區的居民是臺灣對外接觸的門戶，經歷多次文化衝擊與適應，因而改變逐鹿打牲的半獵半耕的傳統生活，才發展有跨出部落的貿易擴張，如此增加一些簡易的專業分工。

　　經濟發展一但市場延展到地區的貿易，則不僅涵蓋大區域的

多邊貿易有所成長，進行貿易的市場逐漸建立，而且貿易對象的數目也快速增加。雖然在這樣的市場交易，絕大部分的勞動力是用在農業上，但參與貿易和商業的比例逐漸調整而上升。

從廣義的資本主義市場經濟而言，只要存在有土地與人的私人財產權，或契約行為，以及基本市場競爭交易的活動，即會帶動資本主義企業的組織與經營效率，慢慢會形成近代化較早地區或國家，如西歐的荷蘭、英國等國家企業公司的組織型態，尤其到了工業化時期，企業公司的存在與對產業發展的貢獻更是具有火車頭的功效。

檢視未開化民族的社會生活，通常是在屬於同血族（tribe, 或稱種族）的氏族（gens or sib）內部進行；這是共同生活與共同生產相互結合。氏族共有的土地，是臺灣住民賴以生產的工具與資產；氏族的各成員只要互不妨礙，都可使用共有地的一部分，即氏族的成員在共有地域內，可任意行獵、開墾山林原野、開闢道路、砍伐竹木、採集天然物及建築自宅。

就整個政經發展的歷史來看，最早期稀有資源在各族群不同需求下的競爭，通常是取決於風俗習慣，而非全靠武力。在傳統社會中，有關生產什麼及生產分工的決定，根本就不算決定。每年都是依照前些年的模式去做。氣候或許不同，農作物也可能不同，但是結果卻依據傳統規則來分配。依慣例形成的經濟制度是市場經濟或計畫經濟的替代方案，依慣例形成的經濟沒有因應改變的能力，更遑論因應市場的改變。

臺灣經過長時間的發展與演變，氏族式自足化經濟發展的村落型態，雖不似早期歐洲經濟型態的因與別的遊牧民族發生接觸、爭奪及融合，從而形構成以奴隸為基礎的古代社會。但是受

到外族的侵入，除了凸顯臺灣地緣位置的極具戰略性而被爭奪之外，也導致臺灣原住民族的村落社會，被迫不能在鞏固原有的基礎上延續存在。

影響的結果，導致其成員的大部分，在對抗入侵者失敗以後，不得不向外來者屈服，和被迫漸次退居山岳地帶，凸顯臺灣原住民族社會文化在歷經長久環境的孕育，臺灣初級農業的氏族經濟社會自足化特色，卻不幸在 1624 年以後，遭受新移入族群的徹底改造。

1513 年，葡萄牙人從東南亞北上廣東東莞線屯門島的沿海之後，東西世界市場更進一步連結；1557 年，葡萄牙佔據珠江口一小島居留，取名澳門（Macao）。1571 年，西班牙佔據菲律賓，宣布馬尼拉為殖民地首都，作為主要在其亞洲的貿易基地。1595 年，荷蘭船隊抵達爪哇（Java），又稱之為萬丹（Bantam），並與大明國展開一連串商業交易的貿易戰。1624 年 8 月，更用船隻載滿搜刮來的金銀財貨離開澎湖，轉進大員（今臺南安平）一帶。

1628 年，西班牙更佔領淡水（滬尾）地區而統治北福爾摩沙。1642 年，荷蘭擊退西班牙而占有淡水、雞籠等地，福爾摩沙全部淪為荷蘭所統治，成為荷蘭人的亞洲貿易，尤其是大明帝國與日本貿易的基地；同時，也開啟了福爾摩沙進入文字歷史與接觸西方政經發展的時代。

附錄一：導讀與錄注陳第《東番記》

從政治經濟學理論研究臺灣發展歷史，在書寫荷蘭與西班牙

統治臺灣之前的政治經濟發展，是比較困難的一個階段，主要原因是原住民時期史料文獻的缺乏，原住民時期沒有文字記載的時期，我們通稱它是一個「失竊的年代」。

為了補齊有關臺灣發展歷史的政治經濟通論，我嘗試蒐集和閱讀了許多相關的文獻資料，發現陳第寫的《東番記》。東番的名稱首度出現《明實錄》，1574 年（明萬曆 2 年）海賊林鳳鳴逃匿躲藏到東番，福建總兵於是招撫漁民「諭東番合剿」、「傳諭番人夾攻」，這段歷史很值得我們研究臺灣政經發展歷史的特別介紹。

我先說明本文以白話文撰寫的方式，和採用的是臺灣銀行經濟研究室列入【臺灣文獻叢刊五六】，沈有容輯錄的《閩海贈言》版本，好讓讀者可以了解陳第寫這本《東番記》的歷史背景，以及他撰寫該書的完整經過。

陳第，字季立，號一齋，福建連江縣（今馬祖島）人。他出生於 1541 年（明嘉靖 20 年），卒於 1617 年（明萬曆 45 年）。他是位儒生，本為古北口游擊將軍，後解甲歸田，回到故鄉福建連江。1603 年（明萬曆 31 年）1 月 21 日，陳第以幕賓身分，跟隨福建巡撫指派都司「浯嶼將軍」沈有容，其所率領的船隊追剿海上日本海盜，不料於搭船期間，遇到颱風，飄到了大員（指東番，尚未稱臺灣全島）。2 月 10 日，再輾轉回到福建。

陳第在回去之後，根據他停留大員不到一個月的短暫時間裡，將其所見所聞，記述了這一篇近似報導文學作品的《東番記》。它的全文 1,400 餘字，記述了臺灣西部沿岸的原住民生活習俗與地理風光，為最早描繪臺灣平埔族生活的著作。

《東番記》全文的字數雖少，但其所敘述內容除了包括當時

村社在地人的分布、族群、衣著、外貌、曆法、農耕、畜產、植物、飲食、宴會、禁忌等民土風情之外，陳第本人所踏查之處，更從魍港、加老灣起，經大員、堯港、打狗嶼、小淡水、雙溪口、加哩林，到沙巴里、大幫坑等在地人所居住的地方，這是 17 世紀初大航海時代，陳第《東番記》為當時踏查臺灣所留下寶貴的最早文獻。以下分段分別是已經注釋成白話文的部分：

《東番記》最先部分，是針對當時大員地域的記述：

> 東番的夷人〔按：所指可能是春秋戰國時期，閩越國的百姓稱呼？〕，他們不知道從哪時間開始就居住在澎湖島外海的島嶼了。當時居住的範圍是從在嘉義八掌溪口，被稱作好美這地方虎尾寮的魍港，與臺江外圍沙洲港口鹿耳門的加老灣〔按：今指七股區三股溪口的國賽港〕起，經過今臺南安平的大員、今高雄茄萣一帶的堯港（即蟯港）、今高雄打鼓山的打狗嶼、今高屏溪的小淡水〔按：即下淡水溪〕、今嘉義溪口的雙溪口〔按：今新營經省道到柳營之間〕、今臺南市佳里的加哩林〔按：佳里興，平埔族語〕、沙巴里（在魍港之南一帶？另一說在臺北淡水）、大幫坑（在魍港之南一帶，今不復存？另一說在臺北八里），住有人散居的地方達千餘里。

> 好美里今庄名為虎尾寮，古稱魍港或蚊港，「魍」與「蚊」無非是閩南語發音的相同，也都是「網」的閩南音，指的是漁民用網捕魚的工作情形，是早期西部海邊在地人捕魚的生活寫照。也是大員（府城）到魍港

（Wankan，今布袋鎮好美里）的南北路陸官道的兩大城市通路。

稽查周拱乾撰修《臺灣府志》所附的「臺灣府總圖」顯示，陳第《東番記》所列東番夷人的散居地，其活動區域主要在臺灣西部平原的今嘉義布袋港以南，到屏東東港之間的一大片地域，也就是當時西拉雅族為主的平埔族人所居住與活動的一帶。

《東番記》第二部分，是陳第對於當時在地人村社組織與習性的記述：

> 在地人由許多種各有不同的族群所組成，以各村社做為區分，有的村社人多者達千人，少者或五六百人，沒有酋長這類型的領導人，惟會透過以子女多者方式共同推舉頭人，社裡的人也都會服從其指揮。
>
> 在地社民的個性好勇鬥狠，每日無所事事的時候，不分白天或夜裡總喜歡到處閒逛，縱使腳底皮都已經長出了厚繭，他們走在有荊刺的地方就猶如踏如平地一般，甚至於快跑起來的速度也不會落後於奔馳中的馬，而且在地的社民可以整天不休息的盡情跑數百里之遠。
>
> 每個村社之間如果發生嫌隙就會有相互叫罵的舉動，並且在約好時間的拚鬥之後，就可以放下彼此心中的仇恨，不但不記仇而且和好如初。有時候拚鬥勝利者會將其砍下來的頭顱，將肉剔除之後只保留存下的骨頭，懸掛在自家的門樑上方，頭顱懸掛累積多者就會被尊稱為「壯士」！

《東番記》第三部分，是對於當時大員地區氣候與物產的記述：

　　　　在地的氣候暖和，社民可以整年不用穿著衣服，婦女只以結草繩為衣裙，稍微遮蔽下體而已。在地人沒有揖讓的行拜跪禮，沒有使用曆法和文字，只簡單以計月圓為一個月，十個月為一年，往往會因時間久了就很容易忘記歲月，所以在地人普遍不清楚自己的真正年紀，特別是問了年長者，更是不記得。

　　　　買賣生意以結繩來識別，在地沒有使用灌溉水來種植稻子，他們只採用火燒荒草的火耕方式來種植稻子，當山花開的時候就開始耕作，等到稻子熟了將稻穗取出，其米粒大小要比我們大明國的還要稍長一些，而且味道芳香，吃起來味帶有甘甜。

　　　　在地人也採收苦草來揉參雜著米釀酒，有時候如果能釀出了好的酒，能豪飲一大斗壺。遇到宴會時還會放個大酒桶，大家圍坐在一起，各自使用竹筒來盛酒，而且不需要再另外準備菜餚，當音樂聲響起的時候，大家就會開始跳舞歡唱，嘴巴亦會發出如烏烏聲的歌曲。男子剪頭髮都會特地留下數寸長的披垂下來，女生則不這麼做。男子還會穿耳洞，女子則在十五、六歲時會拔去嘴唇兩邊的牙齒作裝飾。

　　　　在地盛產竹子，寬的有如雙手手掌圈起來那麼粗，長高的有十丈左右。在地人砍伐竹子來建造房屋，屋頂則用茅草蓋，約有寬一丈長三丈的數倍。村社設有公共

房屋，有稍大的房間，稱作「公廨」，還沒有娶妻的少年就聚居在那裡，遇到需要討論事項時也就聚集到「公廨」來，這樣比較容易可以控制議事會議的進行。

《東番記》第四部分，是對於當時大員嫁娶與喪葬忌諱的記述：

在地娶妻習俗會找到適婚少女的對象之後，則請人贈送成雙的瑪瑙寶石，女方如果不願意接受就算了，如果接受了，晚上男子就會來到女方家，他在門前不會直接喊叫女子，而是以吹口琴方式傳達信息。口琴是用薄鐵（或竹子）片製成的，用牙齒含著吹奏，就會發出清脆的聲響。少女聽到了之後就會接受男子在家裡留宿，並趁在天未亮之前男子就要離去，而不會拜見女方的父母。

自此以後在有星光的夜晚，男子就會主動來過夜，這種方式會持續直到女方懷孕生產的時候，女子才會親自到夫家迎接夫婿，這時夫婿才第一次見到女方的父母。以後夫婿長住在妻子家，以奉養女方父母終身，而男方原本的父母親反未受到兒子的照應。所以，在此地生女比生男還要高興數倍，因為女生可以繼承家族，反而男生無法延續香火。妻子如果死掉了，丈夫可以再娶，如果是丈夫死了，妻子則不能再嫁的寡婦，此地他們稱這為「鬼殘」，終身不能再嫁人。

在地人的喪葬習俗，如果家中有人死亡，就會擊鼓痛哭，並把屍體放在地上，在四周燃起烈火，等到屍體

烤乾以後，在地習俗是不使用棺材而是直接將屍體暴露在屋裡。等房屋壞了要重建的時候，便會在地基下挖洞，採直立的姿勢埋葬屍體，而不加以築墳墓，之後才又再上面蓋屋，屋子如果沒有要重建，那就不會埋葬屍體，而是會用竹子的樑柱和茅草做的屋頂，如此大約可以持續十餘年，最後終歸塵土而不用祭祀。

在地人在耕作時，採不言不殺生的方式，男子與婦女在山野工作的時候，彼此不作交談。在路上行走時，他們會以眼神示意，年少者背向長者，讓路給長者先過，雙方不寒暄，即使大明國人出言侮辱，他們也不輕易動氣。

耕作情形要等到稻子成熟以後他們才回復原本的樣子，在地人認為如果不如此做，那麼上天將不會保佑，神明也不會降福給他們，甚至會降下農作物連年歉收的災難。

在地女子擅長於農事的勤勞工作，而男子則好逸惡勞。在地嚴禁偷盜的行為，如果有人犯了竊盜行為就會遭受到在村社前的處以刑罰。所以在此地晚上可以不必關門，稻穀堆放在廣場也沒有人敢偷竊。

《東番記》第五部分，是對於當時大員地區物產與畜產的記述：

在地人的家具有床，不使用桌椅，都是席地而坐。在種植穀類的有：大小豆、胡麻，又有薏仁，吃了可以不受瘴癘的侵害；沒有種植麥子。在蔬菜的有：蔥、

薑、番薯（番薯葉，閩南語稱豬菜）、芋頭，再也無其他菜類。水果類的有：椰子、柿子、佛手柑桔、甘蔗。在牲畜類的有：貓、狗、豬、雞，沒有馬、驢、牛、羊、鵝、鴨。在獸類的有：虎、熊、豹、鹿。在鳥類的有：雉、鴉、鳩、雀。

在地的山上最適宜捕抓鹿隻，野鹿眾多的成群結隊而行。在地人擅於用飛鏢，飛鏢是用竹竿與鐵箭頭製成，長約五尺有餘，非常鋒利，居家外出都隨身攜帶，拿來射鹿則鹿死，射虎則虎亡。此地平常他們禁止私自捕鹿。每當冬天的鹿群出沒時，在地人會召集上百人來接近鹿群，全力追趕的合力把鹿群圍趕到集中的地方，接著以飛鏢射殺，捕獲的鹿隻可以堆積得像一座小山高，各個村社住民沒有不飽食鹿肉的，他們還將剩餘的肉割下來醃製成臘肉，鹿的舌頭、鹿鞭、鹿筋則一併做成臘肉，收集到的鹿皮、鹿角多得可以堆滿整間房舍。幼鹿的鳴叫聲音雖令人感到干擾，但幼鹿極容易被馴養和與人親近。

在地人喜愛吃鹿肉，都會將鹿隻的腸胃剖開，而將其尚未被消化為糞便的草稱做「百草膏」，他們百吃不厭，但大明國人見了往往就會想嘔吐。在地人吃豬肉而不吃雞肉，他們養的雞是任其長大，只拔其尾毛當作裝飾的旗幟，射擊野雉（雞）也只拔取野雉的尾毛。在地人看到大明國人吃雞肉，他們也會感到想嘔吐。心想：這怎麼知道有何美味呢？又何必在口味上有同樣的感受標準啊！

《東番記》第六部分，是對於當時大員地區商業活動的記述：

在地人部分是居住於這塊海島的內陸，他們不會乘船泛舟，而且非常懼怕大海，捕魚的時候只好到溪水澗，在地人彼此之間很少有相互的往來。明朝的永樂初年，內監鄭和航海下西洋的時候，傳諭皇帝的德威給這些南方的蠻族，只有住在東番的這在地人反而逃離遠遠地不順從約束，於是鄭和給這每一家人銅鈴，要他們繫在頸上，其實那是把他們當狗看待，而傳到現在他們還以為那是寶物。

起初東番的這些在地人，他們都是聚集居住濱海的地方，到了嘉靖末年時，由於受到日本海盜的搶奪掠地威脅，只好避居到山區裡。日本海盜擅長用長火槍攻擊，東番的在地人只依賴鏢槍為武器，實在很難與其格鬥。

居住在這裡的人遷徙內山以後，才開始與大明國來往，現在則來往日益頻繁。尤其漳州、泉州地區的惠民、充龍、烈嶼等港口的百姓，往往能翻譯東番在地人使用的語言，並且與他們進行商業交易的活動，以瑪瑙、磁器、布匹、食鹽、銅簪等物品來交換在地出產的鹿脯、皮角，有時候也會給他們一些舊衣物，東番的在地人顯得非常喜歡，並且把這些衣物小心地收藏起來，當有些時候看見大明國人時還會特別穿一下，不久後又脫了下來，交易來的布匹也珍藏起來。在地人不戴帽

子，也不穿鞋子，他們居家出門時都是裸露著身體，自認為這樣的生活方式比較方便。

《東番記》最後部分，為作者對於他當時在大員踏查結論的記述：

東番這地方真是充滿奇聞啊！從烈嶼等港口，乘著北風航海，花一天的時間就可以到達澎湖，再一天就可以抵達鹿耳門，距離很近啊！

在地人過著無日月時間的歲月，也不分職位上的高低，是一個裸露身體以結繩為記事的民族，這能不令人感到很奇怪嗎？而且他們居住在海島上卻不捕漁，眾人雜居在一起卻也不會有逆倫的行為發生，男性與女性地位恰與大明國人相反，這裡人的居家和葬身之處是同在一地方，他們整年的捕殺鹿隻，但鹿隻也不會全被捕抓殆盡。

把這裡的許多島嶼合起來，大概也只有大明國一個縣的大小，他們互相依賴生長，到今天（1603年）仍無日曆與書契，也都不會感到有所不便，他們大概覺得也沒有什麼差別吧！侵擾大明國南邊的日本海盜與北邊南下的蒙古人都有文字，那些文字看起來像鳥類足跡和古代篆字，我想大概是最初時候出現睿智人士教授他們的吧？可惜這裡卻沒有，為什麼？

因為，東番這裡的在地人吃飽之後便嬉戲遊樂，自得和樂，又何會需要睿智人士呢？就像古代無懷氏、葛天氏時候的人啊！這裡的在地人自從與大明國來往之

後，他們頗為友善和悅，可是有些奸詐的人會以劣質品來詐欺他們，漸漸地他們也開始有所警覺，這種淳樸日子恐怕很快就會消散去了。

萬曆 30 年（1602 年）的冬天，日本海盜又佔據了這島嶼，致使這裡的商人、漁夫都深受其害。於是鎮守浯嶼的沈有容將軍率兵前往剿討，我〔按：陳第〕剛好有興趣看海的雅致，遂隨同沈將軍一起參加。我們剿滅日本海盜之後便在大員停泊，在地「大彌勒」頭目等率數十人前來進謁，並且獻上鹿肉和贈餽好酒，很高興我們能幫助他們除去侵掠者。

我親眼看到這些在地人和他們實際的生活情形，當我回來向溫陵〔按：今福建泉州〕陳志齋〔按：陳學伊〕先生敘述這件事的時候，他告訴我這麼重要的事情不可以沒有記錄，所以我就擷取了大要記錄下來。

以上，是 1602 年陳第來到大員（臺灣）之後所敘述的《東番記》，迄今（2025 年）的時間已經長達 419 年之久，對於陳第所記載下來的所見或所聞，或許與我們現在所想像和考證的結果，尚有許多不盡正確或相同之處，甚至於出現有些荒謬的觀點和地方，但是從文獻保存的角度而論，我們不能不感謝陳第的《東番記》，的確是為我們大員地區的西拉雅族，甚至於為整個海洋臺灣的歷史記述，保存了下來寶貴文獻。

二、荷西福爾摩沙階段政經發展（1624-1662）

1624 年以前，臺灣面臨各股勢力集團在東亞海域的競逐。大明國從 15、16 世紀起，乃至到了 17 世紀中葉，在歷經了嘉靖（1522-1566）、隆慶（1567-1572）期間，東亞海域以日本人為主的「倭寇」，以及後來繼起在萬曆（1573-1620）、天啟（1621-1627）、崇禎（1628-1644）期間，以大明國自家人為主的「海盜」之亂。

在這麼長一段洪流歷史的歲月中，閩粵一帶的海盜或海商領袖曾一本、林道乾、林鳳鳴（即林鳳）等人，先後都因逃避官兵追捕而來到東番（荷蘭佔領時期所稱福爾摩沙的一部分），和魍港（日後在清文獻中指的蚊港）、打鼓山（今壽山、高雄市）等地。

1225 年（宋寶慶元年），趙汝适（1170-1231）《諸蕃志》〈毗舍國〉載：

> 泉有海島曰彭湖，隸屬晉江縣。

到了元代航海家汪大淵（1311-?）《島夷誌略》載：

> 彭湖：島分三十有六，巨細相間，坡隴相望，乃有七澳居其間，各得其名。自泉州順風二晝夜可至。有草無木，土瘠不宜禾稻。泉人結茅為屋居之。工商興販，以樂其利。地屬泉州晉江縣。至元年間（1335-1370）立巡檢司，以周歲額辦鹽課中統錢鈔一十錠二十五兩，別無科差。

據是,其實澎湖有相當人數的泉州人到澎湖定居,半耕半漁,並有商販的往來,而以置官設治。大明國初期曾一度放棄澎湖,徙民墟地。1563 年(明嘉靖 42 年),大明國復因澎湖已成為倭寇和海盜的巢穴,乃又在澎湖恢復設立據點。1603 年,浯嶼(今福建漳州龍海市)把總沈有容率師渡海至東番(指臺灣、澎湖等地)剿滅海盜;1607 年(明萬曆 35 年),在澎湖改置衝鋒兵的官職,最主要剿擊橫行於該海域的李旦、顏思齊,以及後繼出現的林辛老、楊六等海盜集團,和沈演、林錦吾等在大員(臺南)、笨港(清朝乾隆年間改稱北港)一帶從事跨國走私貿易的「半商半盜」的勾當。

這些「半商半盜」集團的出沒,不但開始以臺灣為基地,來往於大陸沿海的福建、廣東等地,更遠至呂宋及柬埔寨等。然而,臺灣、澎湖與大陸之間的來往,僅是片段的接觸,似乎只建立某種程度的商業接觸。

尤其是來自大陸閩南地區漁夫提供的是米、鹽和雜貨,而與臺灣住民可提供交換的狩獵物,凸顯 1624 年(天啟 4 年)荷蘭統治福爾摩沙(指臺灣)以前,福爾摩沙政治權力和經濟市場的開發經營,雖不直接隸屬於大明國的版圖,但仍扮演是大陸東南沿海逐漸開發經營的延伸。

承上論,大明國與日本幕府時期的此一「勘核貿易」,前後陸續進行將近 150 年之久。1567 年(明隆慶元年),當大明國實施局部性開放的海禁政策時,漳州月港(今福建海澄)是主要「准販東西洋」的對外門戶。

「東洋」指的是今天菲律賓、婆羅洲一帶;「西洋」指的是今天爪哇、蘇門答臘、馬來西亞、泰國、越南等地。大明國儘管

「准販東西洋」，惟仍禁止與日本貿易，導致大明國與日本海域之間的走私活動仍然猖獗，和影響臺灣的商業交易。

明代儒生陳第（1541-1617）《東番》載：

>　　臺灣原住民族始皆聚居濱海，嘉靖末，遭倭焚掠，迺避居山。

檢視當時臺灣與日本有比較正式往來的貿易，是要等到了1593（萬曆 21 年，日本文祿 2 年），豐臣秀吉特派使節，攜帶「高山國招諭文書」於出使呂宋之便，要致「高山國」，促其入貢，但因當時所謂「高山國」並非具統一政權的國家而沒有結果。

1605 年，日本德川家康將「將軍」一職讓位給三男秀忠，自任「大御所」，但仍掌握實權。此後，在德川幕府（1603-1867）曾有過兩次的具體行動，分別是 1609 年（明萬曆 37 年），由九州島原藩主有馬晴信（1567-1612），與 1611 年（明萬曆 39 年），商人出身，本名伊藤小七郎的長崎代官村山等安，先後武裝派員企圖佔領臺灣。

當時島上已群居不少大明國漢人，加上為數眾多的南島語族土著，群起對抗入侵者，相對日方統領兵力薄弱，眼看無法戰勝，只能悵然的離開。當時德川甚至指示有馬晴信到臺灣時候的主要任務，就是偵察港灣、調查物產、連繫土著，和加強準備對大明國的展開轉口貿易等，並命令其勘察之後，完成大明與日本的船隻可以會合於「高砂（山）國」的目標。

日本的展開幾次冒險行動雖然都失敗，但臺灣在東亞貿易的新地位，特別是大明與日本之間貿易所發展出「勘核貿易」的船

隻交會基地型態，提供臺灣帶來運輸的海線增長，和商業的市場利益，臺灣儼然變成是大明與日本走私者，和貿易者，到東南亞港口的一個匯合商業交易處。

由於當時大明與日本之間的商業往來，尚處在一種「勘核貿易」性質的型態。根據英國研究日本史專家桑賽姆（George B. Sansom, 1883-1965）指出：當時爭議最大問題主要存在的因素，源於大明國拒絕與外國通商，而日本卻是極欲於拓展其在海上的貿易活動。

到了 17 世紀，正是歐洲國家因香料、黃金市場誘惑而轉向東方的大航海時代，葡萄牙、西班牙、荷蘭的接踵而來，亦是促成東亞國家政權興替的另外重要因素。

從 16 世紀開始，大明國國力已逐漸衰落，其整個東南沿岸融入大明國的條件也在逐漸發生變化。沿海貿易日益脫離政府的管制，東南海岸也成為海盜攻擊的目標，當然這種情勢也就導致東南沿海民眾的商業化與軍事化。

1684 年（康熙 23 年），福建巡撫金鋐主修《福建通志》〈臺灣府卷一建置〉：

> 臺灣府，本古荒裔之地，未隸中國版圖。明永樂間（1403-1424），中官鄭和舟下西洋，三泊此地，以土番不可教化，投藥於水中而去。嘉靖四十二年（1563年），流寇林道乾穴其中，專殺土番，擾害濱海。都督俞大猷征之，道乾遁走。天啟元年（1621），漢人顏思齊為東洋甲螺（頭目），引倭彝（夷）屯聚於此，鄭芝龍附之。未幾，荷蘭紅彝由西洋來，欲借倭彝片地暫為

棲止,後遂久假不歸;尋與倭約每年貢鹿皮三萬張,倭乃以地歸荷蘭。崇禎八年(1635),荷蘭始築臺灣、赤崁二城。臺灣城,即今安平鎮城也;赤崁城,即今紅毛樓,名城而實非城也。荷蘭又設市於臺灣城外,漳泉之商賈皆至焉。

承上述,當時臺灣尚為一「自由世界」,對於商人既無限制,亦無任何稅收。荷蘭人佔領臺灣的目的主要有二:首先是戰略目的,將臺灣作為軍事基地,以攻擊葡萄牙和西班牙在附近海域的貿易船隻,阻止大明國商船航行到馬尼拉貿易。第二是商業目的,將臺灣作為大明國貿易的轉運站,並將此項貿易納入東印度公司的貿易網絡之中。

荷蘭來臺灣之前,除了鄭芝龍的團隊之外,由於臺灣尚處在村落共同體彼此不相統屬的社會。1602年,荷蘭國務會議賦予東印度公司特許權,透過集資成立公司的商業組織,並且享有軍事、外交等行政特權,只要公司在履行利益職能上比政府更有效,它們就給予貿易特權和保護,在外可以代表荷蘭政府,其目的無非除了可以避免荷蘭企業彼此之間的惡性競爭之外,也是為企業的投資者提供一個穩定的市場,以順利掌握商業利益。

1604、1622年,荷蘭東印度公司先後派人率艦東來貿易與傳教。1624年,離開澎湖轉進臺灣,在北線尾(今安平附近)設置東印度公司商務辦事處。1630年,興建赤崁城,加強海防軍備。1650年,建赤崁樓為行政中心,規劃臺灣作為軍事基地,以截斷葡萄牙的東南亞經澳門至日本航線,與西班牙的南美經菲律賓至大明國航線;其次,提供作為貿易基地以建立臺灣與

大明國貿易的轉運站，加速與世界貿易商業網絡的連結。

　　大明國中葉以後，各國工商業的發達使物品交流的需求更加提高，面對大明國朝貢制度的限制，雙方的經濟交流不能達到平衡，市場的供需在正常管道下不能獲得滿足，包括大明國和西方的生意人，就會以走私、海盜、武力的方式來尋求解決。走私的會合地，要轉移到靠近大明國，又非大明國屬地的地方，臺灣遂在這情勢下為荷蘭所據，臺灣亦由此而突顯出其特殊的地位。

　　自羅馬時代以來，亞洲一直是歐洲王室、貴族等階級收納貢珍品的供應者，從而也由歐洲換走了大量的貴重金屬。歐洲和東方貿易的結構性失衡強烈地刺激歐洲政府和企業採取透過貿易或征服的途徑，以恢復正不斷由西方向東方流動的購買力，充分象徵控制亞洲貿易就可以向整個商業世界發號施令。

　　西班牙、荷蘭等歐洲國家發現能控制一條直接通往東方路線的預期利益，要比當時大明國發現能控制一條直接通往西方的路線的預期利益大得無法估算。所以，哥倫布的發現美洲大陸，正是因為他和他的資助者在東方找到可以回收的可觀財富，相對比較之下當時鄭和的處境就沒有那麼地幸運。

　　華勒斯坦（Immanuel Wallerstein, 1930-2019）指出，即在近代世界體系的早期，至少始於16世紀並延至18世紀，國家始終是歐洲世界經濟中的主要經濟因素。16世紀「歐洲奇蹟」是歐洲經濟史上的一個重要時期，象徵著已經建立的政經秩序是以何種方式促使新生的力量形成，而且在歐洲世界經濟體系出現的同時，也興起了西歐絕對君主制。

　　同時，也突顯當時商業的擴張、資本主義農業的崛起，以及國家機關本身就是新型資本主義制度的主要經濟支柱。正如布勞

岱爾（Fernand Braudel, 1902-1985）指出，國家是那個世紀最大的企業經紀人，也是商業的主要顧客；國家是政治權，也是經濟權，15 世紀的義大利威尼斯就是如此，17 世紀的荷蘭，18 和 19 世紀的英國，以及今天的美國，都是「中心國家」的政府。

由於 17、18 世紀，尚處在一個多元的非絕對霸權體系。1659 年，當西班牙在庇里牛斯條約（Treaty of Pyrenees）簽字承認失敗之時，歐洲政治的多元化宛如一條雜色布拼湊成的被單，這條被單上的圖案在每一個世紀都有所不同，但是從來沒有任何單一的顏色能用來代表一個統一的帝國。

競爭結果顯然有利於國際市場的發展，在沒有絕對霸權的複雜國際環境下，主張重商主義的競爭，和民族主義的政策掌控了國際政經利益。這樣的世界政經體系，要一直到 1815 年拿破崙戰爭失敗為止，以及英國作為自由主義的國家崛起之後，世界才正式進入了自由貿易時代。

17 世紀，西方政經發展的活動已從私人生活層面，轉而重視國家整體利益的發展。國際貿易活動大半為國家貿易的經營者，每家公司在取得經營特許證之後，等於就保障它在指定的地區享有特殊的貿易利益，如東士公司在斯干底那維亞與波羅的海沿岸、俄羅斯公司在俄國、商人冒險團在尼德蘭、東方公司在地中海沿岸、幾內亞或非洲公司在非洲、東印度公司在亞洲，以及其他公司在美洲各地貿易的特權。

東印度公司在亞洲的貿易，主要是從 1600 年，英國集資 3 萬英鎊成立了東印度公司為開端。1602 年，荷蘭也集資 650 萬弗羅林（荷幣），設立荷蘭東印度公司。1619 年，尤其是荷蘭在印尼巴達維亞建立貿易館後，積極整合亞洲市場，建立貿易

網，發展各地的區間貿易。1621 年，荷蘭又成立了西印度公司（WIC），壟斷了非洲及美洲的貿易利益。

17 世紀，荷蘭聯合省不僅上端是七個各自保有獨立主權的小國家併合而成，包括菲仕蘭、荷蘭、吉德蘭、格羅寧根、上艾塞、烏特列支，以及西蘭等，而且下方每一個小單位之內仍有不少市鎮保留著若干獨立自主的性格，例如海軍是由 5 個不同的海軍樞密院掌握，阿姆斯特丹城自組郵局向海外通郵，共和國無外交部或外務首長，遇有全國性的事務才由全國會議受理。

作為荷蘭王室的特許公司，被賦予在它武力能克服的地區，執行締結條約、遂行戰爭、建築城寨、鑄造貨幣等等廣泛的政治、財政、司法、行政的國家最高權力的任務，企業公司的海外代表是執行帝國殖民地的開拓者，它不僅向亞洲世界展現了新興資本主義和殖民主義難以阻擋的擴張銳勢，也向亞洲各國宣示了以航海技術和地理知識為主導的西歐文明，正在建立世界新秩序，不單是為保護荷蘭在印度洋的貿易，並協助荷蘭掙脫西班牙統治的獨立戰爭。

當時的荷蘭、英國、法國乃至於後進的北歐諸國，都採用特許公司方式來經營海外貿易。特許公司在某種意義上，可追溯及中古後期義大利的簡單合夥及海上夥伴，或漢撒同盟，或英國的冒險商人。在這些中古貿易組織中，商人已學會聯合籌湊大筆資金、分攤風險及分配利潤的企業經營方式。16 世紀，商人甚至吸取中古商人團結向地區君王爭取商業特權、分攤倉租、旅館費及旅行保護費的經驗。因此，在海外貿易發展時期得以發展出先前所未有特許公司的貿易組織。

從貿易組織結構的角度，早期荷蘭公司的組織都屬於臨時性

質，當商人冒險以發行公債方式籌組商船隊，每次航行回航及商品出售後，立即做利潤分配，而下一次航行時再行匯集資金，也由於資本與利潤實難徹底分開。這種「調節性公司」直到荷蘭東印度公司的成立，它是第一個真正的「股份有限公司」，是由股東投資，股東只分配每次的淨利，甚至獲利經常還要繼續投資而逐漸轉型為成永久性的股份公司。

1612 年，荷蘭東印度公司甚至要求對公司不滿的股東在證券市場出售其所持有的股份，以回收其資本，貿易公司的資金才得以穩定，資本與利潤也才開始分開，並由國王的權力中獲得政治、軍事、外交等授權，來遂行其「無戰爭就無貿易」或「戰爭是為貿易」的強烈主張。

重商主義或稱商人資本主義的思想，約起源於 15 世紀中期，時間綿延 300 年，一直到 18 世紀中期工業革命萌芽、美國革命，和有「經濟學之父」尊稱的史密斯（Adam Smith, 1723-1790），在 1776 年出版《國家財富的性質和原因之研究》（*An Inquiry into the Nature and Causes of the Wealth of Nations*），簡稱《國富論》之後，重商主義才逐漸沒落。

19 世紀，德國經濟學家石慕勒（Gustav Schmoller, 1838-1917）指出，重商主義是探討歐洲各國國家經濟的發展、區域經濟、城市經濟、部落經濟，與家庭經濟的逐漸演變；每種類型的經濟發展代表著歐洲文化史上的某一階段，顯示不同政經環境的演變，而具有完備權力的政府機關往往戰勝了散漫的商業組織。

重商主義不是一個教條，也非一套既定的規則，重商主義只是一個政治經濟管理的配方，不論怎麼做，只要能強化國家的，都是好的。所以，重商主義不僅在於貨幣或貿易均衡的原理，也

不僅在於保護關稅或航海條例，而在於更遠大的事務，即社會與國家組織的整個改造。

經濟發展改變了舊時封建制度，並以民族國家的經濟政策代替了比較狹隘的區域經濟政策。商業資本主義的寡頭統治集團牢牢地控制著政府權力。歸根到底重商主義就是民族主義，也就是重金主義。

重商主義興起以前的歐洲國家，早已認為對外貿易所獲得的利益是要比在國內從事商業經營，更具有吸引力，因此特別加強往外擴大範圍的探險、開發與貿易，以及向新發現的地區和東印度群島的移民。擴張的結果也加速其他地區和西歐國家的結成為一體，雖然短期目標只是為了擴大市場，增加獲利機會，卻也因不斷地調適政經結構的轉變，創造了過去3個世紀裡以來，重商主義國家經濟成長的條件。

重商主義的政經發展，主要還是透過所謂三種傳統經濟交換形式，儘管這些傳統交換形式從未單獨存在過，但都曾一時分別扮演重要角色。

第一種傳統經濟交換形式是區域性交換經濟，這種經濟形式至今還是許多低度開發國家的主要經濟特徵，這種交換形式最易受到財貨的供應不足以及地理範圍的限制；

第二種交換形式是命令式經濟交換形式，例如羅馬帝國時期，或者是社會主義國家的經濟形式，在這種計劃經濟中，生產、分配與商品價格一般都由國家機關一手控制；

第三種經濟交換形式是珍貴商品的長途販運，出現在亞洲和非洲商隊的貿易，雖然這種貿易可以擴及的範圍很廣，但所涉及商品的種類卻極為有限，諸如香料、絲綢、奴隸及珍貴材料等。

從 1640 年起，西班牙各口岸四分之三的貨物都是荷蘭貨船負責載送。進入阿姆斯特丹的船隻，以荷蘭船隻占有的比率最高。阿姆斯特丹原只是荷蘭北部的一處小漁村，原以北海漁業為主要產業，在 16 世紀末，為了因應捕魚及輸送波羅的海穀物的需要而改進造船技術，發展精良而低成本的船隻，才有發達的機會。

17 世紀，又因國際貿易需要而發展金融業務，取代葡萄牙安特衛普及義大利佛羅倫斯，一躍成為國際商務、倉儲、造船與金融中心，被譽為「北方的威尼斯」。阿姆斯特丹佔有萊茵河、馬士河、須耳河等三條河的地利，與所有發達的商業城市一樣，它是一個大鎔爐，一個想賺錢的人，最好是到這個沒有種族、信仰及國別歧視的地方來謀求發展。

阿姆斯特丹一部分的繁榮是靠雨格諾（Huguenots）教徒、葡萄牙和西班牙的猶太商人建立的。這個城市因為提供有志於經商人的機會而馳名，甚至於包括要與荷蘭人競爭生意的對象，並且由銀行提供融資。

荷蘭資本主義寡頭統治集團的財富和權力，更多地依賴於它對世界金融網絡，而不是單純商業網絡的控制。因此，沒有統一的現代國家做後盾，能以一個真正的貿易和信貸帝國竟得以存在，這是最後的一次。

該地域創造新財富的優勢，充分藉由穀物貿易和海運服務的提供；尤其當發生飢荒、戰爭，以及不斷更新的戰爭技術，所需要更多、更強大火力的槍砲；海上的冒險也需要及武器裝備更好的船隻，大大提升阿姆斯特丹具備海上安全，和提供武器與戰爭物資的重要地位。

1614 年起，特別是在銀行業務開山鼻祖阿姆斯特丹銀行的支持下，當地開設了第一家商業性貸款的銀行，到了 1640 年左右，這家銀行更增加經營信託業務，流通私人資本，荷蘭的勝利是信貸的成功，即使外國商人在荷蘭也容易取得貸款。

　　荷蘭霸權的形成要素是靠國家和資本所結合的資本主義優勢，而將世界劃分為一個上帝偏愛的歐洲，和一個他擇性行為的殘餘地帶。重商主義是一種政治經濟體系，它隱含著政府對產業之間的特定關係，重商主義不僅是國家的政治主張，也是國家的經濟政策。

　　重商主義政策強調貿易順差，獎勵外銷，抑制非生產性商品的進口；主張國家機關為本國廠商提供關稅保護，並在國外賦予獨占經營的特許權；主張政府以國家財富來定義經濟福利，極力壓低國內消費；主張人口增加論，儘量壓低工資，使生產成本極小化；主張採用政策性降低利率，以減少生產與存貨的成本；主張政府應以達成充分就業為目標；在經濟心態上，也顯然有別於以前要求禁欲的傳統經濟。

　　從重商主義的時空條件下討論，重商主義可分為財政性和獨占性的重商主義，以及產業性重商主義兩者。前者曾實行於法國、德國、西班牙，以及清教徒革命前的英國；而後者則實行於清教徒革命後的英國。前者導致絕對王權的擴張，但近代資本主義卻無法發展；而後者的近代資本主義卻因而快速發展。

　　國家是商業資本主義急功近利下的產物，如果未能認清其本質，就無法理解何以在這段長時間中，重商主義支配的國家政策的制定與執行。實現商業資本主義商人的唯一目標是在能操縱政府維持既得利益的前提下，支持一個強有力的國家機關。

加上，重商主義明顯的重視地理政治上的權力，重商主義會產生國家主義，而國家主義則會產生管制經濟與獨占利潤的追逐，甚至於強調民族主義的意識型態，導致爆發為爭取民族國家利益的殘酷戰爭。

同時，市場經濟具有地理上擴張的傾向，它超越政治邊界，並將越來越多的世界人口納入其影響範圍。市場對廉價勞力及資源的需求造成了經濟發展的擴散。各國政府為戰爭籌措資金，有了錢，官員才能支付軍火商、糧食供應商、造船商和軍隊的薪水，這種金融貨幣流通的體制就像個風箱，為西方資本主義制度和民族國家的發展產生助長效用，而荷蘭正是當時資本累積與軍事技術合理化的領導者。

推行重商主義的君主或國家無疑在迎合一種時尚，但在更大程度上承認國家遭遇發展上的劣勢，需要扭轉或彌補。荷蘭難得實行重商主義政策，但每逢實行必定是發生在有外來的威脅時，如果沒有勢均力敵的挑戰對手，它通常就可以實行自由競爭，這對它只會更有利。

東印度公司亞洲的貿易基地總部，設在巴達維亞（今印尼雅加達）城，由總督在巴城掌理一切事務，同時藉由東印度評議會的協助，主導東印度公司在亞洲各地的政務與商業貿易，總督與評議會必須定期就東印度在亞洲的活動提交報告。該報告首先記述一般事務，特別是進出巴城的船隻，然後就 20 多個東印度公司的活動地區分別陳述。

首先，是印度尼西亞群島東部的香料群島；其次，是重要港口所在的沿海地區；第三，在印度洋地區；第四，在波斯灣地區；第五，在大明國地區，如大明國沿海、福爾摩沙（大員）、

日本、東京、廣南、暹邏、柬埔寨；第六，有關東印度公司在東印度總部巴達維亞、馬拉塔姆和萬丹活動的部分分別置於報告的末尾。由於福爾摩沙和日本兩地貿易往來密切，因此有關福爾摩沙的部分常與日本的部分放在一起。

東印度公司本身自成一個政府，而它行政體系之下的每一個成員皆極力想擺脫國家的控制，只要利之所趨，且是它能力所及，它將毫不猶豫地將它全部的財產獨占，即使它的國家將遭受天災地變，它亦毫不在意。荷蘭東印度公司不只是資產階級與近代國家的依存關係，也具公司經濟體與國家政治代表性的互換作用。

荷蘭東印度公司的結構非常複雜與特別，公司共設 6 個獨立分公司，在這之上，由 17 個董事的共同領導，其中 8 名董事來自荷蘭分公司，城市資產階級經由各分公司的媒介，得以加入這個獲利豐厚的大企業。

既然公司的海外執行人，扮演的等於大帝國海外殖民地開拓者角色，東印度公司的透過印尼巴達維亞總督來掌理，視臺灣土地為荷蘭國王所有，國王是董事長，議會是董事會成員，東印度公司派駐此地商館的負責人，則是代表經營權的總經理，也就是所謂臺灣的「長官」（或稱如清帝國統治臺灣時期的巡撫職權），即是荷蘭國營事業的公司政府型態。

換言之，荷蘭商人是政府體系的一部分，希望用管理股份公司的財政原理來管理國家事務，扮演既是政府性質，又是企業組織的強大「公司政府」角色。

在臺灣的荷蘭東印度公司政府，是荷蘭資產階級用以鞏固其經濟霸權的重要工具，這種霸權最初表現在生產部門，再擴展到

商業、貿易和金融事業。也就是說，荷蘭人是建立在主權國家的過程中，獲得一個這樣政經發展的空間，於是投資土地和其他能收租金的資產，是荷蘭資本主義初期的一個特點。

由於荷蘭商人想把東方的一切都抓到手裡，結果反而鑄成大錯，限制生產造成當地商人的虧損或破產，導致居民陷入貧困和死亡，這些做法無異殺雞取卵，哪怕取得的是金蛋。荷蘭霸權時期的經濟掠奪，並非單純地侷限於東西方貿易，而是同時提供作為亞洲國家之間，政商活動網路的中間人角色，扮演的是全球政經利益的掠奪者。

荷蘭資本主義政經發展，能在戰爭和國家利益的競逐活動中崛起，並把鞏固本地區和向世界範圍，擴張荷蘭貿易和金融兩個目標結合起來，他們是扮演貿易商的中間人、歐洲的代理商和經紀人，他們買進是為了再次賣出，在他們規模巨大的貿易中，最大部分是經營行銷世界各地。

由於歐洲人在亞洲大陸幾乎沒有長期定居的打算。所以，荷蘭將臺灣視為只是提供原料，光是作為重視生產卻不能享受消費的殖民地，這與後來日本殖民臺灣的「殖民現代性」略有不同。

荷蘭的政經實力基礎，深深地根植於貿易、工業和金融方面，尤其是一個最有戰鬥力的海上強國。荷蘭佔領印尼，以巴達維亞為設防的根據地，禁止他國商人進出香料群島，印尼的土著也受到他們宰制，酋長被任為攝政階級，以封建方式接受荷蘭東印度公司的管理，土著的供應某些時候甚至成為一種朝貢型態的制度。

荷治臺灣時期的政經發展，有「掠奪式社會」說，認為荷治政府偏重於汲取經濟利益；有「複合式社會」說，認為荷蘭人、

漢人與原住民之間，有互相共存與衝突的複雜政經關係所形成的複合社會；有「共構式殖民」說，認為荷蘭與中國利益相依，共同殖民臺灣。

根據上述三種觀點，東印度公司視臺灣土地為荷蘭國王所有，謂之為「王田」。所以，荷治時期臺灣土地制度受到大明國漢人逐漸越入原住民獵（鹿）場，並將之開墾為稻田或蔗園的影響，形成公司政府、原住民與漢人開墾者三者，透過不斷衝突與順應，磨合出來的最佳共處模式，佐證曹永和所指出「複合式社會」的觀點。

特別是荷蘭東印度公司以在福爾摩沙大員（今臺南地區）設立「商館」的機制，利用認可原住民想繼承其祖傳土地的權利、公司頒授土地所有權給來自大明國漢人，及公司頒授土地使用權與所有權給荷蘭官員的方式，形成既有封建形式與市場機制並存的土地制度，以發展臺灣農業。

17世紀，當在西方歐洲國家的移民抵達美洲、澳洲的同時，總是會帶去有經濟價值的動物。諸如他們飼養牛和羊，以供應食物，以馬匹作運輸工具，以貓和狗為寵物。因為，這樣既合法又合情，他們也能掌控這些動物。所以，有關帶去的犁工具等的使用，實代表著趨向現代化農耕的過渡。

荷蘭東印度公司統治福爾摩沙初期，當時的住民尚未進步到使用鐮刀的工具，而僅持有簡陋的鍬、小刀，作為割稻用途的工具。又當時福爾摩沙耕田用的牛隻，有水牛與黃牛兩種。水牛的特性是力大但行動較黃牛緩慢，水牛善於耕田，黃牛則有利於拉車行遠路。在荷蘭治理福爾摩沙之初，即由格拉維（Daniel Gravins）牧師向荷蘭東印度公司貸款，從印度引進黃牛，在新

港、蕭壠等地開墾耕作。

　　荷治時期對福爾摩沙農業的經營，皆由荷蘭東印度公司主導與供應，主要學習爪哇依靠大明國人民，從事產品的生產、收購和集中的方式，大量獎勵大明國人民移住，其措施：包括補足開築陂塘堤渠所需費用，提供耕牛、農具與種籽，指導住民有關種植稻米和蔗糖的基本耕作方法，逐漸奠定後來臺灣初期農業發展的基礎。

　　荷蘭東印度公司的土地經營策略，主要在其所有領地內，實施旱田和水田的稻米輪耕方式。旱田生產量較少，水田種植乃於耕地築隄圍繞，在其內部劃分為各個的部分，以防止其所引的水或貯藏的雨水被流出。凡耕種水田者，有世襲的所有權，在旱田方面，則採用野草經營的方式實施遊牧化的農耕，全村落共同開墾，但個別去耕種，個別的各自收穫。

　　開墾的土地，經過 3 至 4 年間的種植時間可以有收成，但自此以後，即任其荒蕪。村落為開闢新的土地起見，即移轉其場地所。荷蘭東印度公司為便於統治招來的農民，特別施行「結首制」的組織體系，合數十個人為一結，選一人為首，名「小結首」；數十「小結首」選一人，名「大結首」。

　　「大結首」擁有領導與管理的權力與責任。當時荷蘭東印度公司職員為與漢人或原住民接觸，必須透過通事，通事則透過商人、團體打獵的領袖、大地主、翻譯人員、得標者、媒介者等各業界領袖，期與荷蘭當局建立良好政商關係，以利從事各種行業。這種「大結首」、「小結首」與佃農組成的階層關係，深深影響日後臺灣土地制度的結構與變遷。

　　從地理條件決定了臺灣農作物種類和農作的方法，更注定了

土地的使用和財富的分配，這種土地經營方式亦深深地影響著臺灣政經發展的步調與風格。但當一個社會只存在著少數大地主，和大批貧困、依賴地主、甚至沒有自由的勞動力時，這種懶惰、自我沉溺和抵抗暴政的勞動力，是無法激勵工作的動機，人民更不想努力去改善生活。

荷蘭東印度公司為鼓勵福爾摩沙住民的耕作生產，從 1624 年到了 1647 年的 25 年間，福爾摩沙開墾種植稻米的面積為 4,056 甲、蔗糖為 1,469 甲，總面積由 3,000 增至 10,469 甲。勞動人口結構，到了 1648 年，漢人成年男子的人數已增至 20,000 人，成為荷蘭的心頭之患，甚至嚴重威脅到荷蘭東印度公司在福爾摩沙的政經權力與統治基礎，不得不斷地殷切盼望巴城派兵增援。荷治初期福爾摩沙的食糧，主要是來自日本與東南亞，砂糖則來自大明國華南地區。

在不斷採取鼓勵生產的方式之後，1656 年福爾摩沙開墾種植稻米的土地面積已有 6,516 甲；種植蔗糖的面積為 1,837 甲。到了荷蘭統治福爾摩沙的末期，開墾土地更以臺南為中心，向北擴展至北港、麻豆、新港等地，南至阿公店，田地面積達 8,400 甲之多。

臺灣糖業發展經過東寧王國時期（1662-1683），到了清治初期的 1697 年，年產糖量已達 20 萬至 30 萬擔（1 擔等於 100 斤），乃至 50 萬至 60 萬擔，而當時臺灣土地開墾面積已達 9,800 甲。臺灣糖業的基礎主要還是靠荷治時期逐漸地奠定下來。同時，隨著漢人人口的增多，儘管稻作也被大力推廣，不過此後近百年間，福爾摩沙時期稻米的生產還不是很充足，臺灣米有規模的出口，一直要到 1720 年代以後，建構起發展所謂的

「米糖經濟」。

　　17世紀，荷蘭有「海上馬車夫」之稱。當歐洲人進入印度洋時，他們發現亞洲之內，從東到西形成一個貿易網，從日本、大明國，經菲律賓、巴基斯坦、黎巴嫩、敘利亞、東非，有許多的運貨蓬車和港口。

　　荷蘭東印度公司的組織與經營，其目的是在執行徹底的貿易獨占政策，以掠奪經濟利益及累積財富，是徹底重商主義的實踐者。荷蘭東印度公司在亞洲的貿易行為，主要以促進地域產品的交換為對象，是將尚處農業社會的福爾摩沙農產品輸出，以增加關稅收入及貿易利潤，並將福爾摩沙經濟嵌入全球市場中。

　　歷百年來，貿易稅收一直是重商主義國家最重要的財源。重商主義國家選擇以貿易起家而拓展海外，並且為了控制亞洲、非洲和中東的貿易路線，彼此大動干戈。遠程貿易也是創造商業資本主義，及促成商業資產階級的一個主要工具。國際貿易戰線的變更與控制，攸關人類政經發展歷史的重要關鍵之一。因此，追求貿易上的利潤符合荷蘭統治福爾摩沙時期的首要目的，並且可以增強其對海上商業競爭對手的商品掠奪，以及確立作為支配者利益而建立的租稅制度。

　　17世紀，福爾摩沙和其他亞洲國家的商業貿易利益，長期處在荷蘭東印度公司的壟斷下，迫使一般商人不得不轉向英國、法國、丹麥、瑞典等國家貸款資金，並唆使這些國家成立類似荷蘭東印度公司的機構。這也說明18世紀末和19世紀初，英屬印度等國家的政經發展困境，更因此導致當地商人群起反對東印度公司的政經特權，這種政商宰制的特權也一直要延續到1865年才被廢除。

檢視這種政商結構體制，不僅容易獲得到該公司當地職員的支持；同時，也積極從事對大明國、南洋群島等地區走私貿易的猖獗，和歐洲販運白銀國家與其他各國商人的從中相助。

荷蘭東印度公司獨占福爾摩沙對大明國及對日本的貿易，荷蘭對日本輸出福爾摩沙特產的鹿皮與砂糖；對大明國則輸出福爾摩沙的米、糖、香料及荷蘭本國的金屬與藥材，而輸入品有生絲、黃金、瓷器、布帛、茶等。荷蘭商館藉由福爾摩沙是大明國與日本貿易的轉口站，加強課徵貨物稅，獲得豐厚的商業利益。

單是 1641 與 1643 年，由鄭芝龍商團出口到日本的生絲數量，就占了所有大明國船輸入量的 62%-79%、絲織品占了 30%-80%。當時，荷蘭東印度公司主要是取得大明國絲織品，以換取日本的白銀；另一方面還可以出口黃金，日本白銀和大明國黃金都被用來購買印度棉布，棉布則可以換取東南亞所生產的胡椒、丁香與荳蔻等香料。

在大明國，白銀被用作貨幣，而黃金只被拿來製造飾品，因此金銀的相對價值比鄰近的國家低。在大明國 4、5 兩銀子就能換到 1 兩黃金，但在日本與大部分亞洲國家，經常要 10 兩銀子以上才能換到 1 兩黃金，因此拿日本銀了交換大明國黃金，是一件十分有利可圖的交易。

當時的荷蘭東印度公司為發展全球貿易，一共開闢五條航線：大明國至福爾摩沙；日本至福爾摩沙；巴達維亞經福爾摩沙至日本；馬尼拉經福爾摩沙至日本；大明國經福爾摩沙至日本。荷蘭時期大明國商人運到福爾摩沙的黃金數量在 1636-1639 年、1643-1644 年、1648 年，都有 300 錠以上，充分說明大明國與福爾摩沙有著頻繁貿易的往來。

1640-1642 年的 3 年間，比較少有大明國船隻運載輸入黃金到福爾摩沙的紀錄，而在 1645 年以後黃金輸入情形也不如以往，這可能與大明國沿海受到鄭芝龍商團的控制，而導致船隻到福爾摩沙數量減少有關。白銀的流入，主要以日本銀為主。

荷蘭人使用銀幣在福爾摩沙收購大明國貨物，另外巴達維亞的荷蘭東印度公司為了與大明國貿易，而頻頻向荷蘭母國要求增加資金，於是從荷蘭開始有白銀輸入。1635 年後，由日本運來的白銀大量增加，這與福爾摩沙對大明國貿易極需資金有關。1650 年代，大明國戰亂造成荷蘭人對大明國貿易的不穩定，日本輸出白銀的數量才呈現下降趨勢。

福爾摩沙由於不適合種植棉花等作物，荷蘭東印度公司轉而從大明國大量收購生絲，以轉銷歐洲各國和日本等地為主。不過，荷蘭購買大明國生絲的資金來源，主要為日本的白銀。因此，在福爾摩沙收購的大部分大明國生絲，還是以銷往日本為主，而歐洲方面生絲的需求主要由波斯來供應。

1635 年，大明國輸出到福爾摩沙的生絲開始增加，到 1641 年以後大量減少，1655 年以後，再也沒有大明國生絲轉運到福爾摩沙。大明國生絲輸出到福爾摩沙的數量，關係荷蘭人從福爾摩沙轉運日本的生絲數量，從 1650 年代輸入日本的大明國，絲織產量沒有減少的跡象分析，代表著原由荷蘭人運到日本的生絲已被大明國人接手。

1650 年，東印度公司從福爾摩沙輸出的砂糖達 7.8 萬石，公司收益超過 30 萬盾（guilders，舊荷蘭或印尼金幣）。主要輸出的地區除了大明國、日本之外，更遠至波斯地區。16、17 世紀，各國的殖民地競爭，除了金銀之外，乃以嗜好的奢侈品砂糖

最被歡迎。在重商主義下的殖民地經濟活動，可稱為「砂糖時代」；19 世紀的殖民地經濟活動，可名為「棉花時代」；20 世紀的殖民地經濟活動可稱之為「石油時代」。

在鹿皮輸出方面，鹿皮運銷日本，鹿肉則加以烘乾之後，隨同鹿的骨頭被運往大明國銷售；鹿的骨頭不但可以被雕琢成器具，而且鹿角也可以煎熬成具有膠質的補品。荷蘭固定運送鹿皮到日本是從 1633 年到 1660 年，每年平均的輸出是 71,840 張。1638、1639 年，是福爾摩沙輸出鹿皮的高峰，最多高達 15 萬張。1642 年，開始鹿皮輸出量持續降低，主要原因是鹿隻的數量減少，導致鹿皮減產，東印度公司遂採用保育措施，到了 1650 年代鹿皮的輸出量再度攀升。

荷蘭時期福爾摩沙商業資本主義稅制，採取承包租稅的汲取資源。分為直接稅與間接稅，並將課賦對象採取漢民與原住民分開的方式。對漢人部分，舉凡農、漁、獵各業，均須繳納稅金。進出口貨繳交貨物稅，農墾者繳交耕作稅，狩鹿者繳交獵具稅，用罟者每月 1 西班牙利爾（real，3 荷盾），用陷阱者每月 1 利爾半，收入達 26,700 利爾之多。

1638 年（明崇禎 11 年）為例，獵鹿的數額就高達 151,400 隻，大量外銷日本的鹿皮，是製作成日本的「陣羽織」，也就是作為甲冑外的披肩之用。由於濫捕殺鹿隻的結果，導致鹿隻的數量大減，不得不採取停發狩鹿執照的方式來因應，嗣因經商人不斷地反映請求，並保證只會使用罟網，不會用陷阱網方式的捕殺，並保證只會將鹿皮與鹿肉銷往大明國，荷蘭乃答應並同意以課 10%的出口稅。

東印度公司規定漁民捕魚前，必須先到熱蘭遮城申請許可

證，捕魚後須回熱蘭遮城確認漁獲量，納 10%的稅金。大明國漁民有些時候只是春季停留福爾摩沙，到了秋天收工就返回原居地，成為是季節性移民，主要原因是當時福爾摩沙西南部沿海一帶發現擁有豐富的漁場。

荷蘭東印度公司由於需要在主要商業交易頻繁地區設立據點，作為出售棉布與鐵器的獲利市場，該據點因而被當地漢人稱之為「土庫」。諸如：在大員附近的鹽水、新營、六甲、下營、西港、仁德等，在荷蘭時期漢人居住多的地方迄今存在著許多「土庫」地名；相對地，佳里、麻豆、安定與善化、新市、新化、歸仁、東山等，因屬西拉雅族與哆囉嘓族社地區比較少見，主要是因為當時荷蘭人，在與原住民較多居住地區的商業行為，專設有贌商用「贌社」（pacht）的「承包制」方式來進行交易。

當時的大員主要是一個貿易轉口站，除了大明國與荷蘭東印度公司雙方維持貿易夥伴的關係外，荷蘭東印度公司還額外扮演負責維持治安，保護居民安全。同時，漁民只要有荷蘭東印度公司派出船隻的伴航護漁，漁民就必須支付什一稅或十分之一的魚獲量及魚卵。

對於原住民部分，1644 年（明崇禎 17 年）至 1646 年（隆武 2 年）間，將大明商人承包村社，標得村社權利金，則視為原住民取得原先地方集會時贈送給荷蘭政府的貢物。然而，標得村落權利金方式，後來逐漸演變成賺取收入來源的機制，貨幣支付正逐漸取代勞役，貢物也就演變成原住民負擔的一種間接稅。

東印度公司針對福爾摩沙住民自 7 歲以上者，每人每月合 5 辨士半的人頭稅，最高的收入金額曾達 7 萬利爾左右。當時福爾

摩沙住民人數並不多，但每年累積的總稅額仍可高達 14 萬利爾。尤其「承包制」的模式，是東印度公司引自歐洲徵稅的「贌社」制度。

所謂「贌社」制度，《彰化縣誌》〈蕃俗篇〉載：

> 贌社亦起於荷蘭，就官承餉，曰社商，亦曰頭家。八、九月起，集夥督番捕鹿，曰出草，計腿易之以布，前後尺數有差，劈為脯，筋皮統歸焉，為頭及血臟歸之捕者，至來年四月止，俾鹿得孳息，曰散社。

換言之，「贌社」制度係將原住民稅收發包給漢人社商、通事承辦，商人得標後即可獨占村社的交易活動，導致後來屢屢出現利用特權欺壓、侵占原住民財產，凸顯荷蘭商業資本主義財政稅收對福爾摩沙住民的苛斂。

1644 年（明崇禎 17 年）起，東印度公司大員商館將原住民社進行貿易的獨占權標售出去，承包商獲得於原住民社進行交易為其一年的獨占權後，大舉鬨抬衣料、鹽等各種雜貨商品價格，壓低用來支付商品的鹿肉與鹿皮價格，再將此鹿製品外銷大明國，以獲取暴利。其間荷蘭東印度公司還試圖以減少人頭稅方式，來說服住民皈依基督教。

「承包制」至 1683 年，清治臺灣時期仍延續實施，不過取消了競標，改採「社餉制」的方式對原住民徵稅，由承包商至村社交易所得的部分利潤，作為社餉繳納給官府。1737 年（清乾隆 2 年），乾隆政府進行稅制改革，此一制度才結束。

另外，所謂對荷蘭的貢納，是取自大明國移民福爾摩沙者，最初數年每年收入額至少超過 3 千利爾，由於福建省內之紛亂所

促進的移民運動，將甚多家屬帶至福爾摩沙，截至 17 世紀中葉對荷蘭的貢納金額約達 4 萬利爾，而東印度公司必須再上繳荷蘭聯合省各項稅賦。

東印度公司在作為商業活動基地的市場分配和保障優惠權，任何公司則都以納稅等方式作為回饋，而稅率又與東印度公司的財政收支息息相關。在福爾摩沙的東印度公司當然不例外，甚至每年上繳國家的大筆稅款，更是股東投資利潤的 3 倍之多。

商業資本主義結構下的荷蘭東印度公司，在福爾摩沙的政經利益被荷蘭東印度公司緊密的控制，並且作為經濟勢力擴張的工具，這些壟斷性組織又變成國家機器在軍事出征，和戰爭時所需要的重要稅收來源。荷蘭東印度公司就像資本的容器，透過管制和資本調節，以協助達成國家政經發展的總體目標。

荷蘭商業資本主義以推出皇家貨幣和掌控稅賦的方式，讓從事擴張行動的東印度公司，可以取得流通的財富。而承包稅收與發行公債的財政政策，正可以提供作為私人債券、合股公司組織，與其他各種新金融措施實施的奠定下良好基礎。

檢視當時由大明國來福爾摩沙的人口數，其多於從福爾摩沙至大陸的人口數，而且從大明國來到福爾摩沙的乘客中，特別注明了女性乘客人數，表示船客渡海來福爾摩沙的目的，不只是單純的經商行為，許多船客渡海福爾摩沙是具有「開拓精神」（pioneer spirits）的移民，福爾摩沙相對於大明國人民而言，是可以發展的邊疆（the frontier）。

邊疆福爾摩沙的存在，讓大陸閩、粵地區的人民與社會有個賦予新意義，重新來過以及尋求新機會的空間。邊疆存在的重要性有如外太空之於人類，及外國市場之於跨國企業，是可以滿足

人類擴大視野本能的需要，與企業獲利存活的重要命脈之所在。

解讀邊疆是「文明與野蠻」接觸邊境之意，對照美國政經發展歷史之於廣大西部的存在，形塑了美國獨特的歷史風貌，美國發展的歷史儼然就是一部西部開拓史。亦充分解讀地理空間（space）的說明，邊疆對人類生活與命運的持續影響。

所以，如果要美國人自己問自己是誰？其答案可能就是美國人最早是由英國人變成美國人，然後再由早期殖民和後來移民的後代所組成的多民族。這與臺灣人最早是由閩粵地區漢族與南島語族的組合成臺灣人，然後再由早期殖民和後來移民後代，其所組成多民族的發展背景極為雷同。

荷蘭東印度公司將福爾摩沙尚處初級農業的農產品輸出，其增加關稅收入及貿易利潤，這完全是世界體系理論核心國家（core state），追求「權力」（power）與「福利」（welfare）的商業資本主義政經發展模式，其對農業與土地的開拓，相對於福爾摩沙的漢人和原住民，都只是扮演東印度公司的生產工具角色而已。

東印度公司在福爾摩沙建立起綿密的貿易網絡，不但是要追求產業利益獨占的目標，同時也追求區域與政治的強權。尤其當東印度公司透過對大明國絲綢、瓷器等商品，和南洋群島香料資源爭奪而形成的市場活動，給予亞洲國家帶來了巨大的壓力與威脅，相對地也促成東方文化的傳入西方世界。

對照北美的殖民地受英國憲法保護並統治，而東印度的市場則由公司政府壓榨與宰制。也許，世界政經體系上再也沒有比這兩個地區所遭遇的不同情況，更能清楚說明英國憲法與企業公司性質上的不同了。荷蘭東印度公司名為獎勵大明國的移民開拓福

爾摩沙，但在實際政經作為上則視移民為農奴般的處境。

檢視荷蘭東印度公司在福爾摩沙歷年收入的財賦，收入金額總共 3,847,576 弗羅林（florijn）。荷蘭在亞洲地區的市場，包括福爾摩沙，尤其是在佔領該地區的初期，則必須先花費巨額軍事費用和行政開支，以及為大員的築城及海道疏浚等基礎建設提供經費，因而也經常在財政上出現赤字。

加上，東印度公司在治理福爾摩沙的時間久了，公司人員也必然逐漸捲入或取代當地利益的政經事務，因而難免也衍生許多非事務性的費用支出，這有如無底洞一般的無法預計數目或時間，但卻往往被隱藏在其他費用之中，儘管從帳面上不容易看得出來，但介入地方政經利益的紛爭，迫使東印度公司必須針對其所實施的政經措施，採取嚴密的管控作為。

東印度公司在統治福爾摩沙初期，儘管財政收支出現如此的困窘，但是福爾摩沙自 1647 年（明永曆元年、清順治 4 年）以後，直至荷蘭 1662 年（清康熙元年、明延平郡王鄭成功永曆 16 年）離開福爾摩沙為止，所有的投資與貿易都從獨占市場上汲取巨額利益。

這也相對地凸顯荷蘭東印度公司在福爾摩沙並沒有實際投入重大的建設工程，以及因沒有發生大規模的抗爭事件，而不必要支出龐大的軍事經費。然而，東印度公司仍然採取，透過以不斷重新定義可以免稅優惠運回荷蘭的貨品，在質與量上設法來提高公司保有價值最高的貨品。

另外，東印度公司對於走私、夾帶的犯行，除了偶有採取必要的沒收與懲罰外，並未實施具體有效的禁止辦法，導致東印度公司從高層船長到底層小工，都極力想盡辦法從事這些非法的營

利行動，致使東印度公司不得不採取針對職員的「假設性」利得而徵稅，但這些措施往往反而促使這些犯行的更加惡化。最後結果，難怪當東印度公司垮臺後，公司 VOC 商標被標誌成為是「因腐敗而消滅」（Vergean Onder Corruptie, VOC）的同義詞。

西方資本主義發展自羅馬時代以來，亞洲一直是歐洲所謂「受貢階級」珍貴物品的供應者，歐洲國家從而由亞洲地區取走了大量的貴重金屬。歐洲和東方市場的結構性失衡，強烈地刺激歐洲國家採取透過貿易或征服的途徑，以恢復正不斷由西方向東方流動的市場購買力，彰顯只要控制亞洲市場就可以成為商業資本主義的霸權國家，掌控國際市場和世界政經體系。

因此，西班牙、荷蘭等歐洲國家發現，能控制一條直接通往東方路線的市場預期利益，要比大明國能控制一條直接通往西方路線的市場預期利益來得大。尤其是哥倫布（Christopher Columbus, 1451-1506）發現美洲大陸，正是因為他和他的資助者，在東方找到可以回收利益的標的；相對於當時鄭和艦隊在西出太平洋，橫跨印度洋，先後到達東南亞、南亞和東非等 30 多個國家和地區，卻沒有建立任何一塊殖民地。因而促使葡萄牙佔領澳門、西班牙佔領菲律賓，和荷蘭佔領巴達維亞，形成西方發展資本主義政經利益的三足鼎立局面。

荷西商業資本主義時期，包括西班牙於 1626 年（明天啟 6 年）至 1642 年（明崇禎 15 年），在北福爾摩沙的短期統治。西班牙統治福爾摩沙首先是由船隊沿福爾摩沙東岸，經福爾摩沙東北角的聖地牙哥堡（今三貂嶺），並至雞籠港口，佔領社寮島（今和平島）築雞籠城。當時不論是荷蘭或西班牙，他們在福爾

摩沙築城或建碉堡的技術，都是由訓練有素的工程師和測量師負責建造完成。

1628 年（明崇禎元年），西班牙到了滬尾（今淡水），1629 年（明崇禎 2 年），築聖多明哥城（今紅毛城）。西班牙人在雞籠、滬尾等地興建天主教堂與學堂，從事教化工作，並沿淡水河經臺北盆地，再沿雞籠河至雞籠，途經原住民所居住的地區，皆納入為其治理勢力範圍。

荷蘭曾是被西班牙統治的國家，可是到了 16 世紀中葉，荷蘭要求獨立，西班牙政府不得不再對荷蘭用兵，光是 1580 年（明萬曆 8 年）至 1626 年（明天啟 6 年）的期間，在荷蘭支付的軍費超過 250 萬公斤白銀之多，這些有「政治性的銀子」（political silver）之稱的，其中有很大部分金額被留存在荷蘭。

西班牙盤據北福爾摩沙的雞籠、滬尾二港，因而常與荷蘭為爭取商業經營權及經濟利益起衝突。1629 年（明崇禎 2 年），荷蘭東印度公司在平定麻豆社的「麻豆溪事件」之後，1641 年（明崇禎 14 年），荷蘭軍艦北上，迫雞籠、滬尾二港，時西班牙正受困於國內年年征戰耗盡元氣，對於食物補給困難，加上流行黑死病瘟疫，致使菲律賓守備薄弱，因此對北福爾摩沙的佔領持消極態度。

當時西班牙畢竟還是一個處於農業經濟發展型態的大國，終致不敵荷蘭已是世界上手工業和商業最發達的國家。荷蘭的進逼，迫使西班牙不得不於 1642 年（明崇禎 15 年）9 月撤軍，結束西班牙在北福爾摩沙短暫的 16 年治理。設若日後沒有鄭成功的攻下臺灣，臺灣在荷蘭與西班牙的統治下，亦有可能形成「一

島兩國」的態勢，濁水溪以北說西班牙話，信天主教；濁水溪以南說荷蘭話，信喀爾文新教。

分析當時西班牙商業資本主義帝國沒落的主要原因，是這國家沉溺於文明所帶來的舒適和奢華，全國鮮少有人願意和荷蘭、英國、法國人一樣，跋涉至外國從事貿易、商業活動。同樣的，這個國家的人自以為高人一等，看不起其他基督教國家，也看不起從事工藝的中低階層行業。

西班牙在生產和生活用品方面，大部分需要依賴從國外進口的情況下，導致西班牙自美洲殖民地掠奪來貴金屬，還是必須流向國外，致令國家經濟陷入貧困窘境，導致西班牙吃盡新大陸，而養肥的卻是荷蘭。最後，形成一種現象，就是歐洲大部分的從事工藝勞動者，大量地湧入西班牙就業，導致西班牙勞動市場的需要依賴外力，凸顯西班牙這國家已經失去技術創新和企業經營的能力。

荷西時期福爾摩沙住民散落居住的分布情形，在臺南大員附近為荷蘭人居住的地區，東北海岸則為西班牙盤據，嘉義、雲林一帶則是鄭芝龍商團等漢人出沒，其他中部的大甲溪附近地區，才是真正原住民各部落散居的處所和交易的市場。再者，企圖與上述集團交易，因而向福爾摩沙推進的，正是搭乘朱印船的日本商人。

回溯15至18世紀的威尼斯、阿姆斯特丹和倫敦，確實存在強有力的政府，它們在國內能夠做到令行禁止，強制城市居民服從紀律，必要時加重稅收負擔，保障信貸和商業自由，它們在國外也能夠做到說一不二，這些政府使用暴力絕不手軟。對它們真可用殖民主義和帝國主義的交互字眼來形容，而無須擔憂會有顛

倒時間次序之別。

　　這亦不妨礙政府不同程度地依附在資本主義政經利益的外衣，政府和資本家的權力結構關係，致使國家陷入國際政經本身的競逐之中，政府在為別人和金錢出力的同時，也為自己擴大權力。政府所採取嚴厲而強力的策略，就是符合其實的「為了公平維護資產，你需要一手持劍動用威嚇，一手管理一般商務」。

　　總結荷蘭與西班牙在福爾摩沙的獨占政經利益時期，雖然為某單一階級取得的那種單一利益，但也因此在許多方面嚴重地傷害了國家發展的整體利益。這也是當前全球發展資本主義國家所出現最為人所詬病的問題，而且迫切必須要解決的難題。

三、南明東寧王國階段政經發展（1662-1683）

　　1368 年（明洪武元年），朱元璋稱帝，改國號為明，是為明太祖，建都南京。1421 年（明永樂 19 年），大明國為抵抗滿族和蒙古族的入侵邊界，放棄了因有長江之利而對航海開放的南京，遷都北京。在大航海時代的意義上，大明國喪失了利用大海之便，發展海洋經濟和擴大影響的機會，大明國以後在爭奪世界權杖的比賽中輸了一局。

　　1636 年（明崇禎 9 年），後金可汗皇太極稱帝，建立大清帝國。此後，當大明與大清這兩大帝國的內陸戰爭，開始蔓延到東南海沿岸的時刻，也對當時荷西統治福爾摩沙階段的政經發展造成很大的震撼與變化。

　　1642 年（明崇禎 15 年），鄭芝龍任福建副總兵。1644 年，明朝首都北京被李自成攻陷，明思宗自盡身亡，位於北京的中央

政府也一併被消滅。但華南地區依然存有忠於明王朝的各股勢力，尤其在南京官府六部等大臣意圖擁護皇族東山再起，遂擁護明思宗的堂兄弟福王朱由崧稱帝，即弘光帝，史稱南明朝代的開始。

南明政權始於 1644 年，滅於 1662 年。主要的傳承歷史，包括：福王弘光帝朱由崧、魯王監國朱以海、唐王隆武帝朱聿鍵、紹武帝朱聿鐭及桂王永曆帝朱由榔等皇族，以及明鄭、夔東十三家等勢力，其各政權之間的聯繫鬆散，互不統屬。

1645 年（南明隆武元年、清順治 2 年），唐王稱帝於福州，封鄭芝龍為「平國公」；封森為「忠孝伯」，賜姓朱，名成功。隔年，鄭芝龍降清，鄭成功哭諫不從。1648 年（南明永曆 2 年），永曆帝封鄭成功為「威遠侯」。1653 年（明永曆 7 年），永曆帝晉封鄭成功為「漳國公」，翌年封「延平王」，鄭成功上表懇辭；清順治帝則封鄭成功為「靖海將軍」、「海澄公」，鄭成功不受。

1657 年（南明永曆 11 年），永曆帝封鄭成功為「延平郡王」；清政府則流徙鄭芝龍於吉林寧安，籍沒其家。1658 年，延平郡王鄭成功大舉北伐，入長江，直逼江寧（南京），師至羊山港時，遇颶風，鄭成功子鄭濬、鄭浴、鄭溫皆溺死，鄭成功率殘軍退守廈門、金門。1659 年，鄭成功正面攻擊南京，慘遭軍事重大挫敗，大清國大軍逼臨廈門。

1661 年（南明永曆 15 年、清順治 18 年），立國 294 年的大明帝國被滅亡。延平郡王鄭成功率軍從金門經澎湖，於鹿耳門溪，在北線尾（今安平附近）爆發海戰，鄭軍登陸之後以圍攻策略逼降荷軍，建立了鄭氏王朝，其所代表的是南明流亡政府在臺

灣建立的第一個漢人政權，卻是前近代史上歐洲人在東方海上的一次重大挫敗。11月，鄭芝龍及家眷計11人被清廷處死。

　　1662年（南明永曆16年、清康熙元年），延平郡王鄭成功改臺灣為「東都」，稱赤崁樓為「承天府」，改赤崁城為「安平鎮」，北路一帶置「天興縣」，南路一帶置「萬年縣」，澎湖別設「安撫司」。4月，吳三桂將大明永曆帝處死於昆明。鄭成功任命楊朝棟出任承天府府尹為臺灣最高地方官。5月，延平郡王鄭成功卒，時年39歲。

　　1663年，清兵攻打金門、廈門，鄭經退守銅山。1664年（永曆18年、清康熙3年）3月，鄭經兵敗失去沿海諸島，退守臺灣；縱使永曆帝業已被弒，鄭經乃謹守藩封，雖廢「東都」，改以「東寧」，並以「東寧國王」自稱，但仍然使用「招討大將軍」的印信，「永曆」年號，在給清大臣明珠的書信和與清廷的議和中，也自稱「建國東寧」。

　　1674年，鄭經趁「三藩之亂」率軍攻佔廈門、泉州、漳州；1677年，鄭經盡失大陸守地；1679年，鄭經命子克𡒉監國；1680年3月，兵敗，退守臺灣；1681年（南明永曆35年、清康熙20年）3月，鄭經過世，與其父同時年為39歲。鄭經死後，引發鄭克𡒉是螟蛉子的不能繼承延平郡王之爭，鄭克𡒉被馮錫範諸人謀害致死，遂由年僅12歲鄭克塽襲延王位，續稱「延平郡王」封號，但其大權已旁落馮錫範之手。

　　1683年，清康熙乘著鄭氏政權內亂之際，乃命水師提督施琅自福州出海，攻陷澎湖，進泊鹿耳門。鄭克塽不得不投降大清，削髮蓄辮歸順，與南明宗室被移送大清北京。鄭氏王朝在臺計傳三世，歷時22年。

1704 年，江日昇《臺灣外記》（卷十三）載：「周全斌金廈大戰　陳永華東寧建國」。《臺灣外記》的撰寫方式與內容，有近似章回小說的作品，但「陳永華東寧建國」的意涵，也說明陳永華輔助鄭經主政階段，凸顯「東寧建國」在臺灣延續「南明小朝廷」政權，建立「東寧王國」的施政史實，明末清初大儒黃宗羲在其所撰《鄭成功傳》中，亦曾有直陳鄭成功的所謂「建國東寧」。

　　1662 年，鄭成功驅走荷蘭人開始治理臺灣，雖奉大明國為正朔，自己並未稱帝，雖然大明帝國政權並未有實質的統治臺灣，但鄭氏王權仍把大明帝國政經權力體系的支配機制延伸到臺灣。所以，鄭氏在臺灣建立的東寧王國，實際上已確定具有統治臺灣的史實。

　　15、16 世紀的東亞，是一個以大明帝國為盟主的冊封朝貢政經體系所構成，包括了琉球、安南、暹羅、朝鮮、日本等其他的亞洲國家。在這種政經體系中，大明帝國從朝貢國家獲得的貢品其實不多，反而回報的賞賜價值往往超出更多。

　　大明帝國強調的應該是從這個政治禮儀中對內，和對外建立統治權威的宣示。參與這個冊封朝貢政經體系的各國也藉透過這種冊封關係，除了可以增強鞏固其在本國內部的統治地位之外，還可以幫助解決其在貿易利益摩擦上所遭遇的難題。這種冊封體制顯然是明、清時期皇權政經體制的延伸，在東亞世界所建立政經結構關係發展的具體型態。

　　這種冊封體制便隨著傳統中國各朝代的起落、勢力的盛衰，而有數次分裂、瓦解，乃至於重編的現象；同時，也隨著傳統中國與周邊諸國，彼我情勢的變化，呈現種種不同關係的面貌。例

如高麗與大明帝國關係（1368-1392），朝鮮與大明帝國關係（1392-1636），朝鮮與大清帝國關係（1636-1894），在這漫長5百年來的關係，凸顯了這典型「納貢體制」的政經關係。

南明東寧王國的治理臺灣，一直是奉大明帝國為正朔，也都以孤臣的心態，冀圖能恢復大明帝國原有的政經發展勢力。基本上，南明東寧王國是以大明帝國移民北向爭中國正統，又南向以奪取海上商業的經濟資源，亦是結合了冊封與納貢為一體的政經體制。

冊封體制在國家政經發展的某種意義上，被視為是國王的私有財產，就如同采邑或莊園是封臣的私有財產。東寧王國雖建立政權於臺灣，卻是標榜以延續大明國政權的領受不同封號。東寧王國時期的冊封體制有如日本藩鎮制度，是封建政治，崇尚專制政體，主張要對君主盡忠，強調家族主義、國體主義、傳統主義，及型式主義，強烈形塑政經社會支配意識的體制。

法國年鑑學派經濟社會史學家布勞岱爾（Fernand Braudel, 1902-1985）指出，封建社會至少是五種不同的社會，不同階級的共存，最基本的以及最古老的是支離破碎的領主社會，其次是由羅馬教會堅持不懈地建造的神權社會，第三種是以領土國家為中心組織起來的社會，第四種是封建社會，第五種社會是城邦，總體來說，這些社會不但共存，而且互相攪和，帶有一定的整體性，但從縱向觀察，特權者或治理國家精英的人數仍屬少數。

然而，從東寧王國時期原住民族、荷蘭人、漢人的相互主體性概念而言，其中正如英國移民北美洲的「逐走土著人」（removing the natives），以便為不斷增加的移民人口騰出空間。南明東寧王國在臺灣建立政權亦是中國漢民族，和中國文化

有計劃與具規模移植進入臺灣的一件劃時代大事。

特別是,持有中日混血的「國姓爺」鄭成功,其統治臺灣是啟動在大明帝國東南海上,逸出中國大陸上五千年華夏格局的一段新的文化,也正是彰顯融合外來文明,包含中國文化、日本文化,以及西方文化的複合體型態。

南明鄭氏東寧王國統治臺灣時期的「土著化」（indigenization）發展,是先認定初期的漢人移民心態是中國本土的延伸和連續,以後才認同臺灣本地的對象。從東寧王國時期漢人懷抱「思返鄉土情結」的角度,亦是在臺灣逐漸呈現的一種「本土化」情結,但還不至於發展到所謂完全形成「在地化」聚落的現象。

同時,因為鄭成功生母田川氏是日本人,鄭成功有一半的日本血統。所以,有部分日本人認為鄭成功是他們開拓臺灣的始祖,臺灣歸日本領有應屬正當性,致使日本人對鄭成功的禮遇與高度評價,強調與維持日本政府在臺灣統治權具有相當合理化程度的關連性,和部分要粉飾日本殖民臺灣的歷史。

檢視臺灣政經發展的歷史,自南明東寧王國以至 21 世紀的今天,一直存在「中國概念」與「國際概念」特色的雙重意義。諸如:大清帝國統治臺灣以後,「中國概念」日益加強深化,臺灣政經發展融入「中國概念」,再以此參與「國際概念」的政經活動。日本統治殖民臺灣,臺灣政經發展又融入日本政經的「國際概念」。

二次大戰以後,國民黨主政臺灣時期政經發展的「中國概念」,又使臺灣政經發展擺脫日本的「國際概念」;又因為美國的軍事、經濟援助,和提供廣大外貿市場,致使臺灣政經發展導

向美國的「國際概念」；而在中國鄧小平改革開放之後，又使得臺灣重新再捲入大陸政經發展的「中國概念」，以至於迄今致使「中國概念」與「國際概念」的孰輕重、孰先後？竟成為當前臺灣政黨爭論不休的議題。

　　承上論，檢視一個國家政經發展歷史的權力轉移，往往伴隨著向外擴張的軍事力量，有時也會是經由傳教士、商賈或農民帶頭遷移，但主要的政經發展轉向，還是會與軍事征服的同步發生，或是緊隨其後。所以，臺灣漢人社會的政經權力確立，應是在鄭成功逐退荷蘭統治之後的正式建立東寧王國。

　　中古世紀晚期的歐洲，既沒有世界帝國，也沒有世界經濟，只有基督教文明；歐洲大部分地區都是封建的，也就是說由相對自給自足的小經濟單位組成。這種政經結構發展的基礎，是因為占人口比率很少的貴族階級，相對於莊園內部生產大量農產品的所有權者。德國經濟社會學家桑巴特（Wanner Sombart, 1863-1941）指出，這是一種創造一個富人階級的經濟體制，其目的是在自足的經濟中，由別的勞動者生產物品去滿足他們的需要。

　　檢視臺灣早期的生活環境，對於有意定居下來耕種的漢人而言，並非適合移居的地方。因為，當時的海盜走私活動熱絡，又有原住民的對抗，評估開墾土地和發展密集農業，就得先冒負擔沉重成本的風險。在荷蘭人未統治福爾摩沙以前，臺灣不可能出現具有規模的行政和軍事行動，願意來提供保障臺灣成為適合發展產業的政經投資。

　　荷蘭東印度公司經由無償授田、免除稅負，和其他的獎勵策略，荷蘭人積極提供經濟誘因，鼓勵大明帝國沿海居民渡海來福爾摩沙。所以，荷蘭政府負責收服原住民、壓制海盜、保障契約

執行，並建立有效維護社會治安的制度，使福爾摩沙成為營生安全可以擔負風險的地區。漢人農民的開闢稻米和甘蔗田園，因而創造了一個漢人邊地移墾區，形成荷蘭人、漢人與原住民開發臺灣的一段產業發展史。

1662 年（明永曆 16 年、清康熙元年），東寧王國在臺灣建立，東寧王國的對抗大清雖是尊王攘夷的漢人與滿人戰爭，卻也是為贏得海上經濟利益而戰，並導致其政權走上帝王專制的地方封建之路。東寧王國為因應大清帝國的〈禁海令〉及〈遷界令〉，為解決缺乏糧食安全的問題，而積極發展米糖農業。

東寧王國的初期，為解決人口增加所帶來的糧食問題，首先必須確保土地的有效利用，尤其最擔心軍糧供應的不穩定與持續性。所以，土地經營乃採用行軍人屯田開墾的武裝方式，延用荷蘭時代的王田和東印度公司所屬的公司田，改稱及符合政府規定條件，包括：如屬中土遺民（指當時漢人）的公有官田，耕田之人，皆為官佃；而鄭氏宗黨及文武諸官開拓的土地稱為文武官田，招佃耕墾，自收其租，而納課於官，名為私田；鎮營兵就所駐之地，自耕自給稱為營盤田，有特權的部分不用繳租，凸顯受封體制政經發展的特色。

東寧王國的農業經濟發展政策，除了承認先來漢人和已開化原住民對於土地既得權益，先確立了財產權的方式以安撫居民之外，乃實施「軍屯為本、佃屯為輔、寓兵於農、展拓貿易」的發展墾殖農業。這種「軍兵屯墾」的政經受封農業制度，平時則化兵為農，使能自食其力；戰時則化農為兵，期為征戰之用。

江日昇《臺灣外記》引鄭成功話：

> 大凡治家治國，以食為先。苟家無食，雖親如父子夫婦，亦難以和其家；苟國無食，雖有忠君愛國之士，亦難以治其國。故以為農者七、為兵者三，寓農以散兵，非無故也。今臺灣乃開創之地，雖僻處海濱，安敢忘戰？暫爾散兵，非為安逸，農隙，則訓以武事；有警，則和戈以戰，無警，則負耒以耕。寓兵於農之意如此。

檢視鄭成功頒布屯田政策後，軍隊點狀集團性的開墾，主要農業發展範圍只從臺南到新竹附近。到了鄭經占領基隆附近以後，就將該地視為流放政敵和犯人的地區。因此，當時臺灣北部的開墾，多以違法犯紀的犯人的開墾為主，開發規模亦相當有限。

東寧王國時期除了藉由金廈為反清復明，與興兵驅荷的基地之外，對於臺灣土地的開發，東寧王國時期的土地開墾區域，只是一種點狀的分布，主要開墾範圍在西南沿海平原一帶，因為赤崁一帶荷治時期已經開墾完成。所以，新開墾的田園主要就集中在嘉義平原、鳳山北部平原一帶。

1683年（康熙22年），即東寧王國向大清投降後的一年，登記的耕地總數是17,898公頃，其中7,307公頃是水稻，10,591公頃是旱田，而部分農民由於怕繳稅遂有少報土地面積的情形。例如1684年（康熙23年），耕地有20,000公頃，那麼1650年（永曆4年），耕地面積大約增加3倍，其增加的百分數大約和人口數相同。

就當時全臺灣土地的總面積而言，其開墾範圍尚不足稱道，

但已是相較於荷治時期的 2.2 倍。東寧王國加強對臺灣內部開發的進展，東寧王國在名義上雖歸屬於大明帝國，但漢人在臺灣的控制權確立，不但開始建立了戶籍，土地與學校等制度，並且規劃了城市與土地的配置，臺灣以漢人為主體的社會於焉形成。

1662 年（永曆 16 年），荷蘭人雖已放棄福爾摩沙，但仍以巴達維亞為總部，繼續在附近海域活動。東寧王國時期戰爭體制與經貿發展的並行推動，當時的寓兵於農政策，奠定了漢族後來在臺灣政經發展的「本土化」，或社會學上所稱的「土著化」基礎。東寧王國時期實施「軍屯建營」的營盤田，在臺灣南部擴展有很廣闊地區的分佈，諸如今日在：

高雄市附近的有前鎮、前鋒、後協、後勁、右冲、左營、崗山營、仁武等地；屏東縣附近的有大響營、德協等地；臺南市附近的有本協、果毅後、查畝營（或指柳營劉茂燕、劉球等家族，受鄭成功撫卹獲准的移墾聚落）、五軍營、新營、小新營、舊營、後營、中營、二鎮、中協、林鳳營、大營、下營、左鎮、後鎮等；嘉義縣的有雙援（今民雄）等地；雲林縣的有林內等地，都是營盤田的舊址。

營盤田的農業經營，目的在屯田的自給自足。在租稅制度方面，屯田的賦稅負擔與文武官田及官田佃主不同。佃主是直接從國王那裡得到官田土地的領主，他們有特權，可免納租。文武官田則除了租之外，還有稅，而且稅重於租，兩者合計，其租率大體超過官田。

比較官田與文武官田的租率，幾為 5 比 1，主要原因是官田園的耕作者，原非單純的佃農，又其農耕所需的農具與種子都來自配給，至於文武官田的開墾者，則其性質為自行投資開闢田

園，兩者擔負的成本與風險顯然不同。

通常從佃主承租土地來的領地佃戶，其勞動所得的剩餘價值，全歸土地所有者；佃戶的負擔，包括勞役及農產物的納貢方式。另外，男子自 16 歲以上，需繳納額 6 錢的人頭稅，其他依工作別收入的課稅如房屋稅、鹽稅、船稅等等，是為東寧王國政府重要收入。這時期的國家總生產和社會的總勞動力，大部分依賴佃戶的付出。

然而，官田的所有者為東寧王國鄭氏，文武官田所有者的佃主，為鄭氏宗黨及文武百官，這些貴族與官僚的佃主，對於領地佃戶而言，相對地是處在支配者的地位。尤其東寧王國時期在海上市場利益銳減以後，不得不依賴這些租稅來支撐龐大的軍費開銷。同時，為確保臺海沿岸操業漁船的稅收，在港口碼頭上設置監視所，並且將漁業稅的徵收採包稅制度。

荷蘭時期不許土地私有，在東寧王國農業發展時期即使限於特權階級，但因其存在，卻促進農業資本的累積，對於生產力的提昇大有幫助。至於，受封政府為解決農業生產力的問題，在人力資源上，主要還是透過招納流亡，及嚴令將士的眷屬遷臺；另外，為增加稻米和甘蔗產量，則加強水利設施，採築堤儲水與截流引水的方式，這些工程分別由政府或地方有力人士，甚至指派由各營鎮的兵工協助修築。

東寧王國時期所栽培種植的農作物，主要以稻蔗為主。江日昇《臺灣外記》載：親歷南、北二路各社，勸諸鎮開墾，栽種五穀，蓄積糧糕，插蔗煮糖，廣備興販。相較於荷治時期的種植甘蔗，東寧王國時期則從福建引進蔗種，極力鼓勵栽種甘蔗，採用製糖新法，使得蔗園種植面積大大增加。1682 年（康熙 21

年），出口超過 200 萬斤，運往日本者達 99.2 萬餘斤。

同時，重視植種稻米，《諸羅縣誌》載：穀之屬，秔稻，秔與粳同，種類頗多。有占稻，俗名「占仔」。有赤白二色，白者皮薄易椿。六七月始種，十月始收；稻之極美者。亦即蓄積糧糒（乾糧），其種植期是在避開冬季的乾旱期，故其時值稻米是每年一季。耕種方式仍與原住民一樣採用轉地耕種的粗放方式。此外，力促子民作鹽，採取煎鹽法改良為曬鹽法，以增加產量。

1662 年，東寧王國治理臺灣初期，還曾遭遇清軍與荷蘭聯軍的攻擊，加上大清帝國在沿海地域厲行遷界與海禁，使得與大陸之間的生絲、陶器等貿易受阻，迫使東寧王國採取轉運策略，而將船轉往日本、琉球、呂宋、暹羅，並且與英國進行多角貿易。英國東印度公司更於 1675 年（永曆 29 年）至 1680 年（永曆 34 年）間，曾在臺灣開設商館，並允許英船進入東寧，東寧王國將徵收進口稅 3%，出口稅則免。

對日本貿易方面，由於每年到長崎的商船增多，遂降低了臺灣與大陸的直接貿易。1662 年（永曆 16 年），荷蘭人雖於放棄福爾摩沙，但仍以巴達維亞為總部，繼續在附近海域活動，所以更確切地說，應該是到 1683 年（永曆 37 年），大清帝國清康熙 22 年正式攻陷臺灣時，才告中止。

江日昇《臺灣外記》記述：康熙 5 年（1666 年），遣商船前往各港，使多購船廖，載到臺灣，興造洋艘鳥船，裝具鹿皮等物，上通日本，製造銅熕倭刀盔甲，並鑄永曆錢，下販暹羅、交趾、東京各處以富國，自此臺灣日盛，田疇市肆，不讓內地。

南明東寧王國時期對外貿易的關係，由於戎客船數不斷的減少，明顯看出大清帝國初期採取嚴禁海上貿易，以及大陸沿海全

面禁令和遷界政策產生了效應。但實際上東寧王國對外貿易並沒有受到嚴重影響的阻絕，這結果倒是讓大清帝國始料未及的情勢。分析其主要因素：

第一、從1647年（永曆元年）至1661年（永曆15年），大清帝國戎克船（junk）和長崎貿易的平均數減少到48艘，這是主要是受到反清活動仍在華南一帶，以及東寧王國控制了福建沿海，並掌握海上市場的影響。

第二、1662年（鄭成功明永曆16年、清康熙元年）至1672年（鄭經明永曆26年、清康熙11年），東寧王國雖自廈門撤軍，但仍保持以臺灣為對外交流的基地。

第三、1673年（明永曆27年、清康熙12年）至1684年（清康熙23年），東寧王國趁三藩作亂的反攻大陸，雖未能成功，但在海上的活動仍然絡繹不絕。

東寧王國時期臺灣商品與大陸市場貿易來往，除了臺灣出產的糖、皮貨，以及從大陸進口的生絲、單（雙）錦緞、縫衣絹絨、絲綢、絲絨、府綢、棉布、日常生活用品等之外，也從其他國家進口白色上等棉布、印花布、床毯、棉絲、棉紗燈心、胡椒、白檀、藤、香料、肉桂、象牙、琥珀、白銀、黃金、鉛、銅等產品。

臺灣商品貿易所往來的東亞市場活動中，除了與大陸貿易之外，首先貿易國家的主要對象是日本，東寧王國商船五、六艘，每年在1月開往馬尼拉，在4月或5月開回，大抵在六月或七月中，往往固定有12、13艘，或更多的船隻開往日本，在11月或12月回來。來往市場地點除日本、馬尼拉外，分別遠至呂宋、波斯、蘇祿、文來、暹羅、柬埔寨、麻六甲、琉球、交趾、廣

南、柔佛等處，只是貿易量都非常有限。

另外，臺灣商品貿易也從日本市場進口貨物，主要有白銀、黃金、銅，及軍用品，而從東南亞等地運回的主要是香料、蘇木等商品，這些貨物和臺灣、大陸的貨物再轉運各地市場出售。

至於，與英國貿易往來。1670 年（永曆 24 年），根據雙方於簽訂的〈鄭英通商協約〉，東寧王國鄭方還與英商進行大量的武器交易，在與英國市場通商協議中，不但詳細規定了每艘英商船供應武器的數量，還要求英商公司須經常派砲手和鐵匠為鄭方服務；而且，同意來自大明帝國及各國的貨物可以匯集臺灣市場；英國商館認為，只要能透過與臺灣通商，即達到直接與大明帝國、日本及馬尼拉等地市場通商的目的，但是活動的國家仍然侷限於東亞地區。

檢視 1673 年至 1684 年止的 10 多年間，英國東印度公司即在臺灣代替了荷蘭人的地位，他們在臺灣的商館，也就是當年荷蘭人的舊址，他們在臺灣的商務，也與當年荷蘭人一樣，東起南洋，遠達印度、波斯。英國東印度公司冀圖在東亞地區能扮演如荷蘭東印度公司的角色，在臺灣的轉口貿易上具有亞太營運中心的功能。

總結東寧王國時期政經發展，為了加強軍備與儲藏戰爭物質，採取寓兵於農的屯田制，鼓勵開墾土地與增加農業生產，這是東寧王國時期受封政府在農業政策和商品轉運的商品活動；然而，受封政府就為因應戰爭需求而從社會民間的大量徵兵、徵稅，以備不時之需的軍事和財政作為，也充分暴露了東寧王國對臺灣社會的汲取資源。

東寧王國時期大批官兵的移駐臺灣，雖然執政為期不長，但是加速大量中國漢人的移民來臺灣，實施武裝式屯田政策，採取官兵在當地紮營，並開墾土地，為發展農業土著化的具體成效。而且，東寧王國為在臺灣的推廣教育、立孔廟，實施各項有助於直接漢化的紮根工作，彰顯臺灣政經發展的本土化史實。

　　因此，東寧王國時期善用透過船舶、船員、交易、語言或血緣，與周邊陸上的大清帝國、日本等都保持了策略性關係，其所實施的各項措施都有助於臺灣最早期來自大陸的閩越人，和1624年前後受荷蘭東印度公司獎勵來耕種漢人的土著化。

　　在東寧王國敗亡之後，大清帝國又恢復鎖國政策，以致臺灣和大陸都錯失了在工業革命之後和西方同步發展的契機。然而，東寧王國時期的臺灣已經不是一個傳統落後的農業初期社會，而是一個逐漸呈現農商業發展的社會，其獨特的消費型態、生活方式和生產方式，有助於大清帝國統治臺灣時期「郊商社會」的政經發展。

　　在1405年至1433年間，當大明國決定結束派遣鄭和的七次遠航下西洋之後，就已經註定大明國錯失了向海洋發展的機會，其決定轉過身的去背對新崛起的大航海世界，凸顯的是該帝國未能掌握時代變動的向海外擴張貿易的契機，和當時負責重大國政的官僚體系只熱衷於權力維護，和追憶過去的輝煌歷史。

　　1644年，李自成攻陷北京城，崇禎帝自縊於煤山，關外滿清軍隊藉驅逐李自成為由，也攻入北京城，並於逐出李自成之後，號令大明男子薙髮蓄辮。這年史上稱「甲申國變」之年，南明的抗清運動於始揭開序幕。

　　南明時期（1644-1662）鄭成功率其宗族和部屬的轉進臺

灣，雖然並不單純為了墾殖，但由於採取了寓兵於農的轉型產業政策，而奠定了一個純粹以農業為主的漢人移民區。鄭成功既受封延平郡王與鄭經受封東寧王，凸顯了大明國皇權冊封體制的延伸。

鄭成功進攻臺灣本島之時，於船上遙見鹿耳門，江日昇在《臺灣外記》中記述：

> 成功命設香案，冠戴叩祝曰：「成功受先帝眷顧重恩，委以征伐。奈寸土未得，孤島危居！而今移師東征，假此塊地，暫借安身，俾得重整甲兵，恢復中興。若果天命有在，而成功妄想，即時發起狂風怒濤，全軍覆沒。苟將來尚有一線之脈，望皇天垂憐、列祖默祐，助我潮水，可直入無礙，庶三軍從容登岸。」

鄭軍順利登陸進入赤崁之後，再攻下熱蘭遮城，最後驅逐荷蘭人成為「開臺之祖」。江日昇（字東旭，生卒不詳）的《臺灣外記》（三十卷）是東寧政權來臺與治臺時期的重要佐證資料，歷史記載時間從鄭芝龍起於 1621 年（明天啟元年），至 1683 年（明永曆 37 年、清康熙 22 年）鄭克塽出降的東寧王國興亡史，期間共 63 年。

鄭氏家族受封東寧王國政權史料較少，主要還是受到大清帝國的大肆破壞與燒毀的後果，這更加凸顯了《臺灣外記》的重要性。該書的撰寫方式雖然是採取類似回憶史性質，但內容係江日昇的父親江美鰲，他原為鄭成功家族鄭彩翊部下，由於江日昇自幼從父，對鄭氏家族甚為熟悉，透過父子口傳方式，江日昇的《臺灣外記》填補了許多史料未能明確記載的空白，故成為學術

上的重要佐證與參考資料。

東寧王國的向外擴張軍事行動，凸顯在 1662 年鄭成功逐退臺灣的荷蘭人之後，仍奉南明為正朔。鄭氏改臺灣為「東都」，改赤崁樓為「承天府」，赤崁城為「安平鎮」；另外，沿用荷治時期的南北路舊制在北路一帶置天興縣（今嘉義），南路一帶置萬年縣（今鳳山），澎湖別設安撫司。

東寧王國從鄭氏軍團移墾來到臺灣的人口結構中，除了部分因受到閩粵沿海地區紛亂局勢所造成的大量難民逃亡潮，甚至於陸續將家屬也帶往臺灣來之外，這其中亦有不乏傳教士、商賈或具有農業生產技術的農民參雜在內。

東寧王國在臺灣地理位置上，縱使相對於大明國大陸，是屬於商業與貿易發展的邊陲。但邊疆臺灣的存在卻賦予了福建、廣東地區人民不斷重新來過，以及尋求新機會、新天地政經發展的歷史意義。

東寧王國統治臺灣初期為解決人口增加所帶來的糧食生產問題，在土地使用上除了承認先來漢人和已開化原住民對於土地既得權益，以安撫居民之外，乃調整荷蘭聯合東印度公司時期所採行的重商主義思維，改採行重視軍事屯田墾殖的農業開發政策。

對於「開發」（develop）的意涵，依據西方國家產業發展的經驗，商業提供了環境條件，工業化才能起步，從而導致科學、工技、企業、運輸、通訊、社會文化等等的興起與發展，這一切籠統的被稱為「開發」。如開發中國家（developing country），而與已開發國家（developed country）相對。

南明鄭氏的受封東寧王國政權在農本思想下的土地開發區域，開始只是一種點狀的分布，主要開墾範圍包括西南沿海平原

一帶。當赤崁一帶在荷蘭聯合東印度公司時期已經次第的開墾完成，東寧王國新開墾的田園就已經拓展到往北的嘉義平原，和向南往鳳山北部的西南沿海平原。

到了 1683 年臺灣墾殖登記的耕地面積已達 17,898 公頃，亦即印證經由臺灣內部開發的結果，臺灣以大明國來的漢人為主體的商業與城市社會已經形成。

臺灣對外商業發展方面，由於受到東寧王國逐漸轉型重農政策的影響，更因為大清國在東南沿海實施遷界和海禁的雙重壓力，使得當期臺灣的貿易受挫，東寧政府不得不以實施轉運策略以資因應，而將船隻轉往日本、琉球、呂宋、暹羅，並嘗試透過與英商簽訂通商條約來解決多角貿易的困境。

英國東印度公司亦於 1675 年至 1680 年間在臺灣開設商館，並將船隻進駐東寧。東寧政府冀望經由與英商的商業與武器交易，並同意其來自大陸及各國的貨物可以經由臺灣轉運，意圖打開臺灣對外的貿易通路。

東寧王國與英國商館之間來往的貿易時間並不長，儘管這階段臺灣與英商之間的商業貿易雖然成果極為有限，但除了證實重商主義在東寧王國治臺時期的受挫之外，卻可以說明這時期英國正逐步取代荷蘭在世界商業與城市發展中的地位，成為新的霸權國家。

1683 年（康熙 22 年）臺灣被大清帝國收納為版圖，臺灣商業與城市發展由於受到清治初期消極治理政策的影響，在東寧王國時期已受挫的重商主義政策，更明顯受到抑制而被迫轉型。或許這也是大清國侵略弱勢鄭氏東寧王國的另外一種政經強權的展示吧！

1885 年，臺灣建省以前的商業資本形成主要仍然是以依賴地主資本為主的農業生產結構，這一資本結構的調整一直要到清治臺灣 160 年後的 1843 年，當政府將「納穀制」改為「納銀制」政策時，才出現了重商主義在臺灣的復萌契機。

　　臺灣商業資本的流通與商品經濟的擴大，導致了土地所有權制度轉向以小租戶為中心的私有資本型態，促使臺灣商業結構轉型以中小企業為主的發展；同時，導致臺灣商業城市逐漸從西部再從南部而北部發展。

　　大清國治臺時期的農業發展，主要透過從大陸移植各類型器具和作物，諸如稻作所需的耕犁、牛隻、種子，製糖所需的蔗苗、熬糖技術、熬製樟腦、種桑養蠶，乃至於香蕉、鳳梨、柑桔、荔枝、龍眼、枇杷等。尤其是稻米，溯自 1719 年施世榜開始在二水興建水圳的影響，臺灣到了 19 世紀儼然已成為福建的穀倉。

　　1727 年，清政府開放福建、廣東與南洋貿易，帶動兩岸商業活動的熱絡，以及 1760 年乾隆廢止渡臺禁令，臺灣商業發展更建立了「郊」或「行郊」的組織。尤其 1860 年代臺灣被強制開港後，代之買辦和商館的興起，增加了許多外國商場的競爭和公司的進駐，特別是英國領事館於 1861 年由臺南遷移淡水，凸顯臺灣政經已逐漸由南轉移到北部的發展。

　　檢視開港之前，不管是從臺南地區或鹽水北上至斗六地區，大部分砂糖業者出口都以透過郊商的方式輸往大清國居多；開港之後，原以大清國貿易為主的北郊商人，因其對日出口的糖業被剝奪而逐漸沒落。

　　由於砂糖交易不存在如茶葉業者須藉由大清國商人交易或介

入金融，而都是採取由本地商人自己經手承辦的方式，因而本地經營糖業的自主性遠超過茶業者。砂糖業者財務多以依賴政府特許的「洋行」居多。

「洋行」自兼外國銀行的代理店來進行，但也有本地人自營糖行的情況。洋行設置的角色與功能，例如英國寶順洋行締造將臺灣茶葉成功直銷美國，和建於淡水的「原英商嘉士洋倉庫」的紀錄。

臺灣當時境內南北之間的商務活動因受制於交通成本，反不如臺灣與大清國的東西之間往返的密切。19世紀下半葉臺灣郊商就非常積極參與國際貿易，不但並不完全依附於英國資本之下，反而倚重大清國的山西票號與錢莊資本，凸顯臺灣郊商發展以歐美為中心的世界資本市場，及本土原有的資本市場的雙重依附關係。

商業貿易發展的結果，不但提高了商人社會地位，而且沿海商業城市經濟活動和發展迅速，臺灣清治時期商業發展的相對於近代產業結構改變，應始於1874年（同治13年）政府的積極推行自強維新政策。1875年（光緒元年）臺灣全面開放，大清國人終於可以自由移墾臺灣。

臺灣近代重商主義商業發展與城市文化的形塑，從重商主義市場經濟的追求利益極大化目標，其結果創造了商業發展與城市文化，大大改變和提升了人類的生活環境。

這從荷蘭聯合東印度公司和東寧政權統治臺灣一甲子的大員附近地區的開發，也一直延續的清治臺灣的中晚期，因為土地的開墾、城市行政區劃分，和交通建設的結果，臺灣城市由南朝北發展，臺北城市逐漸取代臺南在臺灣整體發展中，成為新興的政

治經濟中心。

　　17世紀大航海時代以來荷蘭人在臺灣的經營，使臺灣由草昧時期邁入接受文明的時期，雖然臺灣在荷治時期未能像日本因與荷蘭通商往來，孕育了「蘭學」的誕生。日本「蘭學」以醫學為主，實際上也奠定了相關學問的基礎研究，為日後的「文明開化」鋪路。

　　近代臺灣比較重要通商主義的轉折，也就是凸顯臺灣重商主義發展在荷西時期的第一次開港，和1860年代清治末期的第二次開港，都直接衝擊臺灣商業發展與城市文化的再造，導致日本在明治維新之後的覬覦臺灣，並於1895年併吞臺灣、澎湖。

　　總結東寧政權的「中央政府」就是建置在臺灣，這是與荷治臺灣重商主義政策的最大不同。東寧政府在顯現權力運作機制的支配距離最近，以及指揮層級也最直接，更有效率地促使當時漢人社經制度的發展走向土著化，乃至於漢化意識型態的定位。

　　東寧王國取代荷蘭統治臺灣的政權之後旋即瓦解，不僅導致重商主義中挫，也讓追隨鄭家到臺灣尋求出路的臺灣先民遭受嚴重的打擊。東寧政權的結束，和清政府初期的消極治臺政策，相對地導致臺灣產業與城市發展的停滯，以致臺灣錯失了在工業革命之後和西方同步發展的機會。

　　然而，也因為1860年代臺灣的被迫開口通商，劉銘傳也在臺灣建省之後，積極建設臺灣，臺灣重商主義也才有了復萌跡象，但那也只是短暫的十多年光景，臺灣再度喪失了經濟發展的機會，是一次不成功的產業轉型。

　　1895年，臺灣的統治政權被迫改由日本統治，臺灣經濟發展與城市文化的演進又必須面對新政商體制的挑戰。當然，一個

政經社會的變遷，尤其是商業發展與城市文化的演進，如果單從經濟上找其所受到環境因素的影響是會有所不足的，這是本文對東寧政府的產業轉型與臺南府城歷史文化記述的侷限。

江日昇《臺灣外記》凸顯的內容，重要是以東寧政權的鄭家歷史為主軸的記述。這凸顯鄭成功以南明中國大陸之姿來治理臺灣，要把「臺灣中國大陸化」的意涵，是將臺灣視為當時未淪陷，是唯一仍奉大明帝國為正朔的一塊領土。

我們回溯府城從原住民時期的經濟作物開始，歷經荷蘭聯合東印度公司、鄭氏東寧王國、大清國，乃至日本統治臺灣時期的稻米與甘蔗產業發展，始終是帶動臺灣經濟與生活的動力，期間也顯示府城地方產業在「米糖相剋」矛盾政策下的歷史性意義與特色。

附錄二：導讀江日昇《臺灣外記》

江日昇《臺灣外記》（三十卷），是東寧政權來臺與治臺時期的重要佐證資料，歷史記載時間從鄭芝龍起於 1621 年（明天啟元年），至 1683 年（明永曆 37 年、清康熙 22 年）鄭克塽出降的東寧王國興亡史，期間共 63 年。

有關江日昇的生卒不詳，但根據歷史學家方豪教授指出，江日昇原姓林，字敬夫，林兆麟是他生父，惠安前型人。而江美鼇是其寄父或後父，同安高浦所人，因姓江，遂改名日昇，字東旭。

《臺灣外記》，又稱《臺灣外紀》《臺灣外志（誌）》，是介於史書和章回小說之間的體裁，描述鄭芝龍、鄭成功、鄭經、

鄭克塽家族發展的事蹟。江仁傑在《解構鄭成功：英雄、神話與形象的歷史》一書，認為該書「與其說是一手的嚴格歷史著作，還不如說是鄭成功『神化』的早期記錄」。

《臺灣文學史綱》作者葉石濤認為，以明鄭的傳記文獻而言，《臺灣外記》首尾一貫，頗具價值。張溪南在《明鄭王朝在臺南》一書，則認為該書以文學角度來看，可說是一部成功的鄭成功家族史小說。所以，我們讀江日昇《臺灣外記》比起讀《清史稿》的〈鄭成功傳〉，類如讀羅貫中《三國演義》的比起讀陳壽《三國志》要來得引人入勝而有趣吧！

江日昇《臺灣外記》之所以重要性，因為鄭氏家族受封東寧王國政權史料較少，主要還是受到大清帝國大肆破壞與燒毀的後果。《臺灣外記》的撰寫方式雖然是採取類似回憶史性質，但內容係江日昇的父親江美鰲，他原為鄭成功家族鄭彩翊部下，由於江日昇自幼從父，對鄭氏家族甚為熟悉，透過父子口傳方式，《臺灣外記》填補了許多正史上未能明確記載的空白，故成為學術上的重要佐證與參考資料。

我們先讀《續修四庫全書提要》〈史料雜史類〉選載，謝國楨所寫〈臺灣外記提要〉一文。謝國楨，生於 1901 年，卒於 1982 年，祖籍常州武進，出生於河南安陽。1926 年，入清華大學研究院，師從梁啟超，曾任職於北平圖書館、任教中央大學和社會科學院，晚號瓜蒂庵主。2009 年 7 月，吉林出版公司出版《南明史略》。2013 年，北京出版社出版《謝國楨全集》。

從謝國楨的簡要生平記載，特別是任職於北平圖書館的經歷，讓他有機會參與《續修四庫全書提要》〈史料雜史類〉的撰寫工作。〈臺灣外記提要〉全文如下：

清江日昇撰。日昇字東旭，福建珠浦人。是書始於鄭芝龍為盜海上，踞臺灣，終於鄭克塽以臺灣降清。自明天啟元年辛酉（1621），迄清康熙二十二年癸亥（1683），共六十三年。其中雖挾敘述崇禎（1628-1644）弘光（1645）隆武（1645-1646）永曆（1647-1683）之事，實則表彰鄭成功一人，故於其卒而稱之曰：「丁亥年二十，以隻身而奉故朔，海島羣雄，拱手聽其約束；五省遷徙，避其鋒銳。且當敗喘息，又能鎮定強戰，繼而開闢乾坤。至壬寅歲（1662）五月初八日逝，年三十九歲。屈指統眾，共一十六載，以忠義自誓，嚴治軍旅，推心置腹，臨事身先，計策已決，賞罰無私，仇親兼用。噫！亦可謂人傑哉！」其推崇如此，誠非溢美。

徐鼒（1810-1862）作《小腆紀年》〔按：本名《小腆紀年附考》，編年體南明史書，凡二十卷，約六十萬字。小腆，小國之謂也。記載崇禎及福唐桂魯四王史書。始以「明帝視朝，文武朝班亂」的「亡國氣象」，終於鄭克塽降清，「明朝始亡」。〕，多採此篇。如書唐王與曾后遇害於汀洲之府堂，蓋從外記，而不用諸書；隆武被執，送至福州斬於市，曾妃投九龍潭而死之說。書監國魯王次廈門，鄭成功以宗人府正之禮見之，而不信航海遺聞：謂成功相見，行四拜禮，稱主上身自稱罪臣之說。其載施琅入臺灣，刑牲告于延平郡王朱成功之廟曰：「自同安侯入臺，臺地始有居人，賜姓啟土，始為巖疆。獨琅起卒伍，與賜姓有魚水之歡，中間

微嫌，釀成大戾，琅於賜姓，剪為仇讎，情猶臣主。蘆中窮士，義所不為；公義私恩，如是則已。」語畢投地大慟。此亦本之外紀。

然如外紀謂寧靖王術桂為宣宗九世孫，紀年則據臺灣府志正之，蓋傳聞之誤，故所不免也。惟每卷標題用章回體，而其敘鄭經與其四弟乳母陳氏私通，其言猥褻，尤落小說窠臼。但其成書，在康熙甲申（1704），距克塽之降（1683），僅二十一年。況以閩人言閩事，視他書所述，固較可依據焉。

謝國楨寫〈臺灣外記提要〉的最後一段提到江日昇《臺灣外記》：「其敘鄭經與其四弟乳母陳氏私通，其言猥褻，尤落小說窠臼。但其成書，在康熙甲申，距克塽之降，僅二十一年。況以閩人言閩事，視他書所述，固較可依據焉。」這是提醒我們讀江日昇《臺灣外記》的章回體小說，要特別注意之處。我也要求自己在導讀與白話節注江日昇《臺灣外記》的時候，要特別謹慎查證確實的地方。

以下，我們先白話注釋江日昇在《臺灣外記》的〈自序〉：

> 我〔按：指江日昇本人〕回顧歷史，沒有比順治皇帝（1644-1661）更能正確評價帝王功業的。順治皇帝在甲申（1644年）之變時，整頓軍隊，平定亂事除去奸臣；順應天意和民心，繼承大統，成為一國之君。直到現在，周圍各國皆歸順臣服。但只有在臺灣的鄭氏及一些舊臣們，仍是用前朝制度，孤身在海外，依仗海浪起伏劇烈的險惡，頻繁出入，擾亂邊疆地帶，耗費朝廷無

數金錢，導致五個省份人民遷移所在地，讓朝廷四十年來屢次為南邊的紛擾而憂慮。

這期間有無數的英雄豪傑死於國事當中，是殺運還沒結束的原因。等到殺運結束，興旺繁盛的時代將到來，天必定會賜予散金讓姚公〔按：姚啟聖〕來撫慰這片土地。施侯〔按：施琅〕在六月帶兵出征，勇敢果決地策畫計謀，一場戰役決定局勢，順應天意。終於將臺灣這片邊遠地區納入朝廷的版圖，讓國家統一。

然而成功的誓〔按：指依大清朝盤結頭髮於頭頂或者腦後的髮型〕年儒生，能痛哭流涕明白君主的意思而捨棄父親，堅守為人臣的操守，這樣的情況是無法消滅。何況還有故明子孫寧靖王從容就義，五個妃妾也隨他而死；所以臺灣成功的佔領，其實應該為寧靖王的佔領，和蜀漢的北地王一樣。

因此，對於這段歷史的始末，應深入蒐錄和整理。的確，閩地〔按：福建〕的人說閩地〔按：福建〕的事情，希望能被修纂國家歷史的人所採用。

現在是康熙四十三（1704）年，歲次甲申，冬至三天之後，在九閩珠浦〔按：漳州海澄一帶〕東旭氏的江日昇謹慎地記錄於雲陽之寄軒。

我們讀了江日昇《臺灣外記》〈自序〉之後，再讀江日昇《臺灣外記》的正文之前，江日昇特別在〈凡例〉中對於他寫此書的內容，做了說明，好讓閱讀該書的人可以了解他的文字安排。〈凡例〉的內容說明如下：

一、這書寫的開始年代是從明太祖〔按：朱元璋（1328-1398）〕，因為鄭氏的祖墳有神靈庇護而未被江夏侯〔按：周德興（？-1392年），洪武三年（1370年）受朱元璋封江夏侯〕破壞，追溯其來源。

二、這書是敘述李自成攻陷北京〔按：明崇禎十七年（1644年）〕、馬士英〔按：（1596-1647），任兵部尚書。清軍破南京，馬士英被俘身死〕專權誤國卻又沒有詳細說明，自然有《明史》更明確的原因存在；不過是為連接脈絡，提到鄭氏衰敗的細節。

三、這書是多採集故明遺事，與鄭氏家族的影響有關。如鄭芝龍在南澳當官時（1621-1623），遇到內部動亂，要求各府舉薦有才能的將領；黃道周在婺源（江西）被俘，爭奪官位；陳子壯、張家玉違逆，而發出一封求救信；粵西的戰爭勝敗，有太監往來的記錄。因此不覺得它冗長，同樣引用了元世祖時代的景炎和祥興年號的君臣，明太祖所記錄的至正年間以後的事實。現今皇上也下令學者廣收資料來編纂明史，無需顧慮新朝的忌諱；誅殺違逆者和紀錄忠臣事蹟，確實是聖世的公論。

四、這書是編纂原本鄭成功應成為這個時代的重要人物，對故明的感慨和預言；而鄭氏的將領，就是鄭氏家族當時所倚重的人。記錄當時的事蹟，無論戰勝還是戰敗，都要如實記載；不像《水滸傳》寫，某人某甲的狀態是怎樣的，戰鬥了數十次、數百次之類的情況，華麗筆法精美描寫來吸引讀者注意，讓作品看起來美觀。

五、這書是針對甲寅之變中，耿、尚、吳三家與鄭氏家族相關的情況進行敘述；如果沒有與鄭氏有關的事件，自然會在國史中有記載，因此不再詳加說明。

六、這書是關於臺灣這個海外荒地，土地將變得靈秀，想要成為中國的一部分，天必須假借一人來引導，比如顏思齊就是引導者；紅毛人（荷蘭人）則是其規模的代表；鄭氏家族則是開創的人。希望朝廷能將臺灣納入版圖，設立郡縣，以便讓這一切延續萬世。

七、這書是經過多年的時間，包含跟隨皇帝統治、致力於平亂的各位英傑，不隱諱他們的名字而直接書寫，效仿列國和三國的體例；不敢輕視他們，而是更加尊重他們，使他們名聲能永存於萬世。

八、這書篇提到的外名，是因為鄭氏尚未奉行我朝法令，相關事件屬與化外之事；而臺灣未納入版圖，被視為荒蕪的地方。如果以化外和荒外的情況放棄不重視，恐怕史家對這些缺陷提出批評。因此，編輯這些內容以外名記之，一方面表明國家穩定和修復荒地收入版圖的策略；另一方面顯示鄭氏對朝廷真誠態度，使其受到朝廷的教化和影響。不要在意外部事務，而要重視內部治理，這符合春秋時代的紀錄原則。

九、這書是記錄鄭氏家族多年來的爭戰事蹟，內容繁多難以一一贅述；現在將其關鍵部分整理出來，希望讀者能體諒。

十、這書編寫時對句子使用句點，人名旁邊加上標記，地名則用空格區分，以方便讀者閱讀理解。

十一、這書是明朝的記錄、年表、傳聞以及大臣的奏疏,有關平南的實錄等多種文獻資料,還根據當時所聽聞、親自目睹的事情,廣泛收集然後整理;實在是才疏學淺,不敢妄言,不過是用來供人參考。

江日昇載誌。

附錄三:導讀與摘錄注郁永河《裨海紀遊》

郁永河《裨海紀遊》(三卷),分(卷上)、(卷中)、(卷下)。《裨海紀遊》又名《採硫日記》。這部書郁永河從 1697 年(康熙 36 年)記述起,這已是 1683 年清治臺灣的 15 年了,但是它是繼 1603 年(明萬曆 30 年)陳第隨同福建都司沈有容,追剿倭寇至臺灣的寫了《東番記》之後,記述了府城附近風土民情的一部比較完整、詳細的臺灣西部紀行,也是前無古人的臺灣第一部西部大探險日記。

《裨海紀遊》(卷上)的主要內容,郁永河寫他於 1697 年(康熙 36 年)農曆的元月 24 日,自福州(福建省府所在,有榕城之稱)出發,經過廈門、金門、黑水溝、澎湖,在 2 月 24 日登陸鹿耳門,抵達臺南府城。

摘注(卷上)郁永河自福州啟程到鹿耳門:

二十四日,晨起,視海水自深碧轉為淡黑,回望澎湖諸島猶隱隱可見,頃之,漸沒入煙雲之外,前望臺灣諸山已在隱現間;更進,水變為淡藍,轉而為白,而臺郡山巒畢陳目前矣。迎岸皆淺沙,沙間多漁舍,時有小

艇往來不絕。望鹿耳門，是兩岸沙角環合處；門廣里許，視之無甚奇險，門內轉大。有鎮道海防盤詰出入，舟人下椗候驗。久之，風大作，鼓浪如潮，蓋自渡洋以來所未見。念大洋中不知更作何狀，頗為同行未至諸舶危之。既驗，又迂迴二三十里，至安平城下，複橫渡至赤嵌城，日已晡矣。蓋鹿耳門內浩瀚之勢，不異大海；其下實皆淺沙，若深水可行舟處，不過一線，而又左右彎曲，非素熟水道者，不敢輕入，所以稱險。不然，既入鹿耳，斜指東北，不過十里已達赤崁，何必迂迴乃爾？會風惡，仍留宿舟中。

二十五日，買小舟登岸，近岸水益淺，小舟復不進，易牛車，從淺水中牽挽達岸，詣臺邑二尹蔣君所下榻。計自二十一日大旦門出洋以迄臺郡，凡越四晝夜。海洋無道里可稽，惟計以更，分晝夜為十更，向謂廈門至臺灣，水程十一更半：自大旦門七更至澎湖，自澎湖四更半至鹿耳門。風順則然；否則，十日行一更，未易期也。嘗聞海舶已抵鹿耳門，為東風所逆，不得入，而門外鐵板沙又不可泊，勢必仍返澎湖；若遇月黑，莫辨澎湖島澳，又不得不重回廈門，以待天明者，往往有之矣。海上不得順風，寸尺為艱。……

余以舟中累日震盪頭涔涔然，雖憑幾倚榻，猶覺在波濤中。越二日，始謁客。晤太守靳公、司馬齊公、參軍尹君、諸羅令董君、鳳山令朱君。又因齊司馬晤友呂子鴻圖，握手甚慰。渠既不意餘之忽為海外游，以為天降；余於異域得見故人，尤快。相過無虛日，較同客榕

城（福州）日加密，揮毫、較射、雅歌、投壺，無所不有；暇則論議古今，賞奇析疑；複取臺灣郡志，究其形勢，共相參考。

摘注（卷上）郁永河提到當時臺灣與古中國之間的關係：

蓋在八閩東南，隔海水千餘里，前代未嘗與中國通，中國人曾不知有此地，即輿圖、一統志諸書，附載外夷甚悉，亦無臺灣之名；惟明會典「太監王三保赴西洋水程」有「赤嵌汲水」一語，又不詳赤嵌何地。獨澎湖於明時屬泉郡同安縣，漳泉人多聚漁於此，歲征漁課若干。嘉隆間，琉球踞之。明人小視其地，棄而不問。若臺灣之曾屬琉球與否，俱無可考。臺之民，土著者是為土番，言語不與中國通；況無文字，無由記說前代事。

摘注（卷上）郁永河寫荷鄭時期：

迨萬曆間，復為荷蘭人所有荷蘭即今紅毛也；建臺灣、赤嵌二城臺灣城今呼安平城，赤嵌城今呼紅毛樓，考其歲為天啟元年。二城彷彿西洋人所畫屋室圖，周廣不過十畝，意在駕火炮，防守水口而已；非有埤堄闉闍，如中國城郭，以居人民者也。我朝定鼎，四方賓服，獨鄭成功阻守金廈門，屢煩征討。

鄭氏不安，又值京口敗歸，欲擇地為休養計，始謀攻取臺灣，聯檣並進；紅毛嚴守大港大港在鹿耳門之南，今已久淤，不通舟楫，以鹿耳門沙淺港曲，故弛其

守，欲誘致之。成功戰艦不得入大港，視鹿耳門不守，遂命進師；紅毛方幸其必敗，適海水驟漲三丈餘，鄭氏無復膠沙之患，急攻二城。紅毛大恐，與戰又不勝，請悉收其類去，時順治十六年八月也。

　　成功之有臺灣，似有天助，於是更臺灣名承天府，設天興、萬年二州；又以廈門為思明州，而自就臺灣城居焉。鄭氏所謂臺灣城，即今安平城也，與今郡治隔一海港，東西相望約十里許，雖與鯤身連，實則臺灣外沙，前此紅毛與鄭氏皆身居之者；誠以海口為重，而緩急於舟為便耳。

　　成功歿於康熙元年，子經繼立經即錦舍。經紈袴子，無遠略，其下諸將多來歸者，朝廷悉以一宜畀之，由是歸誠者日益眾。康熙二十年，鄭經亡，子克塽繼；年甫十四，幼不諳國事，而總督姚公啟聖銳意圖剿，多設反間、間其用事諸人，人心離叛，無固志，遂與提督施公烺〔按：施琅〕先後進討。

　　康熙二十二年六月十六日，戰於澎湖；二十二日再戰，王師克捷，已入天妃澳。臺灣門戶既失，鄭眾危懼，欲遷避呂宋，不果；蓋其下皆謂克塽孺子，不足謀國事，而歸誠反正，猶冀得天朝爵賞，遂定計降。有旨原其罪。十月，克塽率其族屬朝京師，封漢軍公。寧靖王朱術桂先依鄭成功，歷三世，近四十年；聞克塽降，為詩曰：「流離來海外，止剩幾莖髮；如今事畢矣，祖宗應容納」！與其二嬪同自經以殉。魯王世子輩安插河南。臺灣遂平。嗟乎！

鄭成功年甫弱冠，招集新附，草創廈門，複奪臺灣，繼以童孺守位，三世相承，卒能保有其地，以歸順朝廷，成功之才略信有過人者。況乎夜郎自大，生殺獨操，而仍奉永曆之紀元，恪守將軍之位號，奉明寧靖王、魯王世子禮不衰，皆其美行；以視吳、耿背恩僭號者，相去不有間耶？

摘注（卷上）郁永河寫清治臺灣初期：

臺灣既入版圖，改偽承天府為臺灣府，偽天興州為諸羅縣，分偽萬年州為臺灣、鳳山二縣；縣各一令一尉，臺灣縣附郭首邑，增置一丞，更設臺廈道轄焉。海外初闢，規模草創，城郭未築，官署悉無垣牆，惟編竹為籬，蔽內外而已。臺灣縣節府治，東西廣五十里，南北袤四十里，鎮、道、府、廳暨諸、鳳兩縣衙署、學宮，市廛及內地寄籍民居多隸焉。而澎湖諸島澳，亦在所轄。鳳山縣居其南，自臺灣縣分界而南，至沙馬磯大海，袤四百九十五里；自海岸而東，至山下打狗仔港，廣五十里。

攝土番十一社，曰：上淡水、下淡水、力力、茄藤、放索、大澤磯、啞猴、答樓，以上平地八社，輸賦應徭；曰：茄洛堂、浪嶠、卑馬南，三社在山中，惟輸賦，不應徭；另有傀儡番並山中野番，皆無社名。

諸羅縣居其北，攝番社新港、加溜灣〔按：音葛剌灣〕、毆王〔按：音蕭郎〕、麻豆等二百八社外，另有蛤仔難〔按：音葛雅蘭〕等三十六社，雖非野番，不輸

貢賦，難以悉載。自臺灣縣分界而北，至西北隅，轉至東北隅大雞籠社大海，袤二千三百十五里。三縣所隸，不過山外沿海平地，其深山野番，不與外通，外人不能入，無由知其概。

（卷上）郁永河也寫他為了購買製造硫磺的工具，和預備工人的各種生活必需品，在府城整整停留了 2 個多月的整裝之後才又率隊出發，並選擇由陸路官道的途徑行走到其目的地──北投和淡水。《裨海紀遊》指出：

茲行設計工匠，番人〔按：平埔族、熟番〕數百人，又逼近野番〔按：生番〕，不有以靜鎮之，恐多事，貽地方憂；況既受人託，又何惜一往？

節注（卷中）郁永河從府城到八里坌社的行走路線：

初八日，仍馭原車，返麻豆社，易車渡茅港尾溪、鐵線橋溪。至倒咯國社（今臺南市東山區），日已近暮。……乃乘夜渡急水、八掌等溪（今臺南市後壁區一帶）。遲明，抵諸羅山（今嘉義），倦極坐憩；天既曙，複渡牛跳溪，過打貓社（今民雄）、山迭溪、他裏務社，至柴里社宿。

初十日，渡虎尾溪、西螺溪，溪廣二三里，平沙可行，……又三十里，至東螺溪，與西螺溪廣正等，而水深湍急過之。……馳三十里，至大武郡社，宿。……十一日，行三十里，至半線社（今彰化），……十二日，過啞束社（今彰化），至大肚社（今彰化大肚），……

十三日，渡大溪，過沙轆社（今臺中沙鹿），至牛罵社（今臺中清水地區），……二十三日，……行二十里，……已渡過大甲社、雙寮社（今臺中大甲區建興里），至宛里社（今苗栗苑裡鎮）宿。……二十四日，過吞霄社（今苗栗通霄鎮）、新港仔社（今苗栗後龍溪北岸），至後阪社。……二十五日……至中港社（今後龍鎮新民里），……遂留王君竹塹社（今新竹），餘複馳至南嵌社（今桃園蘆竹）宿。……二十七日，自南嵌越小嶺，在海岸間行，巨浪卷雪拍轅下，衣袂為濕。至八里坌社（今新北市八里區），有江水為阻，（再乘莽葛〔按：音艋舺，舢舨船〕即淡水也。

《裨海紀遊》（卷下）的主要內容，郁永河寫他從 27 日起所見煉硫、取硫的經過，一直寫到 10 月 1 日採硫工作完成；4 日上船離開淡水河，進入臺灣海峽；12 日到了南僑大橋，回到省城福州，歷經近 1 年的臺灣之行。

郁永河的這一趟臺灣之行，親身經歷記錄下了 17 世紀末期臺灣當時的開發面貌與生活景象，也包括臺灣的山川、氣候、風物、政事、民情、番俗；其中亦記述了越過黑水溝的奇航經過，和紀實了漢族與原住民之間所引發的社會問題，是一部可供研究臺灣開發史的參考文獻，也是一部臺灣俗文學的播種者。

雖然在該書內容中處處仍見郁永河大漢沙文主義的意識型態，例如從書名中的「裨海」之意，指的就是「小海」的明顯可以相較出作者對於彈丸之地臺灣的鄙視。相較於江日昇《臺灣外記》以漢族「知識份子」視野的將原住民視為「吾民」；郁永河

《裨海紀遊》顯然以漢族移民為「民」，而將臺灣原住民視為「土番」的難免持有歧視心態。

但是作者在描述臺灣米的顆顆如豆子般的大，還有詳細註記了臺灣生產甘蔗，盛產芒果、黃梨、香果、波羅蜜、荔枝、龍眼、楊梅、桃子、李子、番石榴、香蕉、西瓜等種類繁多的水果。

郁永河的〈竹枝詞〉特別描述：

> 蔗田萬頃碧萋萋，一望龍蔥路欲迷；綑載都來糖廍裡，只留蔗葉飼群犀。青蔥大葉似枇杷，臃腫枝頭著白花；看到花心黃欲滴，家家一樹倚籬笆。芭蕉幾樹植墻陰，蕉子纍纍冷沁心；不為臨池堪代紙，因貪結子種成林。

〈竹枝詞〉郁永河發現臺灣農產要比大陸來得富庶，有助於吸引漳泉地區民眾的先後移墾臺灣。郁永河《裨海紀遊》突顯以漢族移民為「民」心態，也存在清治臺灣時期官員的普遍現象，如編撰《臺灣府志》的高拱乾亦有言「敬宣帝澤安群島，愧乏邊才控百蠻」的字句，「邊才」與「控」指的是中原沙文控制邊疆臺灣「百蠻」原住民的意識型態。

另外，我們如果從《裨海紀遊》與《熱蘭遮城日誌》的成書內容與目的做比較，《裨海紀遊》的內容與目的主要偏重於對臺灣「誌奇冒險」的記述，包括對黑水溝驚險奇航記述；而《熱蘭遮城日誌》則是著重於對荷蘭東印度公司「商業貿易」的紀錄，是西方進入大航海時代觸動臺灣近代資本主義發展的萌芽。

四、大清帝國階段臺灣政經發展（1683-1895）

17世紀，工業革命（industrial revolution）為什麼會發生在英國和北歐，而沒有發生在傳統中國東南方。回溯千年前古中國的生產技術並不比西方落後。在這兩個地區的產業結構、農業技術、個人資金等方面，都有許多類似之處，在可用土地上，兩者也承受溫和成長的壓力。

原因是發生在歐洲的工業革命並不全然是技術因素，傳統中國的皇權制度導致其生產力的落後，傳統中國根本沒有一套像西歐科學與制度的演變，特別是具有相當重要影響的多元主義。

臺灣在大清帝國統治時期，從1683年到1874年的兩百年間，農作的方法與工具仍是千百年的舊習，商業也限於趕集及流動小販往來，人民的生活習慣未受到新時代所帶來的好處，可謂臺灣近代工業發展的灰暗期。

18、19世紀，西方工業革命以來，歐洲人更喜歡東方傳統中國的物產，諸如當時歐洲一直到1720年代以後才開始生產的瓷器、生絲、茶，以及西印度已開始大量生產，但仍不能滿足歐洲人胃口的蔗糖。歐洲人大量向當時的大清帝國購買產品，卻苦無足夠金錢來付款。歐洲人當然會思考用自己的工業產品，來與大清帝國人買賣，交易貨物，但是當時歐洲人出產的商品，大清帝國人除了喜歡時鐘和手錶以外，其他商品並沒有特殊商品的受到青睞。

大英帝國後來找到一種商品，是大清帝國人民最想要的商品，那就是鴉片。一種生產於孟加拉，能夠創造市場、又能讓人上癮的東西。在這方面，英國人比荷蘭人展現了更厲害的殘酷手

段，鴉片讓英國取代了荷蘭在國際資本主義市場上的強權地位，尤其是在東方的大清帝國，包括了當時被大清帝國統治下的臺灣。

比較世界政經體系發展曾經有過興盛的國家，中國、印度和羅馬都曾是以帝國的型態出現，而且傳統中國是 12 世紀時期的世界五大帝國之一。相形於 19 世紀工業的急速發展，大清帝國要能從古老中國的傳統保守，走向近世現代工業發展的市場經濟，其在觀念轉化的過程顯得要辛苦的多。

清治臺灣初期，大清帝國一開始並不想真正保有臺灣，嗣因施琅陳述臺灣經貿市場與戰略地位的重要性，並強調唯有將臺灣納入大清帝國版圖之內，福建、浙江、廣東和江蘇的沿海治安、國家安全與政經發展才得以保障。雖然施琅的建議改變了臺灣命運，並在於列入大清帝國的版圖時正式命名「臺灣」，但關切臺灣的是對大陸沿海地帶的治安威脅。大清帝國始終認為臺灣僅是彈丸之地，得之無所加，不得無所損，是一種麻煩的負擔。

「臺灣」一詞具有高度的中國意涵，是大清帝國政治力量向海洋延伸的代名詞。如果當時臺灣不被納入大清帝國邊陲的地方政府，而繼續沿用東寧王國鄭氏時期的受封政府型態，或許臺灣就不會在 1895 年淪為日本軍國主義的統治，但也可能更早被其他先進工業國家的侵占掠奪，這段歷史也可能會改寫當今臺灣住民的命運與發展。

從臺灣歷史發展的角度而論，南明東寧王國以前臺灣與澎湖的所謂臺灣島嶼各自有其歷史的脈絡。高拱乾《臺灣府志》載：

臺灣濱山阻海，居要荒之外。明嘉靖間（1522-1566），澎湖屬泉同安，設巡檢守之。旋以海天遙阻，棄之。崇禎間（1628-1644），荷蘭人居臺（1624-1662），亦舍澎湖；惟建臺灣、赤崁二城，規制甚小，名城而實非城。設市於臺灣城外，遂成海濱一大聚落。順治間（1644-1661），鄭成功取臺灣，稍為更張：設四坊以居商賈，設里社以宅番漢；治漢人有州官，治番民有安撫。然規模不遠，殊非壯觀。至康熙二十二年（1683）歸我國朝，建置始詳。

換言之，大清帝國統治臺灣以前，儘管臺灣係遠在海表，昔皆土番、流民離處，但在1522年至1566年的明嘉靖間，澎湖屬泉同安，設巡檢守之。到1624年至1662年，紅夷荷蘭人的佔據；1683年，又在征服南明鄭氏東寧王國之後，正式納入大清版圖。

施琅對於臺灣發展的歷史，論述荷蘭人來建立第一個政權，經過南明東寧王國統治之後。1683年，臺灣成為大清滿族人政權，其統治已經土著化漢人和原住民的發展歷史，就不僅是愛新覺羅氏取代鄭氏的「易姓之爭」，而是中國已擁有臺灣從早期南島族、閩越族和漢族的「民族融合論」了。

這「民族融合論」有如美國的民族大熔爐模式，亦誠如近代思想家梁啟超，於1902年在其大作《中國學術思想變遷之大勢》一書中，首先提到「中華民族」的詞源。它所指的是多民族融合而成的概念，也是國家發展的重要政經思維。

「帝國」（Empire）是指一種政經體系的概念，它指的是在

一個地域遼闊的國度，權力相對高度集中，且以皇帝個人或中央政治機構為代表，而自成的一個政治實體。同時，「帝國」存在的基礎通常合乎傳統的合法性，然而他們往往鼓吹一種更廣泛的、隱含統一性的政治、經濟和社會文化導向。

大清帝國和它所取代的大明帝國一樣都屬「內向型國家」。大清帝國在滅掉東寧王國政權之後，江日昇《臺灣外記》記述：施琅往福（建）省，與（戶）部堂（尚書）蘇（拜）、督（閩浙總督）、撫（指福建巡撫金鋐）會議臺灣棄留。眾以留恐無益，棄虞有害，各議不一。琅遂決議主留。如果不是施琅力爭，大清帝國極可能放棄臺灣。

施琅〈陳棄留臺灣利害疏〉載：

> 臺灣一地，原屬化外，土番雜處，未入版圖也。然其實中國之民潛至，生聚於其間者已不下萬人。鄭芝龍為海寇時，以為窠穴。及崇禎元年（1628年），鄭芝龍就撫，將此地稅與（交予）紅毛，為互市之所，紅毛遂聯絡土番，招納內地人民，成一海外之國，漸作邊患。至順治十八年（1661年），為海逆鄭成功所攻破，盤踞其地，糾集亡命，挾誘土番，荼毒海疆，窺伺南北，侵犯江、浙。傳及其孫克塽，六十餘年，無時不仰癙（殷切想念）宸（帝王）衷。

然而，任何一個強權國家（strong state）很難容忍一個長期敵對的弱勢國家（weak state），尤其是一個想要從根本上否定它正統合法性存在的弱勢政權。傳統中國自秦以後建構出來大一統的觀念，朝代的循環只是家族統治的更迭，政權的本質幾乎沒

有什麼改變，仍然是統治者剝削被統治者，無論是漢唐的統一時期，或魏晉南北朝的分裂時期，社會上地主和農民的衝突、政治上皇權與官權的衝突，從來沒有停止過，除了不同朝代有些程度上的差異。

　　傳統中國自漢、唐、宋、明、清時期以來的皇權體制，包括君主的領導地位、主政菁英在道德上的自我約制、官僚體系運用於百姓間關係的巧妙自我調節機制、備以援用的嚴酷刑法，雖然造就了自給自足長期不廢的中國文明，卻未能組織成有心追求進步的政府領導之下的單一民族國家。

　　這種皇權體制的特徵是：第一，君權無所不在，集大權於一人；第二，凡事皆政治化，連穿衣、禮教、書籍、繪畫等都帶有濃厚政治意味；第三，皇帝嚴禁任何對立的權威存在，避免其地位遭受威脅；第四，不放過任何可課稅的名目，以滿足其富貴生活的需要。

　　就政體來說，除開少數非常態君主個人的行為之外，大體上說，一千多年的君主政體，君權還是有限制的，能受限制的君主就能贏得人民愛戴。反之，它必然會遭遇被傾覆，破家亡國的命運，人民也都陪著遭殃。而所謂過去君權的限制，可以包括議的制度、封駁的制度、守法的傳統、臺諫的制度和敬天法祖的信仰。

　　由於傳統中國廣大農業經濟具有的地區性與分散性，因此只有依賴帝國政府的集中與維持武力，才能夠把中國統一成一個社會。大清政府是由大約4萬名官員組成的、中央集權的、專制的半官僚行政機構的中樞，控制了所有國家及私人資源。

　　皇權政經體制它可以用行政命令改變財產的所有權，強迫徵

收財務或強迫個人服從,一個縣令可以及民政、司法、財政所有大權於一身,在不違反皇帝獨裁大權的前提下,幾乎可以為所欲為。皇權政經體制的高度中央集權化,州縣級的地方政府必須在上級的監督下,只能依命令行事。

大清皇權政經體制的政府組織型態,地方文治機關省之上,置總督,統轄二省或三省的政府部門。按總督原為行政文官,故為便於綜理軍務起見,例加兵部尚書銜;又為便於監察行政及審理刑名(司法)案件,例加都察院右都御史銜。省設巡撫,專理民政,在未有總督設置之省,則兼理軍務與刑名,例兼兵部侍郎與都察院右副都御史銜。

省設有布政使掌財政,有按察使掌刑名,有道員監督行政。省下的部門設置府有知府,州有知州,縣有知縣;直隸州或直隸廳,直屬於省,地位略同於府;又有廳,即分府,地位略同於州縣,置有同知或通判。

大清政府以臺灣為孤懸於海外的區域,地方編制略有不同。文官體系最高者設正四品,分巡臺廈道有道臺;臺灣即迄(1885年)建省,以巡撫為最高長官,無按察使的專設;省以下並無州之設置,只設府有知府、縣有知縣、或直隸州有同知、通判等。至於道臺直接承屬的地方大員則為閩浙總督、福建巡撫、福建布政使、福建按察使,而中央管轄文官的則為吏部。

大清皇權體制統治臺灣,屬於地方政府結構的組織與調整,主要行政系統變遷大致可分為前、後期:前期從 1684 年(康熙 23 年)臺灣隸屬福建省,至 1884 年(光緒 10 年)臺灣建省;後期從 1885 年(光緒 11 年)建省,至 1895 年(光緒 21 年)臺灣民主國成立。前期又被稱之為消極政經發展時期;後期則被稱

之為積極政經發展時期。

被稱之為消極政經發展的清治前期（1683-1884），其政府組織結構與變遷，可再細分為四個階段：

第一階段 1683-1722 年（康熙 22 年至 61 年），所謂「一府三縣」，就是在臺灣知府，轄臺灣、鳳山、諸羅等三知縣。主要人事與事件，如：1684 年，周昌任分巡臺廈兵備道、季麟光擔任諸羅縣首任知縣。1692 年，高拱乾任分巡臺廈兵備道。1716 年，諸羅縣知縣周鍾瑄編修《諸羅縣志》。1721 年，藍鼎元隨族兄藍廷珍來臺平定朱一貴事件。1722 年 12 月，康熙皇帝駕崩。

第二階段 1723-1787 年（雍正元年至乾隆 52 年），臺灣知府轄臺灣、鳳山、諸羅、彰化等四知縣，及淡水廳同知、澎湖通判，並於 1728 年（雍正 6 年）置臺灣道，為統治全臺的最高權力機構。主要人事與事件，如：1732 年，大甲西社事件、吳福生民變。1768 年，余文儀平定黃教民變。1787-1788 年，發生林爽文事件。

第三階段 1788-1874 年（乾隆 53 年至同治 13 年），臺灣知府轄臺灣、鳳山、嘉義、彰化等四知縣，及淡水廳同知、澎湖廳通判、噶瑪蘭廳通判。主要人事與事件，如：1806 年，福州將軍賽沖阿因蔡牽事件來臺督剿。1810 年，閩浙總督方維甸為漳泉械鬥的善後來臺。1821 年，姚瑩任分巡臺灣兵備道（1838 年回任）。1833 年，周凱權任分巡臺灣兵備道（1837 年真除），程祖洛為處理張丙善後事宜來臺。1840 年，中英鴉片戰爭，分巡臺灣兵備道姚瑩與臺灣鎮總兵達洪阿，督辦臺灣防務。1848 年，徐宗幹任分巡臺灣兵備道。1862-1864 年，發生戴潮春事

件。1863 年，丁日健任分巡臺灣兵備道。1874 年，發生牡丹社事件。

　　第四階段 1875-1884 年（光緒元年至光緒 10 年），臺灣知府轄臺灣、鳳山、嘉義、彰化、恆春等知縣，及澎湖通判、卑南同知及埔里社廳通判；臺北知府下轄淡水縣、新竹縣、宜蘭縣等三知縣，及雞籠廳通判。主要人事與事件：1875 年以後福建巡撫沈葆楨、王凱泰、丁日昌先後以福建巡撫身份來臺。1881年，劉璈任分巡臺灣兵備道。

　　被稱之為積極政經發展的清治後期（1885-1895），其政府組織結構與變遷的情形為：臺灣知府轄臺灣、彰化、雲林苗栗等知縣，及埔里社廳通判；臺北知府下轄淡水縣、新竹縣、宜蘭縣等三知縣，及基隆廳同知、南雅廳通判；臺南知府轄安平、鳳山、嘉義、恆春等四知縣，及澎湖廳通判；臺東直隸州設知州。主要人事與事件，如：1885 年，劉銘傳為臺灣首任巡撫，巡撫乃兼文武統帥之職。1886 年，閩浙總督楊昌濬為臺灣建省事宜來臺視察。1891 年 6 月至 9 月，沈應奎布政使署理巡撫。1891年 11 月至 1894 年 10 月，邵友濂任巡撫。1894 年 10 月至 1895年 5 月，唐景崧布政使署理巡撫。1895 年 5 月 25 日至 6 月 6日，唐景崧擔任永清元年的 13 天臺灣民主國總統。

　　清治時期臺灣的行政劃雖然有規劃，但都屬於被動性質，而且又與社會治安有關。特別是在 1723 年（雍正元年），由於中部、北部人口增加，而增設彰化縣和淡水廳，並且分別在彰化和竹塹設立縣治和廳治，可是淡水廳的知事，因為官署暫居彰化，乃至有因畏懼原住民族的襲擊而不敢到任地去，而是駐在有舟運之便的臺中縣大甲一帶，遙遙指揮政務。

從 1728 年（雍正 5 年）到 1788 年（乾隆 53 年）的 60 年間，臺灣行政區的增設與改稱，都與大清帝國嚴禁漢人越界開墾、居住，乃至於嚴禁彼此交易、往來所引發糾紛的社會治安問題。尤其在劉銘傳階段的開山，設撫墾局，為臺灣政經發展的重要決策。

臺灣在歸屬大清帝國統治時期，基本上是位處地方政府型態的建省及郡縣分治情形。1885 年（光緒 11 年），在臺灣建省以前，原本只設 2 府 8 縣，勉強建省的話，有名實不相稱；而臺灣各縣地遼闊，也須添官分治，如彰化、嘉義、淡水、新竹四縣，因此在建省後，行政區劃的調整遂成當務之急。

在新設與調整職官方面，將設臺灣巡撫，並新設臺灣布政使，統籌省內兵餉、稅務、土地田畝及各省協餉事；增設臺灣知府、臺灣縣知縣、雲林縣知縣、苗栗縣知縣、臺東直隸州知州等；調整臺灣總兵官、澎湖總兵官及臺灣道的相關職權。

1875 年（光緒元年），福建巡撫沈葆楨夏秋駐福建，冬春駐臺灣。同年 2 月，臺灣正式全部開放，大陸人民終於可以自由移民臺灣，進行土地開墾。又因開山撫番，而於臺東置卑南廳，埔里社置中路撫民理番同知，基隆置北路撫民理番同知。

清治前期的消極政經發展，隨著農業與土地開發的逐漸向臺灣北部移動，促進北部經濟活動的熱絡，也影響了政治中心的北移，但是人民的開墾在前，官署的服務在後，仍有許多番界土地無所屬，導致盛行採取法外變通的處理番漢土地方式。這種於法不合的處理移民與土地爭議，造成地籍、戶口不清，以及嚴重的逃稅問題，凸顯清治前期還有許多墾殖疆界並未廣及至全臺灣，尤其是東部地區。

被稱之為積極政經發展的大清帝國統治臺灣後期（1885-1895）政府型態，始於1885年（光緒11年），劉銘傳在臺灣接事，臺灣建省，改福建巡撫為臺灣巡撫，兼理提督學政，設巡撫衙門於臺北，置布政使司理全臺財政。臺灣何時建省？雖有1885年10月12日（光緒11年9月5日），與1887年9月17日（光緒13年8月1日）的兩種說法。揆之實際情況，應是1885年建省，1888年福建與臺灣正式分治，而其中的這期間是為緩衝階段。

承上述，行政區域的組織與調整，原為荷蘭、明鄭東寧王國、大清國的島都府城，隨著巡撫任所，暫時遷到剛建設好的臺北新府城。因此，南部大城不再是島都，不能再稱為臺灣府，而只是臺南府了。而官方決定在中部彰化附近的橋仔頭（橋孜圖，今臺中市南區）設置新省城，新省城規劃完畢，也著手興建衙門，新省城也是新臺灣府的所在，惟截至1895年的臨時臺灣省會，仍暫設臺北府。

大清帝國統治臺灣實施積極治理政策的時期，希望「以一隅之施，為全國之範」，將「臺賊多自內生，鮮由外至」的臺灣兵備方針改為以外備為重。臺灣武官體系全臺最高武官是總兵官，直接承屬水師提督、陸路提督、督撫、地方將軍，中央則是兵部；臺灣總兵官下屬副將，分水路、陸路兩種，下屬參將、游擊、都司、守備等四個職位的中級武官，下屬千總、把總兩個職位的下級武官，下屬外委千總、外委把總，而最基層武職中的下級官兵，稱為額外外委，與營兵一同配合渡海而來。

1840年（道光20年），尤其是到了鴉片戰爭後，緊接著太平軍崛起，各地督撫因組勇營剿太平軍而地方勢力大增，其地方

上的用人行政權落入督撫手中，臺灣的職官也受此大勢影響，湘系為閩浙總督時，總兵、道臺都全是湘系，如左宗棠當閩浙總督時臺灣總兵士劉明燈，臺灣道則是吳大廷；淮系若佔優勢則自中央到地方都是淮系的天下，如李鴻章當北洋大臣，臺灣巡撫則是淮系的劉銘傳，使得朝中的湘淮派系之爭也在臺灣出現，平添施政困擾。此外，地方大員的籍貫也深深影響到行政的運作和官員的任命。

大清帝國臺灣建省初期勇營的駐地、軍力和布署，不斷地發生湘軍與淮軍的派系鬥爭，彼此牽制而削弱軍力的情形。加上清政權對臺灣人不放心，班兵輪班，泉州子弟兵不能駐紮泉州人的村落，派駐臺灣的政府官員薪水，被限制在臺灣只能領取少部分，其餘部分由眷屬在大陸支領。而臺灣建省與福建分治的結果，也是臺灣逐漸脫離中國羈絆的開始，日本軍國主義趁機的逐步取得臺灣市場利益，更堅定其強佔臺灣政權的野心。

大清帝國時期實施的總督巡撫皆帶有督御史銜，名義上雖以布政司使為行省長官，而實際權力則在督撫手上，導致偏重軍事統治的性質。此種中央與地方的權力關係，在平時足以障礙地方政事的推動，而增加地方與中央的隔閡，而當一但中央政權削弱，各行省轉而容易造成為反抗中央分區割據的憑藉。於是清末督撫權力關係的變化，形成民國初年的督軍，和後來的軍閥割據，以及甚至於導致中華民國政府的移轉來到臺灣。

檢視大清帝國的行政制度，重文輕武、中央集權、所有法制全國一律，皇帝向全民抽稅，凡有職能的官位不能遺傳，除了皇位之外，能遺傳之爵位則無實權。至於地方行政事物大致採縣及州府以下的委任給當地的行政機關，臺灣的地方政府制度當然不

例外。清治時期臺灣的地方政府首先是將其大分為城市和鄉村兩種地區。

以臺灣鄉村組織為例，除設置官方職員的地保之外，還設有自治人員，如總理、莊正、董事、老大等，其職任由墾戶（大租戶）、業主（小租戶）、殷戶（資本家）及德高望重者經廳、縣認可後擔任，其職責由維持村落治安到戶籍、稅賦、公共事業等項目。

1895 年（光緒 21 年），日本以朝鮮內亂為由向大清帝國挑釁，東南沿海戒嚴，臺南為東南屏藩，大清帝國以布政使唐景崧（廣西壯族人）為巡撫，調兵渡臺籌畫防守，但北洋清軍戰事不利；同年 3 月 23 日，大清帝國詔令北洋大臣李鴻章為全權大使，與日本總理大臣伊藤博文議和，割讓臺灣、澎湖。

5 月 2 日，丘逢甲倡議成立臺灣民主國；5 月 23 日，宣告成立新政府，發表〈臺灣民主國自主宣言〉。臺灣民主國新政府各部門分設於臺北府舊衙門裡，議院設在前籌防局、內閣閣員包括軍務大臣、水師大臣、內部大臣、外務大臣，機關都設在前藩司衙門（布政使司署）；主要武職官員有南部總司令劉永福，義勇統領丘逢甲鎮守中部，水師提督楊岐珍統領北部。

新政府首要任務，即是發電通知列強，企圖贏得各國承認新的民主國。在臺灣領土已割讓給日本的情況下，除了當時兩江總督張之洞供應武器軍火、金錢支助之外，至於冀望列強的承認主權，可謂癡人說夢話。唐景崧總統主政下的臺灣民主國，該政權僅存在 13 日即告瓦解，大清帝國統治臺灣時間的 212 年，也正式宣告結束。

17、18 世紀，許多歐洲國家實施君主專制制度，世襲君主

藉上帝之名，統率著土地貴族的階級制度，他們得到傳統組織和教會正統派的支持，專制君主象徵並具體實現了土地貴族的價值觀，並主要依賴他們的支持。

然而，實施君主專制國家的政經發展，有賴於18世紀及以前的政經環境與背景，當時間來到重商與農業資本主義盛行的時代，不僅這些國家的組織與結構不能與之抗衡，連其自身存在的合法性與合理性都遭遇挑戰，甚至過去形塑的制度與施政作為，反成為今朝政經發展前進與改革的障礙。

大清皇權體制從政經發展理論上來說，可以為所欲為的專制君主體制，但在實際施政上，卻從屬於受過啟蒙思想洗滌的封建貴族世界。因此，這種專制君主政體在國內加強其權威，增加其稅收財源，壯大其境外力量，極易導致世界體系和國際市場經濟的興起與發展。

檢視大清帝國之所謂「普天之下莫非王土」的皇權體制思維，其在統治臺灣前期所採取的消極政經發展策略，透過土地墾殖農業與民間械鬥，茶糖樟腦經營與行郊貿易，及官督商辦企業與近代工業萌芽等三個面向深入分析。

第一個面向，土地墾殖農業與民間械鬥：大清帝國統治初期，柯志明在《清代臺灣的治理部署與抗爭政治》指出，為對付海外叛亂者所設立的政策與制度，禁止海洋貿易的「禁海」與沿海劃界遷民「遷海」，清廷為防範沿海地區與明鄭往來接濟勾結而採取的措施，對居民所造成的傷害，其實遠大於來自海上的「騷擾」。

17世紀以來，漢人開始大規模的移民開墾臺灣。清治初期君主式農業土地開墾，主要是在恢復明鄭東寧王國時代留下的荒

廢田園，除了「隆恩田」是由官方發公帑購置募佃耕作，遞年徵收租息，完納錢糧扣存司庫充餉之外，雖然官方宣示「荒地就是番地」的禁墾番地，卻仍出現熟番地大量被漢人開墾的現象。

1697 年（康熙 36 年），郁永河《裨海記遊》描述：

> 經過臺灣西海岸平原，佳里興（今臺南市佳里區）以北悉屬平埔族〔按：熟番〕部落，幾無漢人足跡，……旅途中，祇於牛罵社（今臺中市清水區）時，見有漢人自海濱來者；又於中港社（今竹南鎮中華里、中港里、中美里一帶）至竹塹社（今新竹地區）途中碰到由雞籠、淡水來的漢人；進入臺北平原，猶屬滿目荒涼。自竹塹迄南崁，八九十里，不見一人一屋，求一樹就蔭不得；掘土窟，置瓦釜為炊，就烈日下，以澗水沃之，各飽一餐。途中遇麋鹿……既至南崁，入深菁中，披荊度莽，冠履俱敗，真狐狢之窟，非人類所宜至也。

1720 年代，康熙末期以來，大量湧入合法及偷渡的移民，與伴隨而來的土地開發，開始衝擊既存的、消極性的封禁隔離政策。迄 1731 年（雍正 9 年），臺北平原一帶的土地幾乎已被開墾，大加蚋堡（又作大佳蠟，今臺北市市區大部分地區）今成為面山背海的街市。1750 年（乾隆 15 年），因八里坌（今新北市八里區）的巡檢單位移置於此，一時成為臺北的政經中心。

大清政府遂劃定邊界來隔離漢人，以及區隔漢人和熟番與生番的拓墾。熟番與漢人隔離的問題牽涉到番漢地界模糊不清與變動不居的難題，也就是涉及熟番地權的界定與轉讓。至於生番的獵場不限於山地，而漢人的開墾也是逐步進展的。因此，這條界

線並不是一開始就劃在山地與平原的交界，而是隨著漢人的侵入開墾而逐漸逼近山地。

　　18 世紀，是漢人移民開墾臺灣的關鍵時期，漢人農耕社會的主要生產工具是土地，主要取自於平埔族傳統生活空間的西部海岸平原。大清統治臺灣初期，開墾的土地面積僅為 18,453 甲，而列入政府戶口的戶數則有 12,727 戶，人口數只有 16,820 人，但到了 1811 年（嘉慶 16 年），臺灣人口數為 195 萬人。

　　當時的土地，就其所有權而言，主要可分為兩大類：第一類是原住民活動區，稱為番地；另一類是非原住民活動區的無主荒地。漢人拓墾的土地，如果是番地，則需要向與原住民訂立合約，以「代輸社餉」的繳地租方式，取得使用番地的許可。如果是無主荒地，則須先向政府申請開墾許可執照，拓墾完成取得土地所有權後，須定期向政府納稅。

　　開墾的土地，無論是向原住民承租的，或是向政府申請的，都需要一筆可觀的「代納社餉」或「貼納社餉」費用。因此，人們大多採取合租的方式來共同拓墾。清政府對於無主地，也會以公告方式，若無人表示異議，就可以由漢移民取得開墾的權利。

　　政府實施的公告處理無主地方式，如果因原住民不識字，而未能提出異議，從這角度，漢人對原住民具有文化優勢，尤其對當時的平埔族人確實不公平。無論是原住民或非原住民所有，只要是所謂「民有地」或稱為「民營田」的開發，以及形成大、小租戶的「一地二主」或稱「一田二主」結構，是由當地比較有錢勢的人競向政府當局申請，取得開墾許可，將自己的資金投注於土地，而後再招募無佃農從事開墾。

　　這種由提供勞力者向創業者繳納一定租金的形成，即成為

「番大租制」的原型結構。這墾殖型態發展到了 1768 年（乾隆 33 年）以後，已成為當時臺灣農業社會的重要土地制度了。

「番大租制」在體現原來墾戶與佃戶關係的大租，是傳統中國自秦、漢朝代以來，所謂半封建社會發展階級所規定的，並非勞動地租，而是生產作物地租，即大租所繳納的主要是米穀或砂糖。由於採生產作物地租，佃戶可根據生產作物的增加，獲得更多的分配量，從而靠積蓄而改善生活和累積資金，且因其對土地具有直接關係，其經濟實力頗有凌駕於墾戶，掌握土地的實權，加上日後墾戶淪為破產者漸多，或其賣掉土地所有權，或將土地權利轉押他人，終致喪失對土地所擁有的直接關係。

「佃戶地主化」的結果，遂能從墾戶原先的複雜關係中自主出來，開始握有可自由處理原先的佃耕權，或將其所經營的土地轉租給他人的權利。時值中國大陸移民大量進入臺灣的熱潮，佃戶便將自己原先所經營的土地讓給他們耕種，形成新的現耕佃農階級，或稱「現耕佃人」。

原來的墾戶與佃戶關係為之一變，佃戶每年向現耕佃農徵收一定的租額，再將其中的一部分轉納予墾戶。因此，重複出現在同一耕地上，有墾戶向佃戶徵租，而佃戶又向現耕佃人徵租的兩個收租權，亦即形成一地二主的複雜地租關係，形成墾戶為大租戶，佃戶為小租戶，以及現耕佃農等三個層級關係，如果再加上官廳的單位，遂形成在同樣的一塊土地上擁有四個層級的關係。

臺灣土地的拓墾與經營，前後歷時約一個多世紀，凸顯臺灣土地所有權制的特殊結構，對日後臺灣土地制度的演變與變遷造成非常深遠的影響，這一土地制度要到 1949 年國民政府到了臺灣，實施了「耕者有其田」政策的土地改革之後，這種複雜的土

地結構關係才徹底獲得改變。

　　大清帝國統治時期臺灣土地除了民有地之外，屬於封建身分制度的土地包括：第一、「官莊」是政府所有的田園設立，主要是為修理文武衙署、修繕兵房，以及興建土木工事等等，其所有權是由政府擁有；第二、「莊園」是東寧王國鄭氏舊部將等所有的田園；第三、「屯田」是分配給協助平定民變的平埔族屯墾的土地，禁止典賣、免稅、可世襲；第四、「隆恩田」是在番界開墾供軍餉之用的土地。

　　「官莊」等政府所有土地的管理經營以及從事耕作的人，其主要分為莊頭（大租戶）、莊丁（小租戶）和現租戶。1888 年（光緒 14 年），尤其在土地清丈以後，大租戶向政府繳納的「納穀制」改為「納銀制」，不只是促進臺灣社會商品經濟關係的擴大，很多大租戶為了繳納地租就向商人借貸，因而出現典賣大租權的情事，也導致了大租戶衰落和小租戶興起的結構性變化。

　　19 世紀中期以後，臺灣土地的結構已經轉向為以小租戶為中心的私有型態。然而，充沛的勞動力和相對稀少土地的供需失衡關係，土地政策的僵直化相對獨厚地主階層。所以，「結首制」的近似武裝開墾模式，也才會出現以武裝暴力強佔原住民土地的不法情事發生。

　　例如宜蘭有五結鄉，其名因墾殖採結首制度，墾成之後由第五個結首獲得之地。結首制的「結」雖已有股份公司的意涵，但從皇權體制的核發墾照制度論土地所有權，土地最終還是屬於皇帝一人所有，這是有違自由市場經濟的精神。

　　檢視清治臺灣有關土地開墾的先後，主要從臺灣的西部，再

從南部而北部。在時間上，除了部分在荷鄭時期開墾之外，臺灣土地開墾的正式化與規模化，到了1709年（康熙48年）左右，對於開發臺北盆地的艋舺、雙園、新莊、泰山等地，最有名的「墾號」是陳賴章，「墾號」有如當前企業組織的股份有限公司，當時土地經營已具有現代企業資金管理的技術與規模，農業資本主義的產業結構，也從土地密集產品逐漸轉型勞力密集產品。

1719年（康熙58年），施世榜在二水一帶興建水圳，引濁水溪灌溉二水到鹿港的土地，人稱施厝圳或八堡圳，為大清帝國時期臺灣最大水利工程。1720年（康熙59年）左右，臺灣中部地區的出現神岡附近「六館業戶」墾號；1830年（雍正8年），「金廣福」墾號的開墾新竹北埔地區，「金」乃代表官方給多保護資助之意；「廣」指廣東，代表粵人；「福」即福建，代表閩人。取此公號乃意味著三位一體，協力開墾之意。

到了18世紀後半期，大約在乾隆、嘉慶年間（1736-1820）吳沙從貢寮進入宜蘭地區的頭圍（頭城）、五圍（宜蘭市），再加上北部瑠公圳、大安圳，中部八堡圳、貓霧圳，和南部的曹公圳等水利設施的開鑿完成，灌溉其附近的稻田，和供應漢人的生活所需。

臺灣土地的開發與經營到19世紀初期不但已經開墾完成，而且頗具現代企業的經營方式。尤其是水利工程的進步，是臺灣農業初期發展的再升級，乃至於成為大陸沿海各省「清國的穀倉」。

大清帝國統治臺灣時期，在1683年（康熙22年）至1722年（康熙61年）的期間，我們從陳璸1702年（康熙41年）至

1705年（康熙44年）任臺灣知縣；1710年（康熙49年）至1714年（康熙53年）任臺廈兵備道；1715年，任福建巡撫等三次職務，都因與臺灣發生族群不睦和糧食問題有關。

雍正主政初期，1729年（雍正7年），他接受總兵王郡剿辦生番獵首殺人事件的奏文之後，特別關注問題的嚴重性，開始實施生番歸化政策，但並未達成預期以「化生番為熟番」、「化熟番為漢人」的教化目標。

雍正主政中期之後，乃重新確認治臺的首要防範對象在漢人，並採取族群化界與隔離政策。甚至於更利用漢番情結，誘使熟番來壓制漢人所爆發的民變，並把熟番遷移到山腳下的生番邊界，以防堵生番鬧事，並逐漸形成從消極隔離，到積極利用熟番的結盟政策。

乾隆主政時期認為要推動番地政策，必須要先整頓漢人的私墾行為、民番土地糾紛與邊界的事端。為加強保護熟番地，以及將近邊及界外平埔撥給調派守隘的熟番，用意固在防守邊界、加強與生番的隔絕，但也不乏結合弱勢族群，牽制漢人日益擴張勢力的「一箭雙鵰」目的。

大清政府除了在雍正時期採取文化主義理想的教化目標之外，還特別加強對原住民族管理和鼓勵農業生產的措施，包括：禁止漢人購買原住民土地；徹底丈量地籍；漢人娶原住民婦女為妻或強佔土地者，拏究逐出；督勵原住民就學；獎勵原住民人從漢俗，指導其從事生產；對進入原住民區有商業不當行為者，糾察處分；選用優秀的原住民擔任幹部，統率社內之男女；以漢人為通事（interpreter），掌理貿易與輸餉事務，並領導其順化。1758年（乾隆23年），更下令歸順的平埔族人薙髮結辮以仿清

俗，同時也賜予仿漢的姓。

　　歸納大清消極治理臺灣時期土地開墾和農業發展，約略可分三個階段：

　　第一階段（1683-1735），是 1683 年（康熙 22 年）起至 1735 年（雍正 13 年）結束的 52 年間，大量土地被開墾的拓墾期，主要地區從臺灣西部，再從南部於北部，這階段農業發展重視粗放農作物的種植。

　　第二階段（1736-1850），是 1736 年（乾隆元年）起至 1850 年（道光 30 年）的 114 年間，土地開發在經過大規模化的墾殖之後，已經大致完成，這階段農業發展重視精耕細作的經濟作物。

　　第三階段（1851-1895），是 1851 年（咸豐元年）至 1895 年（光緒 21 年），臺灣被日本佔據的 44 年間，臺灣的呈半殖民地狀態，這階段除了農業發展產生結構性變化之外，亦凸顯在臺灣被迫開港的加強與外國貿易，促成臺灣農業轉型近代化工業發展的萌芽。

　　1875 年（光緒元年）之後，大清帝國面對外患日亟，為因應臺灣政經情勢發展，才正式全面開放大陸移民來臺禁令，進而獎勵墾殖。臺灣移民社會的多樣性與族群特性，導致臺灣社會民間的分類械鬥，起因於狹隘村社組織的地區觀念所形成開墾地和水源使用權問題。例如 1782 年（乾隆 47 年）的莿桐腳，及 1826 年（道光 6 年）的李通等事件，統計大清帝國統治臺灣的 212 年間，共發生有 28 次的民間械鬥發生，平均每 8 年就有 1 次，這僅是史上有記載的大械鬥。

　　地方政府未能有效阻止民間械鬥的發生，或許可能是大清帝

國用來有效統治臺灣的一種分化策略，也促使臺灣社會大陸化長達兩百年的原因之一。民間械鬥在對象的分類上，可細分為：第一類為省對省的福建對廣東械鬥；第二類為漳州府對泉州府的械鬥；第三類為縣對縣，是同安、晉江、惠安、南安的械鬥；第四類為姓對姓，是廖、李、鍾的械鬥；第五類為樂器及祀祭不同，是西皮福祿械鬥；第六類為水利墾地的灌溉及爭地，是部落對部落械鬥；第七類為商業利益，是頂廈郊拼的械鬥。

民間械鬥的結果，不僅是族群的紛爭，最後其鄉里或姓氏不同者也都捲入，其為私利而鬥的不和情況相當嚴重，造成民變迭起、匪徒蜂湧、社會秩序大亂，也因此諸如有以客家為主的「六堆」，其類似武裝組織的形成，和社會抗爭事件的發生。

社會抗爭事件的前期，諸如：1696年（康熙35年），吳球事件，意在恢復明室，為政治目的；1702年（康熙41年），劉却事件，是利用宗教迷信的復明運動；1720年（康熙60年），朱一貴事件，是以人民利益為名，實以匡復明室為目的。然而，這階段的抗爭事件均因缺乏組織與計劃而導致失敗收場。

社會抗爭事件的後期，因有天地會的出現，才進入有組織的階段，諸如：戴潮春、黃九位、賴唇、林洪、林爽文等事件，都以八卦會和天地會的團體有關。另外，發生直接與經濟發展有關的事件，諸如：林永春的私煎樟腦、郭光侯的以納穀換銀率為由，及施九段（緞）的起因於土地清丈等事件。

大清帝國統治臺灣前期的消極治理，當時臺灣農業生產項目，主要有米、蔗糖、茶、樟腦、鹽，及畜牧等。臺灣南部是出產糖，北部是生產稻米，食糧的生產是採單一耕作方式。主要市場交易方式有分：普通式市場交易方式，提供穀物漁業及日用品

雜貨的交易；另一種是牛墟式市場交易方式，方便集中牛隻的交易。

　　檢視該時期實施政經發展的第二面向，即為加強商郊功能與農產品出口的經貿政策。大清帝國對臺灣貿易據點一向嚴加設限，先後通航的主要限於廈門與鹿耳門、泉州的蚶口與彰化的鹿仔港、福建的五虎門與淡水的八里坌。1824 年（道光 4 年），才開放彰化之五條港（海豐港），一切買賣及進出港口都必須經商行的許可或保證才行。

　　然而，19 世紀中葉，英、法、美等國以創造企業利潤為優先，透過以國際市場利益的挾軍事優勢，向外擴張經濟掠奪與武裝侵略，臺灣當時就處在這種帝國資本主義市場利益的背景下被迫屈辱展開。

　　1840 年，鴉片戰爭以來，列強帝國主義爭奪東亞、大清帝國和臺灣市場，其影響臺灣政經發展的主要戰役包括：

　　第一、英國發動鴉片戰爭（Opium War）：1841 年（道光 21 年）3 月，英軍戰艦「尼不達」號（Nerbudda）入侵雞籠（基隆）。1842 年（道光 22 年）3 月，英軍再攻大安（梧棲）港，其中一艘戰艦「安恩」（Ann）號被又入港內而擱淺。鴉片戰爭中，英艦頻頻出入臺灣的海面。8 月，《南京條約》簽訂後，英軍追究責任，當時的分巡臺灣兵備道姚瑩和臺灣鎮總兵達洪阿被清政府革職，清政府也被迫向西方殖民者開放門戶，進行雙方貿易。其中一項商品鴉片可以特別從印度大量出口到大清國和臺灣而獲取暴利。

　　第二、英法聯軍戰役：1856 年（咸豐 6 年）10 月，發生英船「亞羅」（Arrow）號事件和法國傳教士在廣西遇害。1857 年

（咸豐 7 年）7 月，英法聯軍攻陷廣州；1860 年（咸豐 10 年），北上攻佔天津，清政府分別與英法簽訂《天津條約》，以及後續的《北京條約》其中約定開放臺灣的安平、滬尾（淡水）為通商口岸。1861 年（咸豐 11 年）7 月，更擴充至打狗（旗後）、雞籠，一共開放了四個港口為商埠，這是臺灣首次對外開港貿易。也就是滬尾（今淡水）、雞籠（基隆）兩關合稱「淡水關」，打狗（高雄）和安平兩關合稱「臺灣關」（1891 年改稱臺南關）。

臺灣也因為開港而恢復被納入國際市場體系，出口商品主要是以本地生產的茶、糖、樟腦為主，不再單是扮演大陸貨物的集散中心，以及對大陸、日本、南洋各地貿易的樞紐。1863 年（同治 2 年），大清帝國收樟腦為官營，外商要求取消，導致 1869 年（同治 8 年），英艦轟擊安平，佔領赤崁，大清帝國與英領事訂立協約，主要內容包括：撤銷樟腦官營、保護外人內地旅遊安全、賠償損失 1 萬 7 千餘元、革除失職官員、承認傳教自由。自此以後，外國傳教師之來臺灣者日增。

第三、美船羅發（Rover）號事件：1854 年（咸豐 4 年），美國東印度艦隊司令培里（M. C. Perry）率艦抵基隆港，並進行對煤炭的調查和海難人員的搜索。1867 年（同治 6 年）3 月，美船羅發號在臺灣南端七星岩觸礁，船上人員被害，美國駐廈門領事李仙得（C. W. Le Gendre）出面交涉未果，美國水師率艦來討。

大清帝國統治臺灣之前，自枋寮以下，山海相連，獅頭群山，直接入海，無路可通。大清帝國將版圖自限到枋寮。將以南的「瑯嶠」視為「治理不及，化外之地」。當時柴城（今車城）

有渡海而來福佬人移民數千,是瑯嶠第一大城。臺灣鎮總兵劉明燈,因李仙得到臺灣府理論南岬的羅發號事件,於是領軍900人,自臺灣府出發,要到柴城攻打龜仔用生番(今墾丁社頂公園),到了枋寮,軍隊無法繼續南下。於是招工募民,自枋寮開一小道到車城,並在車城福安宮曾留下碑文。

1868年(同治7年)10月,與18番社頭目卓杞篤(Tauketok)在清朝官員「立會」之下直接面議和約,大清政府承諾保護外船安全。李仙得在美國政府的承認下,直接和臺灣南部的番社代表簽訂國際合約,同時有大清帝國的官員立會,儼然臺灣有兩個政府存在。而大清政府亦與默認。3年後,導致牡丹社(Botan)事件發生時,遂給予日本出面干涉的藉口。

第四、日本發動牡丹社事件:1871年(同治10年、明治4年)11月,琉球島民69名漂流至臺灣東南八瑤灣港附近,上岸後誤入牡丹社,其中54名被害;翌年10月,日本小田縣人3名在臺東馬武窟社被搶。

1874年(同治13年)5月,日本以琉球宗主國為由,在臺灣車城南方的社寮登路,引發激烈的石門之戰(the Battle of Stone Gate),牡丹社(Botan)和高士滑社(Koalut)被日軍焚毀,日軍並擴大佔領區,進行墾殖長久駐屯的部署。牡丹社事件後,12月沈葆禎來到風港,改風港為「楓港」。次年,「瑯嶠」改稱恒春縣。

大清政府主張「化外之地絕非無主之地」,而日本也因明治維新才開始,財政拮据經不起與大清帝國打戰,經過多次斡旋,以及美國和英國的介入,清日雙方於1874年(同治13年)10月,簽訂《北京專約》(或稱《清日臺灣事件專約》)。日本因

此解除琉球與大清帝國的宗藩關係，兼併為日本領土，並於1879年置沖繩縣。更由於大清帝國正式承認日本出兵臺灣的合法性，是「保民義舉」，這是日本南進的先聲，而開啟了20年後日本攫取臺灣之舉。

牡丹社事件之後，大清政府也開始重視臺灣的防務和建設，所以才有臺北府和臺東廳的設置，也導致臺灣島的全部開放，大清帝國終於允許人民可以自由移民臺灣。

第五、清法戰爭：從1857年（咸豐7年），開始法國鑒於英國鴉片戰爭的戰果，開始積極進攻安南（今越南），以作為其在亞洲殖民的根據地，並逐漸擴張其勢力。同時，法國對臺灣的煤礦價值亦已垂涎很久，法軍為奪取煤礦三次派艦攻滬尾、雞籠未果，遂改攻澎湖。清軍在越南諒山雖告捷，在海上則法軍艦佔絕對優勢，大清政府最擔心戰火擴及大陸本土。1883年（光緒9年），法國逼安南締結《順化條約》，安南淪為法國殖民地。

安南一向為大清帝國所保護，導致清、法軍衝突。此時起，臺灣的佈防工作，由臺灣道劉璈主持。劉璈將全島分成前（澎湖）、後（花蓮、水尾、埤南、三條崙以迄鳳山界）、北（大甲溪以北到蘇澳）、中（曾文溪以北，大甲溪以南）、南（曾文溪以南）各設統領，可獨立作戰。

1884年（光緒10年）10月，法軍由孤拔提督宣布封鎖臺灣海岸起，至隔（1885年）4月為止，總計封鎖臺灣約5個月，但佔領澎湖則維持到6月清法簽訂《天津條約》。其中第九條規定法軍須從臺灣、澎湖撤兵；依據此約，大清帝國承認安南為法國的保護國，法軍並於當年7月以前，全部撤離臺灣。

綜合上述戰役，尤其1874年（同治13年），日本發動的牡

丹社事件，和 10 年後的法軍來襲，除了更促使大清政府體認臺灣地位在東亞區域的重要性之外，也影響列強與大清帝國經貿之間關係的政策，包括：

第一、開放通商港口，外國侵略者通過不平等條約迫使清政府陸續開放了遍布中國東南沿海、內地的幾十個通商口岸，其中包括臺灣的部分港口；

第二、廢除公行制度，外國人在通商口岸無論與何商貿易，均聽其便；

第三、給外商以內河航運權與內地通商權；

第四、對外商課以低關稅；

第五、鴉片貿易合法化。乃至於 1885 年 10 月（光緒 11 年 9 月），臺灣建省，閩臺分治。

大清政府外貿政策經過上述變化，標誌著大清帝國喪失了司法、關稅、外貿、沿海貿易、內地通商、內河航運等方面的主權，標誌著大清政府有關商業、外貿方面的經濟法律，在相當程度上失去了保護本國商業、外貿、經濟利益的職能，完全有利於外國帝國主義的侵略利益，從而顯示出半殖民地經濟法律的特點。

回溯荷西、東寧王國的清治臺灣之前，臺灣雖與西洋各國有貿易往來。康熙乾隆年間，也開放安平、鹿港、八里坌各港從事與大陸的貿易。1855 年（咸豐 5 年），大清臺灣政府為求外人協助緝捕海盜，已許可外商在打狗開設洋行通商。

1860 年（咸豐 10 年）至 1863 年（同治 2 年）間，特別是臺灣於在《天津條約》及其附約的規定之下，正式對外開放了安平、淡水、打狗、基隆等通商港口，從此以英美資本為主的外資

逐漸形成，英美資本可以避開臺灣同業公會的牽制而自由通商，導致與臺灣通商的泉州、漳州商行，原以依賴戎克船（junk）載送的船務和經營的商務，全為以汽船（schooner）經商的英美商人所取代。

臺灣的開口通商導致了臺灣北部茶葉與南部砂糖業的興起，至於樟腦與金礦因生產規模不如茶糖，又是政府專賣，民間企業想要發展的空間受到極大限制。但是開港通商又是讓臺灣貿易有再一次發展多國化的機會，致使從大清帝國時期的大陸文化型國家，調整為臺灣海洋性文化性格；而海洋性格更使臺灣住民恢復荷西時期的商人性格，但對臺灣原住民族而言卻在經濟與生活上帶來相對剝奪感不小的壓力。

臺灣在被強制開港通商之後，由於英美商業資本的進入，並透過買辦仲介的高利貸週轉方式，控制當時臺灣農民對農業投資。英美資本主義對臺灣市場和資金的掌握，就是以匯豐銀行為資本活動中樞，先對外國商館的洋行，予以金融，而洋行則利用買辦制度，對於生產者，特別是農民預付貸款，一手包辦生產物，這就是買辦一面用預先付款的方法來宰制生產者，而同時生產物的價格，則由洋行片面決定。

因此，巨大市場利潤向海外流出，島內的小規模生產，反而得不到資金的充裕供給，致使出口品由於生產不足而價格高昂，同時，進口品則因物美價廉而大量輸入，益使島內生產體系發生惡性循環，結果使臺灣農業發展受到最殘酷的打擊。

臺灣本地糖商藉由與洋商維持形式上的商業關係，並與其分享市場利益，本地糖商得以保有買辦的身份，這也是洋行在臺灣的砂糖貿易屹立不搖的原因之一。本地糖商儘管有辦法防堵洋商

打進其勢力範圍，但其對金融借貸與市場控制手段的過度依賴，卻有礙臺灣經濟對近代科技與機器的引進，以及新市場的開拓。

傳統中國的經濟發展，本質上就不重視商業的經營。在明清時代以前的政經發展環境，無論政府政策或民間社會就已出現很明顯的「重農抑商」現象。17 世紀以前，臺灣原始農業經濟雖然已逐漸形成以村社和氏族共同體為基礎的自足化社會，但當時許多日常生活必需品還是有些依賴從對岸的大陸進口，臺灣也逐漸依大陸所出現的政經社會情勢，而出口各種農產品，特別是稻米的供應。

臺灣仍與對岸大陸經貿活動的來往頻繁，這是因臺灣在漫長的土地開墾與產業發展過程中，透過與大清帝國的貿易往來措施，不斷擴大農產品市場，以及商人對周轉資金的需求。

加上，市場競爭激烈，為了維護同行利益，自會有類似幫派的「行會」出現，況且臺灣移民社會最重視同族關係的鄉誼，商人遠赴千里貿易有無，人地生疏，最需患難與共的相互扶持，同行相處既久，情感日深，自然形成一股力量，採取與當時傳統中國所盛行的「行會」模式，遂因實際需要而增強，而有「郊」或「行郊」、「商郊」的組織，以加強團結，保持信用，增加利益以及從事公益事業，特別形成這種同業性質的商業組織。

臺灣「行郊」也有點類似歐洲中古世紀的基爾特（guild），該字源於薩克遜語的動詞 gildan，是繳付的意思。這裡強調的是把同一種職業的成員聯合在一起。德國經濟社會學家韋伯（Max Weber）《新教倫理與資本主義精神》指出：中世紀的基爾特往往控制著成員的一般道德標準，類似於禁欲主義新教教派的教規所實行的那種控制，但是基爾特與教派對於個人經濟

行為的影響，顯然有著不可避免的差異，基爾特不可能產生現代資產階級的資本主義精神氣質，只有禁欲主義教派的條理化生活方式，才能使現代資本主義氣質的個人主義動力成為理所當然。

基爾特這種同業公會的商業組織型態，在歐洲中古世紀就已經極具影響力，享有在一個城郭之內專營該行業的權利，只要對最高統治者捐輸可觀的金錢即可。這種行之歐洲基爾特的人訂下品質標準，負責訓練人員，指定公證人和中介人，從事慈善事業，負責懲處，並且興建宏偉的會館，有些建築到今天還存在。

當時在倫敦，一個人只要靠行當了七年學徒，就可以換得自由身，除了免役，還可在倫敦自治市內開業做生意。所以，基爾特是西方封建時代的產物，在當時政治權威渙散的狀況下，成為一種具有高度自主性、自律性和排他性的商業組織。

基爾特對於產品生產與管理制度方面，包括：

第一，工業的技術，它限制會員中所可有的工人數，特別是學徒人數，如果將學徒制度作為賤價勞動力時，即限制學徒的人數使每位主人只有一人或兩人；

第二，關於原料的品質，為避免不公平的競爭，特別實施監督；

第三，關於經營技術與商品製作技術的保障；

第四，使用工具的品質管控，各個基爾特各自保有只能自己使用的工具獨占權；

第五，產品在未賣出前的運送途中，將檢查其品質。

由於基爾特的嚴密管控，對產業發展產生重大的影響，在對內政策強調盡一切手段，使基爾特的會員能機會均等；對外政策則採取市場獨占策略。同時，基爾特為處理市場糾紛，常設工業

警察和工業法庭等機構，以有效維持市場公平競爭的秩序。

檢視當時廈門與臺灣之間存在著相當規模的貿易，商船從臺灣運來一船船的大米、食糖、食油和落花生。臺灣的郊或行郊組織，主要分為內郊和外郊兩大類。內郊就如現在的同業公會，有米郊、糖郊、布郊、茶郊等；而外郊主要經營與大陸的進出口貿易，如臺南「三郊」；而配運上海、寧波、天津、煙臺的貨物與中國大陸的中、北部海港城市進行交易，共有蘇萬利等二十餘家商店則稱為「北郊」；配運金門、廈門二島，漳、泉二州，香港、南澳等處的貨物，以中國大陸南部的各海港城市從事貿易，其成員有金永順等三十餘家商店稱為「南郊」；負責臺灣東港、旗後、鹽水港、朴子腳、基隆等各港的採購貨物稱為「港郊」。

郊商在商業經營及兩岸經貿互動的過程中，掌握臺灣與中國大陸之間的高度區域分工，不但壟斷商務，且進而成為地方政經領袖，這是不能忽略臺灣土地與農業資本可能轉化為商業資本的一項重要面向。然而，郊商組織之所以能壟斷對岸貿易，突顯把臺灣的米、糖等農產品以壓低運費的策略將其運送到大陸去，亦帶有剝奪式經濟的性質，也是因為大清帝國實施鎖國政策的對外貿易所造成。

相較於行郊組織的企業公司制度，有如大清帝國在山西平遙的錢莊。晚清時期的官僚資本主義制度，連同其官營與私營企業徹底相互滲透的特性，跟著大陸移民帶至臺灣。

這種公私混合制度以及國家和主要政社組織之間的共生關係，在 1949 年以前雖曾有一階段導致大陸中國民族經濟破產的悲慘後果，但國民政府在 1945 年從日本政府和企業經營的資本家手中接收大量的官營和私營企業，卻為該制度奠下了牢固的產

業發展基礎，甚至 1949 年國民政府在國共戰爭失敗，轉移來臺之後，仍然移植這種官營企業模式，確立黨國資本主義體制的家父長式經濟政策。

從資本主義市場企業組織和經營的角度而論，臺灣郊商這種組織係以保護商人本身利益和伸張其權利為目的而成立的政經結構共同體，而且與傳統中國社會特有鄉土連結的特性息息相關，故得以在同業之間迅速結合與擴散，並形成一股統治性壟斷的勢力。這股勢力不僅限於經濟方面，甚至在宗教文化、社會治安、公益活動等方面也具有很大的影響力。

例如發生於 1786 年（乾隆 51 年）林爽文、1806 年（嘉慶 11 年）蔡牽事件時，臺南三郊的出錢出力，特別是 1884 年（光緒 10 年）的清法戰役，臺南三郊曾於臺南設立團練分局，訓練勇士以備邊防，而臺北三郊為防禦法軍偷襲，並制定相關規章，極力保衛社會治安與保障人民生命財產安全。

檢視資本主義市場政經結構模式，其政府與產業之間利益共生的整合發展模式，企業經營需要政府提供一個穩定的政經整體環境。在當時臺灣產業發展與金融企業的政經結合，比較有組織的對外貿易，始於 1858 年（咸豐 8 年）香港的怡和洋行及寶順洋行與臺灣的寶貴貿易經驗，也帶動臺灣的海關、領事館等相關設施和業務的運作。尤其怡和洋行發展的歷史，反映了新興西方工業資本主義制度對古老中國文明的衝擊。

當英美資本大量衝擊臺灣之際，外國商館與當地商人的企業活動，產生了仲介人士的所謂「買辦」（comprador）角色，逐漸取代臺灣商郊或行郊組織。透過買辦熟悉與掌握當地的風俗習慣及商情資訊，提供外國商人創造企業利益，買辦成為英美資本

在臺灣政經與企業發展的橋樑和利益共同體。

例如製茶業的「媽振館」（merchant）既非單純的茶商，亦非一般中間商，其身分正介於洋行與茶商之間，經營製茶的委託與販賣，同時將製茶作為抵押品，向洋行進行通融資金的交易。

「洋行」是「洋貨行」的簡稱，又稱「十三行」，而實際上洋行數並不拘十三之數，各洋行的組織有行主、買辦、通事、司事、管店、雜役等，主要功能包括：

第一、經營外貿，代理外商銷售和購買貨物；

第二、承保、代交外商的出入口稅；

第三、授權管束外商，如有外商與當地人民交結、或出外滋事，概唯「洋行」是問；

第四、負責經辦清官府與外商一切聯繫事宜。可知，洋行是清政府特許建立，具有一定行政外交權的外貿壟斷機構，其性質是官商。洋行商人也大多兼有官職。

1861年，臺灣被強制開港後的輸出品，包括：米、靛藍、蔗糖、樟腦、煤炭、苧麻、木材、藤條、茶葉、醬菜、豆類，以及硫磺等。南部貿易主要輸入產品是鴉片，輸出品包括打狗的赤糖、府城的白糖、薑黃、龍眼、花生，以及麻油等項目。

其中要以茶葉、砂糖、樟腦的輸出為最大宗。由於茶樹、甘蔗、樟樹的生長條件不同，清治時期所種的茶樹主要分布彰化以北的丘陵臺地；甘蔗生產地主要分布北港以南的平原；樟樹則分布嘉義以北至宜蘭等地。

由於茶葉的經濟價值高，茶商等於是臺灣貿易的尖兵。當時製茶資金的主要來源是匯豐銀行，其提供資金給洋行，洋行貸款給當時從事放款業務的私人機構「媽振館」，媽振館再供應給茶

館資金，最後轉借給生產者。媽振館不僅做融資，還將茶葉交由洋行外銷。外商競相收購粗茶的結果，刺激茶葉價格上漲，暴利誘使農民擴大種植規模，以因應外商出口市場的需求。

當時臺灣茶葉的市場交易系統，到了 1895 年日治時期以後才有共同販賣所設置的茶葉出口路線。英美資本直接通航通商，導致臺灣農業發展與國際貿易起了結構性的重大變化，即使臺灣本地資本勢力並未遭受嚴重打擊，反而沖淡了臺灣一直與大清帝國之間緊密的經貿關係。

臺灣經貿市場一方面雖受制於外商資本，但是由於進入臺灣市場的外商資本，其本質上並非屬於農業資本，而僅是一般商業資本，比較不重視深入於島內市場的交易過程，所以未能有效突破本地既有的政商體系，而直接與生產者交易。因此，外商的積極介入，另一方面也加強了臺灣農業本地資本的累積和成長。

1893 年，當臺灣重要商品總輸入 4,839,493（海關兩）及總輸出 9,452,055（海關兩），已出現順差 4,613,562（海關兩），其中 1868-1895 年茶葉占了全臺出口總值的 54%，遠超過糖量的占 36%，以及樟腦占 4%的輸出。可是當時占臺灣進口大宗卻是鴉片，幾乎近 60%，其次是棉紡織品，約占 30%。進出港口的商業利益，是所謂的爭取「好碼頭」。

臺灣被強制開港後，僅管增加外國商人的實力，但對砂糖的交易結構並未有大幅度調整，不論臺南地區或鹽水港至斗六地區，買辦依然是透過鈷腳、出庄、糖割、糖行、以及港郊進行收購，只是原以大陸對岸貿易為基礎的北郊商人，因其對日出口的糖業利益被剝奪而泰半沒落。

由於砂糖交易過程不存在茶葉交易市場，由大陸商人直接交

易或介入金融借貸，而不管其交易金額多少概由本地商人承辦，因而本地商人在砂糖業方面的經營環境遠較茶葉界為優勢。砂糖業營運資金的融資借貸，多為洋行親自兼任外國銀行的代理店來進行，也有本地人經營糖行兼辦的情況。

對於砂糖的運輸成本，由於臺灣陸上交通的不便，導致臺灣境內南北之間的市場交易，反不如臺灣與大陸之間市場關係密切，出現臺灣行郊在市場利益較豐碩的城市中，扮演政經的領導地位，同時臺灣郊商的財力在政經地位上，顯然能享有相對的自主性。

臺灣樟腦生產與早期原住民的生計息息相關，因為它主要生長於原住民出沒的叢林。16 世紀期間，臺灣的樟樹從山上延伸到平原，到了 19 世紀更擴展至西海岸，乃至於大清帝國不甘於樟腦的貿易權力外溢，被外商控制樟腦銷售獲利。1861 年 7 月，首次宣布樟腦的實施專賣政策，由官府自辦腦館，向製腦者直接收購，然後再轉售給洋行，終致因影響到洋行的龐大利益而遭致聯合反對。

1869 年，官府在廢除樟腦專賣後，市場上馬上就出現以往的壟斷抑制效果。檢視其中有部分樟腦輸出量減少的年份，亦是受到 1887 年樟腦再度收歸官方專賣品的影響。1891 年，官府不得不再度取消專賣，改採一種「樟腦灶稅」，每口腦灶每月都須繳納固定的稅捐，以及樟腦運到港口裝載外銷，另要繳納釐金的商業銷售稅，更增加了業者的財稅負擔。

1895 年，日本統治臺灣，樟腦出口又分別受到總督府〈臺灣樟腦及樟腦油專賣規則〉、〈臺灣樟腦及樟腦油製造規則〉，規定有意從事樟腦或樟腦油製造業者，須事先獲得總督府許可，

導致樟腦產量的減少,乃至於最後被人工合成樟腦所取代。

　　臺灣的開口通商和推動近代化產業轉型,促進了北部茶葉與南部砂糖業的興起,而樟腦生產規模的不如茶、糖,主要還是因為政府收歸官營制度的專賣壟斷,使得民間和外商企業要在臺灣資本主義市場上,充分展現自由競爭的活力仍然受到相當的限制。

　　當代美國制度經濟學史、1993 年諾貝爾經濟學獎得主諾斯（D. C. North, 1920-2015）在《制度、制度變遷與經濟成就》（*Institutions, Institutional Change and Economic Performance*）書中,指出:交易成本的發生是因為訊息既要花費成本,而且市場交換雙方也會出現資訊不對稱的現象;同時,也因為不論以任何方法發展形成的制度,其所安排人類互動的結構,亦都會造成某種程度的市場不完全結果。

　　對臺灣發展中的企業經營者角度而言,英美資本的不斷進入臺灣市場,尤其在臺灣被迫開港,及正式對西方開放貿易之後,西方政經文化也深深影響臺灣企業的組織與經營型態,逐步形塑出現臺灣家族企業的雛形。

　　大清消極治理臺灣時期政經發展的第三個面向,即是「官督商辦」企業與近代工業化萌芽。大清時期的近代工業化運動,是在一個經濟發展比較落後的傳統農業社會中興起的,由於啟動產業轉型階段的初始資金取得困難,成為制約工業化的一個瓶頸。因此,大清帝國在推動自強新政的近代工業化策略中提出了「官辦」、「官督商辦」、「官商合辦」或「商辦」等不同階段稱呼的企業經營模式。

　　大清帝國原始經濟發展畢竟是個以官資本為主的國家,而在

西風東漸之初的辦理洋務，尤其是需要大資本規模的產業發展，如果沒有官方和國家股本的介入是比較困難發展起來的。所以，想純粹依賴民間商人的資本實力畢竟還是太小，但如果要完全靠官方經營的模式，又會發生官僚文化有太多的干預和增加成本支出。

傳統家庭式企業經營理念，總會是認為「人是為了他的企業而存在，而不是企業為了人而存在」。所以，大清帝國為推動近代工業化的產業升級，才出現要主張在「官」的領導下，官方也入股，加以監督、指導和連絡，以「商」為主體，去實際運作的一種經營模式。

大清帝國最早實施「官督商辦」的政經合一方案，是李鴻章接受盛宣懷建議而成立的輪船招商局，以後陸續成立的企業包括：電報事業、中國通商銀行，和中國第一個近代鋼鐵企業漢冶萍公司。官督商辦如招商局，本是大清帝國為國防上，發展船堅炮利的自強運動。由原先官商合辦，轉為官督商辦，其目的是將招商局直接置於官權的控制之下，並且利用民間資本的力量為企業及其主持者牟利。

這些企業在資本結構與企業經營型態上，不論是由原先「官辦」、「官商合辦」、「商辦」或「官督商辦」，其目的是將市場利益直接置於「官權」的主控經營之下，並且利用民間資本的力量為企業及其主持者牟利，導致出現「挾官以凌商，挾商以蒙官」的「官商共生」結構關係，是國家資本主義（state-capitalism）企業的發展模式。

大清帝國所推動的官辦、官商合辦和官督民辦的經營模式，凸顯國家資本主義官督商辦要能成功，務必由官方給商方以特

權,使他們不受任何歧視的待遇,而突出於法制的功能之外,也就是政府的左手要防制政府的右手向產業利益濫用職權,而實際的結局則是貪腐的右手以通常的方法取勝。國家資本主義的主張政府介入市場競爭機制,這也是最容易受到崇尚自由市場經濟者所詬病的問題。

工業革命時期鐵路的興建或稱為第二次產業革命,鐵路有能力打開由於高昂的運輸費用而被阻斷於世界市場的國家大門,大大提高了以陸路運輸人員、貨物的速度和數量。1830年（道光10年）,世界第一條以火車頭帶動的定期客運服務的鐵路,開始行駛於利物浦與曼徹斯特之間,乃至於影響以後美國鐵路事業的興起。

1876年（光緒2年）12月,通車的淞滬鐵路（或稱吳淞鐵路）是由「怡和洋行」（Jardine Matheson）的外商公司斥資並負責建造完成,後來因發生壓死人的遺憾事件。1877年,大清帝國遂由李鴻章出面,以申銀28萬5千兩贖回路段,英商怡和洋行經營權的退出。然而,又在官府收回經營不善的窘境之下慘遭全線拆除。

1885年,大清積極治理臺灣時期政經發展的最重要面向,即是臺灣建省的派劉銘傳擔任首任臺灣巡撫開始。在臺灣推動近代工業化的產業轉型過程中,雖起步時間比起大陸內地來得慢,但因為臺灣物產豐饒,茶、糖、樟腦的外貿暢旺,且因地處邊陲,來自大清帝國中央的羈絆較少,地方官員能放手建設事業,除了當時臺灣已具備相當規模的社會經濟基礎,及逐漸存在擁有商品交易實力的資本家,從內部支撐自強運動之外；再加上臺灣是海島,住民的民智普遍早開於大陸內地,因此不僅未形成改革

的阻力,反而是促成近代工業化的助力。

　　大清積極治理臺灣時期除了設立商務局,加強對外貿易;提倡殖產興業,招上海、蘇州及浙江富紳投資;設立興市公司,裝置電燈建設臺北市街;推動「縉富捐」,李春生、林維源等人在現今臺北德惠街與南京西路一帶興建洋樓;完成臺北城牆,興建巡撫衙門,街道裝設電燈,引進人力車,期將臺灣產業結構逐漸由農業轉型為發展工商業。

　　劉銘傳特別重視交通建設,興建臺灣與各地的交通路線,除了設立輪船公司,開闢香港、上海定期航線,並與西貢、新加坡通航之外;透過愛爾蘭籍赫德(Robert Hart)與泰勒(George Taylor)等外籍人士的協助,1882年(光緒8年)安平、1883年南岬(今鵝鑾鼻)、旗後山都興建燈塔。

　　1888年,訂立〈臺灣郵政局章程〉,設立郵政總局,並在全島設站;電報除了建安平經府城到達打狗旗後的兩條陸路電報線;興建從臺灣淡水通往福建廈門的海底電報電纜線,和臺澎海底電纜線,以及臺南至基隆的旱線;道路除了「開山撫番」政策需要,完成「集集、水尾」之外,則興建自臺北城的大南門向今景美經深坑、石碇、坪林尾,遠通宜蘭的道路,另由臺北關接基、淡舊路至淡水,拓建路面與架設橋樑。首築基隆經臺北至新竹這段鐵路,其中基隆獅球嶺的隧道工程最為艱鉅,從1888年(光緒14年)春動工至1890年(光緒16年)夏天鑿通。獅球嶺隧道劉銘傳題額「曠宇天開」,而有史稱「劉銘傳隧道」的今基隆市安樂路後段,基隆市政府已將其列入三級古蹟加以維護。

　　1887年(光緒13年),劉銘傳上奏〈擬修鐵路創辦商務摺〉陳述,在清賦、水陸電報次第完成後,能籌措經費修建鐵

路，以利於海防、建立省城及興建鐵路的利益，並即著手建設第一條原由私辦後改制官營的鐵路。

第一段從大稻埕到松山的鐵路，1889年（光緒15年）通車，臺北到基隆的鐵路，1891年完工通車，1893年底延伸到新竹（今竹塹），嗣因經費和技術的雙重因素而不得不停工，而當年首度使用的火車頭「騰雲號」是1888年從德國購買進來。劉銘傳可謂臺灣鐵道的創始者，是「臺灣鐵道之父」。

劉銘傳在臺灣積極投入交通重大工程，是主張政府加強對基層公共建設，以帶動經濟發展。James W. Davidson, 陳政三譯註，《福爾摩沙島的過去與現在》指出，當臺灣還是福建一府時，只徵收茶葉、樟腦及鴉片等稅捐，也徵收田賦、鹽稅，福建省每年另撥發66萬墨西哥銀元津貼。改制後，上述的經費不足於涵蓋「變胖」的組織，又要改善防衛、修築鐵路，以及其他多項創新建設。

由於劉銘傳在臺灣推行新政並非按部就班，而是受外力壓迫的一時作為，以致造成財政困難。1886年（光緒12年），劉銘傳進行釐金的稅制改革，將「從糧稅」改為「從價稅」，從而引發與外國之間的經貿糾紛。加上，劉銘傳推動工業化政策，引發臺灣道劉璈在南部的消極抵制。在政治立場上，劉銘傳比較偏向於淮軍李鴻章系統，而劉璈政治立場則比較偏向左宗棠湘軍，導致當時臺灣出現南部與北部對立的政經情勢。

劉銘傳推動自強新政，是繼沈葆楨之後的銳意經營臺灣，有意將臺灣產業朝向現代資本主義市場經濟的發展，尤其為充裕財源及達到產業自立的目標，並解決土地佃人有大、小租戶所形成一地二主的雙重結構，藉由實施清丈土地，以廣增稅源。惟因實

施改革政策的結果，導致造成政府支出費用的增加。

劉銘傳實施攸關政經的「丈田清賦」政策，從規模、效果、意義上而言，是臺灣歷史上一次重大的政經制度改革，可稱為臺灣史上第一次的賦稅改革政策。這方面的成績，雖然政府增加了田賦的稅收，但其對臺灣政經結構的影響，造成社會的巨大變動，終招致既得利益者的反彈。

深入探討其主要原因，是衝擊大地主對於個人所擁有的權威，影響甚至動搖了其地主的權力基礎，加上社會治安的混亂。然而，劉銘傳推動清丈土地，實行土地調查，雖未竟全功，卻也充分反映出小租權興起與大租權沒落，以及單一地權逐漸形成的結構事實，有助於奠定臺灣產業轉型發展的基礎。

劉銘傳的改革由於大幅增稅及與大租戶作了相當的妥協，使得原本欲仰賴小租戶支持的改革無法推動下去。劉銘傳因為增稅而失去與小租戶結盟的機會，另一方面因土地改革而得罪並削弱原本是政府最堅定支持者大租戶的力量，結果造成兩面不討好，近乎與臺灣社會的對立，並導致他最後的去職。1890 年（光緒 16 年），劉銘傳稱病返故里，清政府調派邵友濂繼任，改採取保守的政經策略，因而停滯了臺灣繼續推動近代化與產業轉型的契機。

檢討大清政權晚期的推動近代化運動，其變法與自強，本屬相因之兩事，非徹底變法不足自強，而當時主其事而言富強者，知有兵事，不知有民政；知有外交，不知有內治；知有朝廷，不知有國民；知有洋務，不知有國務，迫使大清政府疲於周旋列強諸國的無盡勒索與掠奪。

1895 年，大清在甲午戰敗之後，終致將臺灣、澎湖割讓給

日本。這時期的日本國力，是剛從明治維新運動中新興起的軍國主義國家。相較大清與日本幾乎同步進行的自強與維新運動，可以確認的是大清的政經改革是失敗，而日本是成功的。特別是1905 年日本又在日俄戰爭中打敗了俄國，因而改變了歐亞的政經局勢。

附錄四：導讀與摘錄注藍鼎元《平臺紀略》

　　清治臺灣的 1683 年至 1895 年間，史上稱三大治安事件，指的是 1721 年（康熙 60 年）「朱一貴事件」、1786 年（乾隆 51 年）「林爽文事件」，和 1862 年（同治元年）「戴潮春事件」。就筆者從影響「下茄苳堡」地區的發展歷史研究，認為應該加上 1832 年（道光 12 年）「張丙事件」，和 1862 年（同治元年）「吳志高事件」的一共五大治安事件。

　　1721 年（康熙 60 年）春，「朱一貴事件」發生之前，在 1696 年（康熙 35 年）7 月，下茄苳堡地區就已發生「吳球事件」。吳球是新港東田尾（今臺南市東山區聖賢里）人，時有朱祐龍詐稱是前明朝朱氏的後裔，與吳球家人來往密切。

　　鳳山吏陳樞的妻子，她是吳球的妹妹。當時發生陳樞因侵占課粟被官督甚急，往謀於吳球，招集其黨余金聲約保甲林盛來共同舉事，林盛佯許諾後乘夜逃到臺灣府城密告。北路參將陳貴率官民擒獲吳球、陳樞、余金聲等為首者七人，杖斃。

　　「吳球事件」之後，1701 年（康熙 40 年）12 月，下茄苳堡地區又發生「劉却事件」。劉却原擔任臭祐庄（原下茄苳南堡頂祐里及下祐里二庄，今臺南市白河區秀祐里）管事。12 月，燒

熾在下茄苳北堡下茄苳庄的下茄苳營；乘夜前進抵達茅港尾東堡茅港尾庄（今臺南是下營區茅港里）。當劉却退屯下茄苳堡急水溪岸時，北路參將白道隆整隊抵禦，鎮、道兩標並發兵應援。

官府軍會合之後，與劉却部眾大戰於急水溪附近，劉却大潰敗；官府軍生擒其黨陳華、何正等，劉却走匿山區。1703 年（康熙 42 年）2 月，劉却被捕於笨港秀才庄（今雲林北港鎮），被斬於市，其長子被廷杖致死，妻孥皆處發配。事平。

「朱一貴事件」與下茄苳堡的關係。朱一貴（1689-1722）福建漳州長泰縣人，早年來臺謀生，在鳳山地區以養鴨為生，善交朋友，隱然為地方領袖，人稱「鴨母王」。這出身與張丙有相同的謀生之處，張丙是菜市場的魚販，朱一貴是以養鴨維生。這起事背景是與林爽文、戴潮春的胥吏出身有所不同的。

1721 年（康熙 60 年）春，鳳山知縣李丕煜升任，遺缺由臺灣知府王珍暫代，王珍將政務全權委於次子處理，因其僚氣凌人，平日喜歡作威作福，加之當時的稅斂苛虐，遂引發嚴重的民怨。

康熙後期臺灣漢人的活動空間，主要在臺灣府城及其城郭臺灣縣為核心區，下加冬（今臺南市後壁區下茄苳）至斗六門（今雲林縣斗六鎮）為閩客相半區，斗六門以北則為客番相雜的邊陲區；南路以下淡水溪為界，右岸為閩籍、左岸為粵籍的生活區。

朱一貴糾集部眾起事，並以自己姓氏的朱姓及反清復明為號召，由羅漢內門（今高雄市內門區）舉事，在下淡水粵籍領袖杜君英的響應下，合力攻下鳳山縣城，進佔府城，號稱「義王」，建國號「大明」，年號「永和」。

根據藍鼎元〈擒賊朱一貴等遂平南北路露布（捷報）〉的記

述，朱一貴是先逃至東北方的大目降（今臺南新化區，亦可能是決戰於今日南科基地木柵七莊），再兵敗北走灣裡溪（善化與麻豆間曾文溪）、茅港尾（今臺南下營區茅港里），過鐵線橋（今臺南新營區鐵線里），抵鹽水港（今臺南鹽水區），夜遁下加冬（今臺南後壁區下茄苳），絕食月眉潭（嘉義新港鄉月眉村、月潭村一帶）。

當時北面也有官兵圍堵，朱一貴不得不回頭南走溝仔尾庄（今太保鄉太保村（溝尾）、後庄村（後溝尾一帶），被庄民王仁和密謀楊旭、楊雄兄弟誘騙到其家中，備酒菜灌醉之後，暗地通報官兵及附近鄉壯，合力將朱一貴擒獻官府。1722 年 3 月底，朱一貴被判刑處死。

朱一貴從自稱帝至被擒，前後為時尚不及二個月。朱一貴及其同部眾被捕後解送北京接受審訊，其供辭業由中央研究院史語所整理出版，亦收錄在臺灣銀行經濟研究室編《臺案彙錄己集》，是了解該起事件的第一手資料，頗為珍貴。

「朱一貴事件」之後，清廷增設巡臺御史一職，首任巡臺御史黃叔璥著有《臺海使槎錄》一書，其中第四卷〈赤嵌筆談〉中附有〈朱逆附略〉一文。另外，有關朱一貴及其起事的記載，最為完整詳盡，且為人所熟知的當有藍鼎元的《平臺紀略》、《東征集》兩書。

藍鼎元（1680-1733，字玉霖），福建漳浦人。據人類學家王崧興〈訪漳浦縣藍廷珍、藍鼎元家鄉──湖西、赤嶺畬族鄉〉文中指出，藍廷珍、藍鼎元家鄉──湖西、赤嶺畬族鄉，藍氏家族，可能不是漢族，而是畬族。

藍氏家族與臺灣的連結，源自藍鼎元隨堂兄南澳總兵藍廷珍

入臺平定朱一貴之亂，事後，百餘宗族、兵員未返，落腳阿里港（今屏東縣里港鄉）墾荒開發，今日里港藍家為其後人。

有關藍鼎元撰寫《平臺紀略》的動機與經過。1723年（雍正元年），他在自家福建漳浦鹿洲草廬的撰寫序言中提到，他自從東寧（臺灣）平定朱一貴亂事歸來，見到市面上有〈靖臺實錄〉，喜之甚，在尚未讀完全實錄內容的時候，就愀然感嘆。

藍鼎元指出：嗟乎！此有志著述，惜未經身歷目睹，徒得之道路之傳聞者。其地、其人、其時、其事，多謬誤舛錯。將天下後世以為實然，而史氏據以徵信，為害可勝言哉！稗官野史雖小道，必有可觀，求其實耳。今以福建人談福建事，以今日之人言今日事，而舛錯謬誤且至於此；然則史氏之是非，其迷亂於稗官野史的記載當不少了。

臺灣雄踞海外，直關內地東南半壁。沿海六七省，門戶相通。其亂其平，無關乎於影響國家大小輕重。致亂之由，定亂之略，殉難喪節，運籌折衝，皆將權衡其衰鉞，以為千秋的歷史借鑑。言焉而不求其實，習焉而不知其訛，鄙人所為懼也。

藍鼎元謙稱：其簡劣不才，學荒識陋，東征逾載，躬歷行間。風濤戎馬，磔鼠哀鴻，執馘獻俘，招降殄孽，至於罙搜窮山，綏靖番黎，無不目擊手揮。又或中夜聞警，磨盾草檄，千里驅馳，睨瞻要害，廢寢食，冒風露，蓋亦幾經勞瘁矣。無一命之膺，當贊畫之寄。

事定歸來，滿船明月，惟有全臺形勝治亂事蹟，了了胸中，所見所聞，視他人較為切實。則《平臺紀略》之作，惡可已也？據事直書，功無遺漏，罪無掩諱，自謂可見天日、質鬼神；而或者以列憲稱名為譏，是猶未知載筆之道者。載筆所以傳信，非一

人一時之文，天下後世共之。而姓名尚不敢筆之書，則過失在所必諱。縱功績可紀，亦等之諂語諛詞。夫豈其可傳耶？

藍鼎元謙稱：鄙人愚昧，文不足傳平臺大役，事在必傳，直道平心無為市井訛談所昏惑，亦庶乎其可矣。若夫鑒前車，綢未雨，施經綸，措康乂，有治安之責者，諒早留心，不待閱茲編而從得之也。

藍鼎元《平臺紀略》正文摘錄注：

　　大清康熙六十年（1721 年）四月，臺灣奸民朱一貴作亂。朱一貴，漳州長泰人，小名祖，游手無藝，好結納奸宄，為鄉里所嫉，於康熙五十二年（1713 年）臺灣，嘗充臺廈道的衙門雜役，不久即被革職，居母頂草地養鴨為生。其鴨早晚編隊出入，愚甿異焉。奸匪過者，輒款延，烹鴨具饌，務盡歡。時承平日久，守土恬熙，絕不以吏治民生為意，防範疏闊，一貴心易之。

　　1721 年春，鳳山知縣李丕煜升任，遺缺尚未派任，由臺灣知府王珍兼代，政務委託次子，頗踰閑，徵收糧稅苛刻。以風聞捕治盟歃者數十人，違禁入內山砍竹木者百餘人，奸匪遂藉為口實，日訛謗官府短長，搖惑人心。

　　有黃殿者，居羅漢門，與朱一貴善，時謀不逞，往來密洽。三月，李勇、吳外、鄭定瑞等相率到羅漢門，見朱一貴說：「今地方官長但知沉湎樗蒱耳，種種不堪，兵民瓦解，欲舉大事，此其時乎」！朱一貴說：「好。我姓朱，若以明朝後裔聳鄉村，歸者必眾」。皆

說：「可」。

夏四月十有九日，糾合李勇、吳外、鄭定瑞、王玉全、陳印等五十二人，即黃殿莊中奉朱一貴為首領，焚表結盟，各招黨羽得數百人，立旗幟寫上「大元帥朱」，夜出岡山襲劫塘汛。

兩天後，警報傳到鳳山郡。臺灣鎮總兵歐陽凱集將弁議出兵。中營遊擊劉得紫請行，弗許。右營遊擊周應龍者，龐然魁偉，素議論風生；令以兵四百人殺賊。又白道府，遣臺灣縣丞馮迪調新港、目加留灣、蕭壟、麻豆四社土番隨之前往。岡山距府治三十里，趁賊聲勢未強盛之際，疾趨可滅也。

是日，細雨霑泥。周應龍率兵番行五里，駐半路店。翼日，再進十五里，屯角帶園。賊夜出檳榔林（今內埔庄一帶），汛防把總張文學迎戰，敗績，棄鳥鎗、藤牌，軍械為賊所得；周應龍隔一溪不能救。賊復掠大湖，殺汛兵，飽所欲而去。

南路首領杜君英於是日派遣楊來、顏子京率其部眾百人到朱一貴駐紮的地方，轉告稱杜君英在下淡水檳榔林招集粵東種地傭工客民，與陳福壽、劉國基商議共同掠取臺灣府庫。又有郭國正、翁義起草潭（今高雄市仁武區草潭埤）、戴穆、江國論起下埤頭（今嘉義縣大林鎮）、林曹、林騫、林璉起新園（今屏東縣林園鄉），王忠起小琉球，他們都願意隨從杜君英攻打縣府，相約朱一貴共謀起事。

4月23日，朱一貴移部眾駐紮岡山（今高雄市阿蓮區崗山里）之麓。周應龍兵至小岡山，遇朱一貴部眾與戰。千總陳元、把總吳益等奮力掩擊，朱一貴部眾大敗，退走入山，奪取袁交友莊屯住。周應龍收兵紮二濫（原阿公店溪與古官道交會，今高雄市路竹區附近）。楊來、顏子京亦回下淡水（今屏東縣萬丹鄉）。

周應龍在二濫，傳令官兵和番（原住民）殺賊一名賞銀三兩，殺賊目一名賞五兩。土番性貪淫，殺良民四人，縱火燔民居，復斃八人；聞者股栗。遠近朱一貴部眾借兵番殺掠為辭，鼓煽沿途村莊，迫脅居民，分授以幟。由是各鄉紛紛響應，豎賊旗幟。周應龍進紮營楠仔坑，得南路營參將苗景龍警報，稱林曹諸賊夜攻新園，奪軍器，下淡水營汛已陷。

周應龍復行十五里，宿南路營。4月27日，官軍遇朱一貴部眾於于赤山（今高雄市鳥松區）。杜君英、朱一貴兩路夾攻。戰方合，周應龍令後隊突然快速撤退。千總陳元戰死。把總周應遂被擒。吳益重創，裝死側躺在陳元屍體的旁邊。李碩負傷走。周應龍逃回鳳山府治。朱一貴率部眾大隊緊追。

杜君英偕陳福壽、劉國基、戴穆、翁飛虎、江國論、郭國正、楊來、顏子京、林曹、林騫、林璉、鄭文苑、王忠等攻鳳山縣（今高雄市左營區）。南路營把總林富戰死。守備馬定國戰敗自刎死。參將苗景龍逃匿萬丹港漁寮三日，為穆周、林泗所擒，獻郭國正；郭國正下令林泗、翁義殺之，以其頭獻朱一貴。

鳳山郡中聞赤山之敗，譁然大震，文武官員各遣家屬連夜逃走，先後駕舟並出鹿耳門，士民相率逃竄。總兵官歐陽凱、遊擊劉得紫率兵千餘人，臺協水師副將許雲率兵五百，出紮營春牛埔（今雲林縣水林鄉），列營以待。軍中夜驚，鎮兵四散無戰心。

臺廈道梁文煊、知府王珍、同知王禮、臺灣知縣吳觀域、諸羅知縣朱夔等，捐銀一千五百兩，躬歷諸營勞軍。庚申，賊至。鎮協將弁鎗砲齊發，許雲躍馬當先陷陣，水師弁兵決命奮勇，陸師繼進；賊大敗，退屯竿津林。把總陳宋見周應遂被縛牛車，力追殺賊，救周應遂回營。而鎮標把總許陞、黃陞見賊勢浩大，終當復來，徑引去。

是時，水師左營遊擊游崇功巡哨笨港（今北港），聞報，以兵還入鹿耳門，遇文武眷舟，感嘆說：「官者，兵民之望，官眷逃則人心散，大事去矣」！登岸赴敵。其婿叩馬請區處眷屬，崇功大聲回說：「今日哪還知有家」！指揮官兵急奔赴春牛埔。

五月初，朱一貴、杜君英五部眾數萬合集。劉得紫率守備張成，以兵堵截中路口，在半路店迎敵。歐陽凱、許雲、游崇功率弁兵在春牛埔迎敵。杜君英、朱一貴合兵衝殺。鎮兵忽內亂。百總楊泰綽號達家勇者，先通賊為內應，刺歐陽凱墜馬，群賊交刃截其首而去。守備胡忠義、千總蔣子龍、把總林彥皆死之。汀州鎮標把總石琳帶兵之臺換班、亦戰死。海壇把總李信創重已死，有王宋者憐而欲埋之，復蘇，乃與偕匿他所。劉得

紫聞敗，率兵還救，所乘馬為賊砍倒，與守備張成俱被擒。副將許雲衝突血戰，殺賊數百人；與遊擊游崇功、千總林文煌、趙奇奉、把總李茂吉奮臂大呼，所向披靡。

自黎明戰至日中，矢窮砲盡。許雲重創遍體，墮馬步行，猶手刃數十賊，勢孤無援，左手被賊砍斷，乃破口大罵：「生不能殺盡逆奴，死必來殲滅汝等」！賊怒，挖許雲屍體。游崇功單槍匹馬殺賊數十人，馬摔被殺。林文煌、趙奇奉俱戰死。李茂吉為賊所抓，至南校場，見戴穆，挺立岸然。

戴穆責怪李茂吉為何不跪下，大聲斥責：「你是兵也」？李茂吉回說：「官」。戴穆說：「把總只是小小的官罷了。若壯士（指李茂吉）投降，當以汝為將軍」。李茂吉睜目厲聲罵說：「我是朝廷任命的官，哪有服從汝作賊」！舉足踢賊案，案翻。奮力斷縛，直向前欲奪刀殺賊，賊眾舉刀合力斬殺。李茂吉頭腦破裂，猶尚指著賊痛罵如初，直到氣絕身亡才停。

官兵既敗，臺協水師中營遊擊張彥賢、右營遊擊王鼎、守備萬奏平、凌進、楊進、千把總朱明、劉清、鄭耀等率兵千餘人，戰船四十餘號，聯舟官揚航，逃出澎湖。鎮標左營遊擊孫文元奔至鹿耳門，赴海死。右營遊擊周應龍、中營把總王丑靠著依附商船逃回內地，直走泉州。

把總李碩、陳福、尹成、道標守備王國祥、千總許自重都已逃到澎湖。臺廈道梁文煊、知府王珍、同知王

禮、臺灣知縣吳觀域、縣丞馮迪、典史王定國、諸羅知縣朱夔、典史張青遠，皆一時相率登船，擔心港內商漁艇艦為朱一貴部眾所強占，全部將其驅逐出鹿耳門，齊赴澎湖。

粵民高永壽在笨港（今北港）以買賣為生，有病者於破廟餓且死，永壽活之。一日至南路，遇前所活人，欷歔感泣，引之深山中，設酒殽相待，賊也。與見朱一貴，刀鎗森列，言倡亂謀甚悉，邀請高永壽加入，高永壽假裝接受，乘機逃回，到南路營報告有變亂情事；不被相信。至府，再報告之鎮道；鎮道以為狂疾，會審嚴刑，坐妖言惑眾，將論殺，從寬責逐過海，遞回原籍。

5月1日，杜君英、朱一貴率部眾攻破臺灣府城（今臺南市中西區）。杜君英先入住總兵官署。朱一貴繼入居臺廈道署。同開府庫，分掠金銀。復開紅毛樓。樓故紅彞（指荷蘭人）所築，舊名赤嵌城，荷蘭長官居住的地方。明鄭成功東寧王國以貯火藥軍器。四十年來，沒有人打開過。朱一貴部眾懷疑是藏有金銀的地窖，所以打開它，得大小砲位、刀鎗、硝磺、銩鐵、鉛彈如山。擁立朱一貴為「中興王」。戴上優等材料製成的王冠、黃袍、玉帶。部眾集體擁立朱一貴坐上堂高呼萬歲，號「永和」。

北路奸民賴池、張岳、鄭惟晃、賴元改、萬和尚、林泰、蕭春等，亦於月初，豎旗聚眾。越三日，環攻諸羅縣（今嘉義）。北路營參將羅萬倉、千總陳徽、把總鄭高、葉旺，分門迎敵。羅萬倉負責阻擋其南，出死力

拒戰，兵單無援，賊陳碧以竹竿鎗抽戮其喉頭，張岳、賴元改揮刀殺之。羅萬倉的姨太蔣氏得知羅萬倉兵敗自殺而死。陳徵、鄭高逃遁山區，集鄉民自保。賴池、張岳、鄭惟晃、賴元改等人將羅萬倉首級攜帶到府城，獻給朱一貴請功。

朱一貴見全臺都已經攻陷，揚揚得意，以為莫已誅也。遂傚俳優，登高臺，鳴鐘伐鼓，呵唱拜跪，大封群賊。以王玉全為國師；王君彩、洪陣為太師，杜君英、陳福壽、李勇、吳外、翁飛虎、陳印、戴穆、鄭定瑞、郭國正、顏子京、楊來、黃殿、劉國基、黃日昇、江國論、王忠、林曹、薛菊、林騫、林璉、陳正達、張看、賴池、賴元改、鄭惟晃、鄭文苑、陳成等為國公；張岳不受公爵，為將軍；陳燦、蘇天威等為侯；張阿山、卓敬、陳國進等為都督；蕭斌、詹遜為尚書，內閣辦事；麻思、林玉為輔駕大將軍；其餘文職部科以下、武職總兵副將以下，不計其數。同時，下令鄭定瑞、蘇天威同領兵三千鎮守鹿耳門。

是時大小官員滿街，摩肩觸額，優伶服飾，搜括靡遺。或戴襆頭，衣小袖，紗帽金冠，被甲騎牛；或以色綾裹其首，方巾朝服，炫黃于道。民間為之謠傳：「頭戴明朝帽，身穿清朝衣；五月稱永和，六月還康熙」。蓋童孺婦女都知道其等早晚會被官府兵抓拿而消滅的。

先是遊擊劉得紫被俘虜，引頸受刃；賊素重其名，不忍殺他。劉得紫說：「我為天子命官，不可不死；但求埋吾帥屍首，死瞑目耳。」賊黃日昇嘉許其義，聽

之。收埋畢，復縶之學宮朱子祠，求死不可得。賊與言，弗應。進食，弗食。七日仍不死。士民兵僧進粥苦勸，皆不食用。至是諸生林泉、劉化鯉為言諸賊可滅狀，當報仇，劉得紫始受民餽食，啜粥延命，以等待官府大軍來到，作恢復計矣。

此時，臺中逃竄各官及避難民人全逃到澎湖。澎協將弁倉皇不知所措。見群情洶洶，而臺中文武俱至也，亦各出家屬登舟，將渡廈門。百姓婦女，爭舟雜沓，哀聲震海岸。右營守備林亮聞之，請協營主將掣回登舟各家屬，死守澎湖。

諸將猶豫不決，林亮大聲斥責：「朝廷以海外封疆付我等，正為緩急倚賴，非徒昇平食祿廩、營身家已也。今鋒刃未血而相率委去，他日駢首市曹，寧能免乎？丈夫不死則已，死則死忠義耳！請整兵配船，守禦要害，等賊到決一死戰。戰不勝而亮死的話，你們再回歸亦未遲」。皆回應：「是。願死守」。林亮快步走到江邊，直接下號指令，拔所佩刀，驅趕官民家屬各登岸，眾心始固。

是時，水師提督施世驃見到難民船回到廈門來，才知道臺灣發生變亂，但未到全郡的突然淪陷的情況。朱一貴部眾進入臺南府城時，文武倉皇潰亂逃到澎湖，喘息稍定，乃具文申報。

公文報告呈送到了廈門，世驃召集諸將會議：「臺寇猖獗極矣，六七日間全郡俱陷，此殆非小敵也。今數百艘逃入內地，如果有奸徒混跡在裡面，乘虛鼓煽，廈

島一搖，罪可言哉！其各謹巡防、嚴守禦，無敢懈怠」。

浙閩總督覺羅滿保聞知臺灣淪陷，考慮到廈門為控制臺灣咽喉，閩南沿海根本重地，不可不親行彈壓，以定人心，為進取恢復之計。會商巡撫呂猶龍綏輯省城，糧餉軍需諸務屬焉；密疏告變，且言星馳赴廈狀，請皇上稍寬督責，責限一個月內，務必掃除兇醜，復還土疆。復念廈門地方狹小人口眾多，軍興旁午，米價易騰，先移檄浙江、廣東兩省運米之廈，會布政使沙木哈督買延平、建寧上游之米運載赴廈門，平穩米價買賣。

急件公文催促提督施世驃，刻期出師。下文令召南澳總兵官藍廷珍，星赴廈門，面商征臺機務。以糧驛道韓奕總理廈門軍前糧餉、調撥軍需、僱募船隻諸事。偕督標左營參將王萬化、撫標左營遊擊邊士偉，先兼程赴廈，宣諭百姓使無恐。量調閩省水陸各標營將備弁兵，悉由水道赴廈，聽候調遣。

先是，總督覺羅滿保將率兵向臺灣的南、中、北三路進剿。抵達泉州的塗嶺，連接南澳鎮藍廷珍的來函，非常興奮說：「藍廷珍總兵的見解，事事與吾吻合，吾調此君，平臺得人矣」！因為藍廷珍聞悉臺灣有亂事，條陳進兵事宜，首請總督駐廈，就近督師，而滿保已兼程疾趨三日，澳稟適至，又喜其指畫謨謀，皆洞中窾會，知為帥必能成功，故云爾也。時陰雨連旬，乘竹兜子從數騎行泥淖中，所過人莫知為制府者。到了廈門，則提督施世驃已登舟出港兩日矣。

初，廈門地方居民，聞臺變倉猝，懷疑朱一貴部眾且長驅澎湖、廈門，而泉漳山僻無賴，囂囂偶語，四處有揭竿嘯聚之謀。居郡邑者攜眷屬逃到深山，居鄉村者入郡邑，岌岌乎動矣。又聞各路徵兵，恐所至騷擾，米價騰貴，市里驚惶。

　　等到覺羅滿保總督到了廈門，從容鎮靜，民乃平靜安心。召募丁壯，籍游手，皆隸軍中，伏莽萌芽，潛消淨盡。所徵各鎮協標營兵，多從海舟赴廈。陸行至者，亦處之舟中，人給銀米蔬菜有加。嚴令肅伍，船止許一人登岸，買辦所需，悉依民價。故雖大師雲集，而街巷寂然，不見兵革。未幾，所檄移諸路運載米石數萬俱至，米價頓平，民益歡慶忘亂，屈指臺郡可復也。

　　臺中地區群賊互爭雄長。當內地覺羅滿保總督過塗嶺的這天，也就是朱一貴、杜君英海外吞併之時。先是君英入臺南府城時，欲立其子杜會三為王，部眾不服，立朱一貴為王。杜君英故意誇大，每事傲慢，掠婦女七人閉營中。而一貴出令禁淫掠。戴穆強娶民間婦女，被朱一貴殺之。以洪陣私賣假文件，並殺洪陣。杜君英所掠女，有係吳外戚屬者，外請釋之，不聽，怒欲相攻。朱一貴遣楊來、林璉往問，杜君英收縛來、璉。朱一貴怒，密謀李勇、郭國正等整兵圍攻杜君英，敗之。君英與林沙堂等率粵賊數萬人北走虎尾溪（屬雲林北港溪），至貓兒干（今雲林縣崙背鄉豐榮村，舊屬洪雅族貓兒干社）駐紮，剽掠村社。半線（今彰化市）上下，多被蹂躪。所未至者，惟南崁以北爾。

淡水營守備陳策聞臺郡陷沒，恐朱一貴部眾將至，督弁兵堅守，招集鄉壯，分佈要害。有奸民范星文潛蹤入境，欲煽惑番民為叛，策擒而斬之。遣隊目鄭明、蔡武赴廈請救，則總督滿保已先于塗次移咨巡撫呂猶龍，就省撥兵租船，從閩安直向淡水。

及至廈，復以十艘配兵五百名，令金門守備朱燕、北路營守備劉錫帶領救淡。鄭明、蔡武所坐船遭風飄入澎湖，施世驃復遣澎湖協右營遊擊張駴領兵前往。及鄭明等至廈，則呂猶龍自省調發援淡之兵船亦至廈。覺羅滿保總督派遣千總李郡賚令箭帶領，並會諸路官兵連夜趕赴淡水應援。統計前後發往救淡水的兵卒共一千七百餘名。

（五月）二十七日，南澳總兵官藍廷珍單騎到廈門，所率領船隻隨之抵達。總督覺羅滿保大喜，與定平臺方略，委令總統征臺水陸大軍，帶領將弁八十餘員，目兵丁壯八千餘名，營哨、商艘、杉板、頭膨仔等船四百餘號，舵工水手四千餘名，會提督施世驃於澎湖，剋期進剿。祭江誓師，覺羅滿保親自到海濱送之，藍廷珍意氣慨慷，從容謂滿保曰：「草寇不足煩區處，某一登彼岸，大人可即奏報蕩平也」。

六月初，樓船出廈門港。隔日，抵青水溝，颶風驟起，浪高桅末，幾覆溺者數次。三軍相顧動色。藍廷珍親操舟御風飄至銅山。十六日，到澎湖。會提督施世驃分定調遣。計先後赴澎湖從征將弁督標左營參將王萬化、陸路提標中營參將林政、後營遊擊范國斗、將軍標

右營遊擊魏天錫、撫標左營遊擊邊士偉、水師提標右營遊擊王良駿、前營遊擊林秀、後營遊擊許華、金門鎮標右營遊擊薄有成、銅山營遊擊鄭耀祖、……澎湖協右營守備林亮、海壇鎮右營守備魏大猷、南澳鎮左營守備呂瑞麟、閩安協右營守備洪平、陸路提標右營守備康陵、水師提標左營守備高得志、……安平協千總董方、及各標營千總胡廣等、把總蘇榮等、俸滿千總林君卿等，共參、遊、都、守、千、把一百二十餘員，目兵丁壯一萬二千餘名，大小船六百餘號。舵工水手六千餘名。軍火、器械、米、鹽、蔬菜一切軍需，皆總督覺羅滿保自廈門已整備齊全。所用商船，俱發錢僱募；嚮義不接受金錢者，酌量給外委、守備、千把總的頭銜予加以鼓勵。

覺羅滿保總督再考慮到當大兵進勦時刻，澎湖島軍力單薄，於是下令召金門鎮總兵官黃英、統領海壇鎮標右營遊擊李殿臣、……守備邱延祚等，督官兵防守澎湖。其餘繼至者，皆令赴施世驃、藍廷珍軍前從征。

先是周應龍逃回泉州，為陸路提督穆廷栻獲送到覺羅滿保總督的軍前。施世驃至澎湖，亦將臺變逃回將弁張彥賢等十餘員押解到廈門。總督覺羅滿保將按軍法，數人者皆請死于敵，冒矢石立功贖罪，許之。令千總游全興管押征臺。至是亦到澎湖聽候調遣。則周應龍、張彥賢、王鼎、王國祥、萬奏平、凌進、楊進、朱明、劉清、鄭耀、陳福、尹成、李碩、陳奇通等，合之牛龍、許自重，為臺變逃回十六員是也。

澎湖協右營把總吳良在臺灣修理戰艦，臺灣淪陷時降從賊軍，為賊軍謀取澎湖，領有賊軍證件百張，白金五百兩，偕其黨十二人至澎湖。施世驃故意接納。夜使人醉其同行者酒，逆謀頗露。搜得賊軍證件，究責查問下，遂全盤說出朱一貴與杜君英的不合，百姓不附從的實際情形。

藍廷珍於是對施世驃（施琅之子）說：「群盜皆是挖洞爬牆鼠類的烏合之眾，畏死脅從，乖離渙散，一攻即靡。但其眾至三十萬，不可勝誅。且多殺生靈無益。以某愚見，止殲巨魁數人，餘反側概令自新，勿有所問，則人人有生之樂，無死之心，可不血刃平也」。施世驃說：「好主意」。警戒將弁登岸之日，無得妄殺，賊來降者悉縱還家，門戶旗幟書「大清良民」者即為良民，惟拒敵者乃斬之。

六月十日，藍廷珍、施世驃領軍自澎湖出發，以林亮、董方為前鋒。令外委洪就、洪選等善水者十二人駕小舟，同前鋒先行，於鹿耳門清港插標，記明舟行路徑。十六日黎明，舟師全部抵達鹿耳門外。賊軍頭目蘇天威率部眾據守鹿耳門砲臺，疊發大砲。又以小舟扼險迎敵。前鋒林亮、董方以六船冒死直進，亦施大砲攻擊。遙望砲臺火藥堆積纍纍，林亮下令火砲專打炮臺，火藥庫中彈起火，炸死賊軍無數，朱一貴部眾退守入鹿耳門。

這時天候有如海神顯靈助順，潮水漲高八尺，藍廷珍率王萬化、林政等四百餘艘，連檣並進。林亮、董方

乘勝掩殺，熸賊船。把總蘇榮爭先，亦同登岸，奪取鹿耳門砲臺，焚其營壘。遊擊林秀、薄有成、守備魏大猷、葉應龍追殺逸賊。蘇天威逃入安平鎮城，與賊目鄭定瑞列兵迎敵。林亮、董方奮勇先登，復陷賊陣。

藍廷珍率參將王萬化、林政、遊擊魏天錫、……守備呂瑞麟、……等各弁兵繼之。賊敗走。林亮、董方復登安平鎮城，豎立大軍旗幟，藍廷珍出示安民，蓋日猶未到下午 3 至 5 時。安平既得，令鄭耀祖、王紹緒專守安平城，許華守鹿耳門，王萬化、林政、……駐紮在鯤身頭，列守要害。安平百姓喜王師至止，老幼趨蹌，爭給軍食，少壯者自充鄉兵，願導官軍殺賊。當晚，施世驃船到鹿耳門，趁潮高時進入安平。

朱一貴遣楊來、顏子京、張阿山、翁飛虎率眾八千餘人犯安平。林政、王萬化、邊士偉、林秀、……等各率兵迎敵。千總游全興以張彥賢等十四員同在四鯤身與戰。藍廷珍指揮攻擊。我兵鎗砲連環如雨。復遣朱文、……等駕小船，沿岸夾擊。賊大敗。追至七鯤身的鹽田。魏天錫、謝希賢、魏大猷率把總牛龍、外委守備陳章等，以輕舟載鎗砲硝磺烈焰，於塗墼埕（今臺南市西門路電信局東側舊臺南監獄）、水仔尾（今臺南市自強街與，西門路之間）等處燒毀朱一貴部眾的四艘船艦。

下午 6 時左右，朱一貴復遣李勇、吳外、張阿山、翁飛虎、……等率賊眾數萬人，駕牛車，列盾為陣，復犯安平。清軍乃以齊元輔、……范崇勳率弁兵為左拒，

王萬化、林政、……率弁兵為右拒,鄭耀祖、王紹緒為後應。賊目翁飛虎率所部烏龍旗為前鋒,驅車擁盾冒砲火衝突,群賊大隊並至。左右兩軍邊士偉、呂瑞麟等大戰於二鯤身。藍廷珍親督大砲,連環齊發,倒賊烏龍旗,破牛車陣。林秀、王良駿、……各乘小舟,駕大砲,附岸夾攻。賊眾大敗,入水死者千餘人,斬獲殺傷不計。自是賊人退保府治,不敢再至鯤身,惟沿岸列砲,晝夜固守。我軍分駕小舟,迫岸攻擊,與賊相持。

有西港仔士民,具羊酒到安平鎮,叩迎王師,載家屬為質,願引大兵從西港仔登岸殺賊。提督施世驃答應了。夜密遣林亮、魏大猷、洪平、董方以兵一千二百名往西港仔。次日,藍廷珍知其事,著急的對施世驃說:「謀算必出萬全,不可恃勝輕舉。聞賊多在蕭壟、麻豆間,西港仔乃其肘下;且距府不遠,呼召立應;又多竹林可埋伏,彼若以數千人分佈要害,四面掩擊,林亮等一軍危矣」!施世驃恐懼驚視說:「怎麼辦」?藍廷珍說:「當用全力,以大軍繼之」。施世驃說:「誰當行者」?廷珍說:「此非他人所能任,某不敢辭。公當分遣將備,於瀨口、塗墼埕等處盡力攻擊。賊聞我師北來,必棄營遁,府治恢復,在此一、二天了」。

夜晚黃昏,藍廷珍留所部官兵三分之一會攻府治,率舟師五千五百餘人夜向西港仔進發。隔日黎明,在竿寮鄉(今嘉義縣義竹鄉與臺南鹽水鎮為鄰)登岸,令諸舟悉回安平。諸將說:「登岸後就棄船,為何」?藍廷珍:「為展現軍士必死無還心!今日戰勝,明當直抵府

治耳」。言未已,諜者報賊在蘇厝甲(今臺南市安定區),與林亮、魏大猷決戰,勢甚張。

藍廷珍分兵八隊:以魏天錫、……等率兵千人,副林亮、……為前鋒;林政、李祖兵千人為左翼;王萬化、邊士偉兵千人為右翼;復以胡璟、劉永貴、范國斗、范崇勛分兵千人為左、右奇兵;蘇明良兵四百為後應;呂瑞麟兵七百為遊兵;藍廷珍親率陳允陞、陳章、……等領親丁精銳五百人為中軍;並進。賊目林曹、江國論、黃殿、林騫、林璉等率眾來迎。前鋒軍奮力衝殺,左右兩翼奇兵繞賊陣後,首尾夾擊。遊兵突出竹林,橫衝賊陣。中軍如虎怒吼殺進,鎗砲震天。

朱一貴部眾大敗,潰亂奔竄,追斬俘獲,縱橫遍地。傍晚到犁頭標(今屏東縣內埔鄉)。藍廷珍料賊必夜劫營,夜晚時刻,傳令撤除營帳房,捲起旗幟,露刃埋伏芒蔗間。賊果至,不見大營,大驚。不久,清軍突出衝殺,賊大敗奔散。自然是膽破落荒而逃,無心再戰了。

癸丑日,廷珍督大兵南下,再打敗朱一貴部眾於木柵仔地方,追殺至蔦松溪(今臺南市永康區鳥松里),直搗臺郡。朱一貴率部眾數萬逃去。藍廷珍收復府治,出示安民,駐紮萬壽亭。水師提督施世驃於先一日傳令水陸官兵並進。遊擊林秀、王良駿、……守備鄭文祥、千總游全興與張彥賢等十四員,從七鯤身陸路至瀨口,攻府治之南;遊擊朱文、謝希賢、守備高得志、蔡勇等分坐小船,于鹽埕、塗墼埕、大井頭攻府治西南。賊盡

驅精銳拒戰。我軍賈勇爭先，遂奪塗墼埕，燬賊營。至晚屯南較場，所以癸丑日當天即與總鎮藍廷珍會師於府治。萬姓歡呼，復見天日，家家戶外設香案，拜迎王師。藍廷珍一一慰撫之。遣外委守備陳章飛航至廈門，赴總督覺羅滿保軍前報捷。乙卯日，提督施世驃登岸，率大兵屯較場，藍廷珍仍駐萬壽亭。

依據士兵先後的報告，擒獲殺害歐陽總兵的達家勇、殺害許副將的黃龍、殺害羅參將的陳碧、各付其子歐陽敏、許方度、羅世正等，自行處死，以報父仇，凌遲、剖肝、碎屍、揚骨，聽從其便。臺人快之。

庚申日，陳章報捷至廈門。總督滿保下令藍廷珍署理臺灣鎮總兵官事。剛好巡撫呂猶龍上報朝廷戰事勝利的公文，而在臺灣軍中的施世驃，也已先自題奏上達矣。

回溯當初，臺灣變亂的警報於六月傳至京師，皇帝惻然不忍加誅，乃為諭曰：「諭臺灣眾民：據督臣滿保等所奏，并伊等進摺家人所言，臺灣百姓似有變動。又奏稱滿保於五月十日領兵起程等語。朕思汝等俱係內地之民，非賊寇之比，或因饑寒所迫，或因不肖官員刻剝所致。一二匪類唱誘，眾人殺害官兵，情知罪不能免，乃妄行強拒，其實與眾何涉。今若遽行征勦，朕心大有不忍。故諭總督滿保，令其暫停進兵。汝等若即就撫，自諒原爾罪；若執迷不悟，則遣大兵圍剿，俱成灰燼矣。臺灣止一海島，本地所產，不敷所用，祇賴閩省錢糧養生。前海賊佔踞六十餘年，猶且剿服，不遺餘孽；

今匪類數人，又何能為？諭旨到時，即將困迫情由訴明，改惡歸正，仍皆朕之赤子。朕知此事非汝等本願，必有不得已苦情，意謂坐以待斃，不如苟且偷生，因而肆行擄掠。原其致此之罪，俱皆不肖官兵。汝等俱係朕歷年豢養良民，朕不忍勦除，故暫停進兵。若總督、提督、總兵官統領大兵前往圍剿，汝等安能支持？此旨一到，諒必就撫，不得執迷不悟，妄自取死！特諭」。

又敕浙江將軍塔拜，以甲二千赴閩協防。巡撫呂猶龍按察使董永芠迎勞於浦城，辦理夫船。永芠素有才名，方嚴不阿，一路問民疾苦，捐俸錢恤災傷，多方撫慰，故兵行而民不擾。浙兵至閩，欲借宿民居，呂猶龍不可。召兩司計議。永芠曰：「靖亂以安民為本，若宿民居，民不堪也」！命署福州府馮瑥分撥諸佛寺居之。於是浙兵駐閩者數月，得相安一無所苦。

上諭至閩，則六月二十有五日也。總督覺羅滿保下令委由興泉道陶範親自攜帶諭旨，往臺灣安撫百姓，並署理臺廈道事。調汀州知府高鐸知臺灣府，分委建寧通判孫魯往署臺灣府同知並臺灣知縣事，海澄知縣劉光泗往鳳山，漳浦知縣汪紳文往署諸羅，俱隨大兵安輯流亡，慰撫各莊社民番。

當時臺郡已經平定，提督施世驃、總兵官藍廷珍分遣大兵掃蕩南北二路。指派王萬化、……帶領官兵勦撫南路的逃賊，收復南路營鳳山縣，擒斬賊目顏子京、鄭定瑞等，安撫下淡水、大崑麓（今屏東枋寮鄉大庄村）各處人民社番，而南路五百里地方俱皆平復矣。指派林

秀、薄有成……等十四員往北路勦撫逃賊。原任遊擊劉得紫先於壬子日乘機投奔回來大軍，施世驃、藍廷珍嘉其抗賊不屈，優厚款待之。獲遊擊劉得紫所募得丁壯百五十人，劉得紫自請殺賊報仇雪恥，也參與了這次的討伐行動。

戊午日，打敗朱一貴部眾於大穆降（今臺南市新化區），斬獲甚多，賊黨降者散者十之九。朱一貴率數千人走灣裏溪（今臺南市善化區）。大軍追至茅港尾（今臺南市下營區）、鐵線橋（今臺南市新營區），收復鹽水港（今臺南市鹽水區）。朱一貴走下加冬（今臺南市後壁區）。

〔按：在這裡容我特別敘述說明，「朱一貴走下加冬」，正是我老家附近的今臺南市後壁區下茄苳，這也是我曾摘錄注林豪《東瀛紀事》、摘錄注周凱〈封禁山考記臺灣張丙之亂〉，和現在摘錄注藍鼎元《平臺紀略》的主要原由，也是我努力書寫「下茄苳學」的重要元素，希望建構成為書寫「臺南學」的一部分。〕

俸滿千總林君卿率外委千總張佛等二十人先大軍二十里前行，追殺朱一貴部眾，奪牛車、馬匹、砲械。與陳尚珍、楊秀計議謀，暗中串通張岳，欲擒朱一貴，先計謀除去軍師王君彩。一貴抓拿王君彩殺之。而漳浦人王仁和平常往來溝尾莊（今嘉義縣太保市），與莊民楊石友善，知其族楊旭、楊雄等為地方上要角，可以與他們謀合。用話說服後，楊石答應了。

王仁和密告於藍廷珍。藍廷珍派任王仁和為外委守備，並楊旭、楊石、楊雄等守備、千總各種頭銜的職位，下令計謀擒拿朱一貴。復有蘇山、黃遵替李祖帶信給楊旭，亦令計擒一貴。於是楊旭與王仁和、楊石、楊雄……等密糾溝尾前莊、後莊、小槺榔、新埤、佳走、後潭（今嘉義縣太保市一帶）等莊的鄉壯等待擒拿朱一貴。

六月五日甲子，一貴率千人至溝尾莊索飯食，楊旭等殺牛隻款待，並答應號召六莊鄉壯相助。朱一貴往月眉潭（今嘉義縣新港鄉），缺乏食糧。乙丑夜（早上 1 點到 3 點之間），其部眾散去六百餘人。丙寅日，楊雄騙朱一貴再回到溝尾莊。薄暮霖雨，楊旭備妥館舍，將朱一貴等分宿民家，傳集六莊鄉壯，假裝要為他守護。暗中用水灌注賊砲。夜間五更鼓的時候，大聲喧譁，指稱官兵來到，金鼓火砲齊鳴。朱一貴部眾倉皇驚起，不知所措。

楊雄、楊旭、楊石、王仁和等於是擒拿朱一貴、王玉全、翁飛虎、張阿山等四人，散其餘眾。吳外、陳印各率部眾逃出。楊旭綑綁朱一貴等放置在牛車上，赴八掌溪（臺南市與嘉義縣的界溪）交給遊擊林秀，王仁和快速報告藍廷珍。藍廷珍命令解送施世驃軍前，自己也前往會審。朱一貴尚自尊大，欲與提軍抗禮，昂然而立。藍廷珍到之後，呵叱下跪，朱一貴猶妄稱「孤家」，詞甚不禮貌。藍廷珍怒，命令捶打其腳部。於是

朱一貴及其部眾全都下跪，伏罪請死。用檻車送廈門，聽總督覺羅滿保解京正法。

又有大排竹（今臺南市白河區）人民斬楊來首級獻林秀，林秀函至府，頭級被懸掛於竹竿上遊街示眾。再根據林秀等官兵、李必第、楊雄等鄉壯報獲吳外、……及安撫的林曹……等，俱先後解至軍前。

分遣朱文、……及自澎調至之守備閆威，以兵收復北路營諸羅縣，擒斬賊目萬和尚等。北路營千總陳徽、把總鄭高率鄉兵來迎。先是陳徽等於六月丙辰日起民兵攻復諸羅縣，斬賊目賴元改頭祭羅參將，因王師未至，縣治復為翁飛虎、江國論所奪，仍入山。至是乃出。招撫賊目曾賢、李德，隨朱文等安輯各莊社民番。

分遣汀州鎮中營遊擊景慧帶領官兵收復笨港（今北港）。又遣林亮、魏大猷、洪平以舟師赴笨港接應，平定沿海上下。而援淡之遊擊張駪、守備李燕、劉錫、千總李郡、淡水營守備陳策等，引兵南下半線（今彰化縣）。時朱文等已平諸羅，謝希賢引兵北上，與張駪等合。而北路千餘里地方盡皆平復矣。

元兇既擒，餘黨解散。尚有當日倡謀渠魁稱國公如杜君英、陳福壽……及君英之子杜會三等未獲。總督滿保下令藍廷珍擒撫之。重懸賞格，遣目弁外委分途緝捕。

方朱一貴作亂時，有下淡水客莊民人侯觀德、李直三等建大清義民旗，奉皇帝萬歲牌，聯絡鄉壯拒賊。朱一貴遣陳福壽、……等領部眾數萬攻其莊。六月十九

日，侯觀德等逆戰于淡水溪，敗之，陣斬劉育，殺賊兵及迫入水死者數萬計，屍骸狼藉溪沙澗。陳福壽窮蹙自刎，為賊徒所救。聽說清軍已進安平五日，乃逃入山裡。

劉國基、薛菊、王忠俱逃之郎嬌（今恆春）藏匿。至是外委陳章派遣偵查員到郎嬌查其蹤跡。發現國基等三人皆在。陳章因與林尚、蘇庚駕舟赴郎嬌招撫，諭以國恩寬大，邀與俱來。三人皆首肯。有提督所差遣人員繼至，責賊迎拜不如禮。王忠聽了說：「今天都已如此，到郡府的下場更可以知道」。遂逃去。陳章以劉國基、薛菊見藍廷珍。藍廷珍好言慰藉，以恩禮加之。

七月癸丑日，江國論、鄭元長等復聚餘黨豎旗於阿猴林（今屏東市境內）。藍廷珍發兵追勦。群賊已散，繫旗林木中，國論、元長逃北路。其部眾陳逸設法找到差員張騰霄，張騰霄偕逸往撫之，乃與俱至。藍廷珍為之美衣服，聽其出入遨遊，而暗地裡派人戒備。於是就撫諸賊，皆歡喜自我安慰說：「官軍對待江國論都已如此，我們就不必擔心防患了」。

六月，捷報至京。朝廷先得施世驃奏，大喜，特授賫摺人戴進官把總，賜世驃東珠、朝帽、蟒袍、黃帶，異數有加。又以淡水營守備陳策陞補臺灣鎮總兵官加左都督。

當時臺中癘疫盛行，從征將士冒著炎熱天氣、晚宿風露，惡氣薰蒸，水土不服，疾病亡故者多。參將林政、王萬化、遊擊許華，先後都死於軍中。

八月十三日，怪風暴雨，屋瓦齊飛。風雨中流火條條，整晚火燭光亮滿天。海水突然大漲，所有停泊臺港大小船，擊碎全盡，或飄浮到陸地上來。拔起大樹，傾倒牆垣，萬姓哀號，無容身地。施世驃、藍廷珍各自整夜外露挺立於風雨中。軍士蜂擁相攜持，不敢動，稍舉足則風颸顛仆，或裂膚破面流血。

隔天天氣平靜下來，郡治所在地方已全無完整住宅，壓溺死者數千人，浮屍蔽江，瓦片充塞馬路。署臺廈道陶範、府縣高鐸、孫魯等，親自到各地民家，安撫流涕，開啟穀倉來賑濟，埋葬死者扶助傷者。以風災飛報上聞，朝廷發放救濟金撫恤，受災百姓始得更生。

諸羅一縣未被風災波及，而朱一貴所屬楊君、李明等聚眾劫掠鹽水港。藍廷珍遣人緝捕，悉擒之。又林君等煽誘奸民，豎旗六加甸，俱為知縣汪紳文所獲，並解至府，會同陶範、高鐸、孫魯等質訊。決議將其押解內地。廷珍說：「剛平定亂事就想造反，既赦免又再造反，此輩不可以讓活。今解入內地，不能不牽累無辜，恐民間人人自危。且上下審駁奏報，往返動隔經年，海外反側地，非樹威不足彈壓。吾於就撫者加之恩，擒者棄諸市，庶奸徒悚息，可淨盡根株耳。亟梟示眾。定民心而固疆圍。有罪某自當之。軍中義得專殺，無預諸君事也」。皆說：「是」。

九月壬辰日，梟楊君、林君等為首四人，竿示其處，餘黨分別受杖斃、脖子套木板刑具殺頭、責付逐回內地。

復有黃輝、卓敬在舊社紅毛寮聚謀為亂，聲言羅漢門阿猴林有王忠等數千人接應，約定攻打府治。藍廷珍發兵擒捕，搜獲信札，與陶範、高鐸、孫魯等會訊。黃輝與卓敬都承認不法，並斬之。

　　陳章訪緝餘孽，復于南路觀音山招撫陳福壽以來。藍廷珍大喜，留陳福壽於軍中，是如家人款待，衣服食物都優厚。遠近賊徒，聞風思歸誠者益眾。杜君英久處山中，晝伏夜走，聞陳福壽就撫，頗心動。藍廷珍下令外委守備施恩、陳祥，以偵防者林生入羅漢門遊說。杜君英擔心被出賣，想與陳福壽當面詢問實情，即與俱來。藍廷珍派遣陳福壽同施恩等往。陳福壽尚在病中，載牛車以行。杜君英遂出。

　　藍廷珍待以恩禮，一如福壽，飲食、居處、遨遊，兩人不相離也。君英尚留其子杜會三未出。過了三天，知乃父無恙，千總何勉前往遊說，杜會三接受安撫。蓋九月中旬十數日間，陳福壽、杜君英、杜會三俱羅而致焉。

　　提督施世驃自風災驚悸疾作，以九月十五日卒死於軍中。藍廷珍奉命署理提督印務。

　　陶範、高鐸見君英等諸賊出入自由，懷疑日久有意外患，對藍廷珍說：「此輩都是罪大惡極，上所留意，今報獲，早晚消息必傳到京師，與朱一貴並殺，而公寬大至此，倘若被逃走將如何」？藍廷珍說：「我知道如果此賊失掉一人，我的身家將隨之不保。但王忠、陳成、鄭文苑餘孽未盡，不得不如此」。陶範、高鐸二人

巡視陳福壽，杜君英等所居處，與藍廷珍臥榻止僅隔門窗，再對著藍廷珍說：「將軍膽太大矣！推誠至此極耶！萬一中夜有變，將何及」？

藍廷珍說：「無傷也，最遲十天就可以遣送到廈門」。陶範、高鐸都說：「難矣！公以撫為名，待之心腹。美衣豐食，恣其宴遊。彼安肯舍而他之。畏罪憚行，作何措置？留之則局不可了，有脫逃生變之憂；抑之則將束縛驅迫，駭人耳目，又恐中山遊魂，會說公從前皆是虛偽造作」。廷珍說：「有我辦法處置他們」。

十月甲戌日，呼叫杜君英等人到軍幕中，欺騙說：「剛收到府裡來的信件，將授予你們兵士的守備任務，命令快速要你們到廈門接受考驗。天氣清朗風和，即日登舟可以嗎」？江國論不願意，藍廷珍罵說：「你貌輕福薄，固知非有官者之相」。呵叱責退。杜君英、陳福壽答應，藍廷珍大喜，賜金為盤纏，遣左右送行。坐上婦人車到軍幕中，使乘向海岸登舟。呼叫江國論、鄭元長過來，江國論等仔細想無法避免，強諾請行，亦賜盤纏坐上車而去。繼呼杜會三至，亦如之。蓋廷珍欲遣解諸賊，預備三舟，委弁目在舟以俟。自幕府至海濱，分令親隨丁壯，沿途徒倚，密為防備。順則善遣之行，不從則於幕內綑手足，關閉在車裡如婦人般，不動聲色，市井可無有知者。杜君英等遵守規定以行，舟中亦善待之。

到了廈門，總督滿保奏報，奉旨解陳福壽、杜君英、會三赴京師，與朱一貴對質。朱一貴、李勇、吳

外、……俱凌遲處死，親屬同坐。陳福壽、杜君英、會三以就撫從寬，斬於市。其餘在軍前擒撫諸賊，先後解到廈門，如黃殿、黃日昇、……鄭元長等，總督滿保發派提刑按察使收禁福州府獄候審，擬就地正法。

十一月巳丑日，臺灣鎮總兵官陳策卒。署提督藍廷珍轉公文報送總督滿保，令金門鎮總兵官黃英到臺灣署理軍事。

庚寅日，南路餘眾再起事造叛。陳成、蘇清、……等，集眾豎旗于石壁寮。藍廷珍隨即發兵南路兵追勦。癸巳日黎明時分，千把總何勉、杜雄等率兵搗賊穴，擒蘇清、高三二名。陳成等奔潰。楊美、王教逃匿下淡水，知縣劉先泗擒獲之。

藍廷珍以羅漢門諸山（今高雄市內門一帶山區）長期以來是為賊眾逃避的地方，如不大肆追捕，掃清深谷，無以淨盡根株。分遣遊擊王良駿、薄有成、守備呂瑞麟率領兵卒從角宿、岡山、刈蘭坡嶺一路搜入羅漢門，守備閏威由仁武莊、土地公崎、阿猴林一路（今屏東縣屏東市境內），守備李燕、蔡勇由卓猴、木岡社一路（今臺南市左鎮、新化一帶）。巳亥日午時，全部集合羅漢內門之中埔莊。別遣把總林三……往大武壟（今臺南、高雄兩地區的丘陵和河谷地帶），分路堵截，使賊眾無所遁逃。

庚子日，分兵深入搜捕。羅漢內門諸將備，分搜銀錠山、佳白寮、東方木、南馬仙等處（今高雄市內門區、田寮區與旗山區交界處）。大武壟諸弁目搜礁巴

哖、郎包米、大龜佛、大湖等處（今臺南市玉井山區附近）。窮盡山中的密布竹林，無不遍歷，焚燬賊窠數十所。凡二十七日，乃收軍回營。據搜山將備及差員外委蘇思維、陳祥、……等先後報逮獲陳成）、林阿尾、……等。而石壁寮再叛賊眾，全被掃蕩清除了。

又據報獲鄭文苑、林沙掌、……等，及臺廈道陶範獲解蕭斌、……等。而朱一貴案內附和倡亂諸賊，悉數俘囚，惟王忠、邱寶宣未獲，遁逃傀儡內山、臺灣山後。藍廷珍分遣外委弁目，諸路訪緝。復令外委鄭國佐、林天成召致山番通事章旺，同入傀儡內山，遍查各社，諭番眾嗣後不許窩留。復令鄭國佐往郎嬌，繞行山後，至卑南覓，傳檄獎諭大土官文結，以官帶補服賞勞之，令起崇爻七十餘社壯番，從山後大加搜捕，將所有漢人逃賊全數逮捕以來。於是王忠等不敢復入番界，隻身竄伏，束手待斃矣。

前此臺變逃回道府廳縣各文員，朝旨令督臣、提臣會審，發往臺灣正法，並已故知府王珍屍棺剖梟示眾。武賦周應龍等，亦令督臣會同提臣嚴審定擬。署提督尚未班師回內地，十二月，總督覺羅滿保在廈門親自審問諸文員，將原任臺廈道梁文煊、同知王禮、知縣吳觀域、朱夔、知府王珍屍柩、委海澄營遊擊安奎，發出令箭押送到臺灣，十月八日處決於市。而臺灣縣丞馮迪、典史王定國、諸羅縣典史張青遠，全羈押在臺灣縣獄等候刑部公文準備於秋後處決。

廣東提督姚堂奉旨調任福建水師提督，署提督藍廷珍遣遊擊王良駿帶官印赴廈門，責期班師。總督滿保以地方初定，下令藍廷珍以南澳鎮仍統征兵，暫留在臺灣彈壓。

時廷議臺鎮總兵官移設澎湖，臺灣府治設陸地副將，裁去水陸兩中營，將備弁兵撤歸內地另補。民間憂惶，不安寢食，宵小之徒，訛言復肆。康熙六十一年（1722年）正月，差員陳祥、王仁和續獲韓淵、林良等。藍廷珍顧念謠言搖惑人心，會商陶範、高鐸、孫魯，以逆賊蘇清等多人在獄，久留未決，恐不足震懾奸頑。二月二十九日，將蘇清、林阿尾、王教、……諸賊梟斬示眾。李吳杖死。楊美先一日病死。陳成、鄭文苑等大盜十數人，及續獲地邱寶宣、江邦俊，悉解內地，與黃殿等俱禁省獄。候審擬歸案正法。

朝廷以臺疆僻處天外，民間疾苦，無由上達，特命滿漢御史各一員，歲奉差到臺巡視。以南澳鎮總兵官藍廷珍調鎮澎湖。總督滿保疏薦督標中軍副將徐左柱調補臺灣陸路副將。

三月十五日庚子，南路下淡水奸民林亨等復謀作亂，以「合心王」三字為勘合，發給其部眾。正當買布置旗子，準備夜間舉事，有密報者，守備陳一得率官兵捕之，擒林亨，搜得勘合及文件證物，供稱同謀為首顏煙、李咸、……等，分遣弁兵圍搜大崑麓罟寮及北路鐵線橋諸處（今臺南市新營區一帶），並獲之。復有餘孽百餘人遁入諸羅後山小石門、得寶寮等處（嘉義竹崎、

白河仙草埔一帶），夜出行劫。藍廷珍密令北路參將朱文、協防遊擊林秀發兵搜捕。遣署守備李郡、把總鄭高、林時葉分三路並進，再派遣把總莊子俊、蘇思惟率兵往大武壠堵截，杜絕其逃竄路途。

四月戊午日，諸軍齊集會勦，賊已先一夜遁至三林港（今彰化芳苑鄉），焚燒守軍營地，殺傷兵丁，奪商販小船二，入海逃生。藍廷珍飛遣水師將弁出洋追捕。聞報，在內地的青水墘搶劫商船，逃至銅山海面又奪坐小漁船；料想這些部眾是為潮州盜賊，準備散夥登岸，一定會是在樟林、東隴、鴻溝、澄海等處。林亨等人在三林多有帶傷，又從朱一貴作亂時皆割截髮辮，很容易可以稽察出來。連夜快速飛請總督滿保、巡撫呂猶龍發文轉知粵東，令潮州鎮、道、府、縣暗地裡進行查緝。仍差千總一員赴潮州催促拘提。盡獲劉國華、……等賊眾五十七人，全部押解到福建審問，發監等候正法。

癸亥日夜間，又有朱一貴部眾百餘人在八掌溪、小溪洲〔按：八掌溪原名八獎溪，因有八條小溪合併得名，發源於阿里山山脈，流經嘉義縣番路、阿里山、中埔、水上、鹿草、義竹、嘉義市及臺南市東山、後壁、新營、鹽水、學甲、北門等鄉鎮，最後注入臺灣海峽〕，拜旗啟示作亂，行至竹仔腳（今嘉義縣水上鄉附近）塘，殺塘兵陳楠、王互、蘇天貴等三名，到天亮時刻全部散去，回家為民。

藍廷珍飛調將弁，上下堵截搜捕，寂無蹤跡。差員四路密訪，並令營縣廣差偵探。知縣汪紳文緝獲葉枕、

廖猛、賴興、賴勤等，供指同謀聚眾群賊。因遣兵搜捕北埔寮諸山。千總李郡生擒渠魁李慶，奪賊旗械，及所劫贓物，焚燬窠廬。又據參將朱文、知縣汪紳文、守備劉錫、千總何勉、陳章、把總陳雲奇及外委弁目人等，先後緝獲黃潛、蘇齊、……等盜賊四十餘人，俱解內地，收禁福州府獄，候審擬分別正法。

五月，署臺灣府同知兼攝臺灣知縣事孫魯調補諸羅縣知縣。欽差巡臺御史吳達禮、黃叔璥至自京師。六月，新授臺廈道陳大輦、臺灣府同知楊毓健、員外郎知臺灣縣事周鍾瑄及副將徐左柱等，俱先後抵臺視事。

有奸民鄭仕者，綽號急燒疏，再以謠言惑眾，招集亡命，計畫於六月乙卯日夜間舉旗起事，不果。藍廷珍捕治之，得其黨蕭興祖、李柯等數人。甲戌日，一併擒獲到府在地會審，搜獲鄭仕家按名冊，開列有封官位人數，一時旁觀，多有駭愕狀。知縣周鍾瑄私密告訴鎮道當堂燒燬，將鄭仕等處死，人心大定。

藍廷珍以副將既至，欲遵旨轉赴澎湖駐紮，百姓驚慌罷市，圍繞在欽差御史、道、府、廳、縣各衙門籲呈請留藍廷珍在臺灣。然而新旨已下，允提臣姚堂所奏，副將仍設澎湖，總兵官仍駐臺灣，水陸兩中營悉還舊制，道標守備弁兵裁歸臺灣鎮管轄，安設南北二路適中要害之處。百姓欣欣，以手加額，歡聲載道。

新調鳳山知縣靳樹畹抵任，署縣劉光泗仍歸建海澄。漳浦知縣汪紳文安撫緝捕事成，仍歸建漳浦。靳樹畹染疫病，未幾卒，以同知楊毓健攝理鳳山縣事。

雍正元年正月十九日，逃亡中的楊合想再圖謀造事。楊合突然聽到聖祖仁皇帝駕崩，不知新皇帝何時即位，於是趁這時候起事，廣發通知文宣招邀同夥，謀犯郡邑。藍廷珍、高鐸遣外委千總陳梛等擒獲之，窮治其黨，悉解散。

二月，登極恩詔到臺灣，萬姓舞蹈懽呼，共慶太平。士農商旅，安心樂業，再也沒有人願意窩藏接濟亂事的人，這些人已無棲身的地方，只能饑餓待斃。

四月十五日，千總何勉在南路鳳山林捉獲王忠、劉富生、陳郡等，藍廷珍遣解內地，聽總督滿保題達正法。朱一貴部眾等全部被滅絕了。臺灣平定。

摘錄注至此，對於我家鄉在清治時期的府城下茄苳堡，是當今屬於臺南市後壁區下茄苳附近的界於八掌溪與急水溪之間的平原地帶。我在拙作《紀事下茄苳堡》一書，特別指稱八掌溪與急水溪的這兩條溪流，是下茄苳堡的母親河。周鍾瑄《諸羅縣志》：諸邑以陂名者七十，有水源者三十有五。其中八掌溪墘陂、烏樹林陂、安溪寮陂。

藍鼎元針對「朱一貴事件」說：

臺灣治亂局勢，完全出人意外。其地方數千里，其民幾數百萬，其守土之官，則文有道、有府、有縣令、大小佐貳雜職若干員，武有總兵、副將、參將、遊擊、守備、大小弁目若干員，其額兵七千有奇，糧儲、器甲、舟車足備。又當國家全盛，國土無缺，而朱一貴以養鴨小夫，突然起事作亂，不到十天，全郡陷沒，這難

道只有聰明的智者所能料想得到的啊！太平日久，文武官員安於逸樂嬉遊，兵有名而無人，平民安逸生活而無教養，官吏汲汲於牟利生息，沈湎於賭玩，通宵達旦。社會根基已先腐蝕，賊亂未到而民心已離散，雖然想要不敗，實在已不可得了。

然鹿耳、鯤身，早有天險的稱譽，鄭成功一族盤踞其間，遂歷三世；國家（大清）圖謀了幾十年，花費錢糧幾百千萬，而後才能收復。今朝廷不動聲色，七日恢復，巨魁就擒，孽從授首；即使是三國時期吳國的孫權復生，亦未敢望功成若斯之速也。實在是由於聖祖仁皇帝德福齊天，神威遠震，將卒用命，海若效靈，是以摧陷廓清，不勞而邊疆底定。

皇上聖旨遙頒下來，老老少少，無不感激流涕，蓋至仁厚澤，滲透到肌膚骨髓的人心之深。諸臣或運籌帷幄，出力疆場，克敵致果，功在社稷。欲以鼓勵將來，收千秋百歲用人之效，則不得以其為日無幾少之矣。亂不久，禍不深，削平者之績不大，此非君子之言也。賞罰明，則民易使。今日之酬勳，他年之龜鑑。知此說者，其知未雨綢繆之道乎？

臺灣海外天險，較內地更不可緩。而此日之臺灣，較十年、二十年以前，又更不可緩。前此臺灣，止府治百餘里，鳳山、諸羅皆毒惡瘴地，令其邑者尚不敢至；今則南盡郎嬌，北窮淡水，雞籠以上千五百里，人民趨若鶩矣。前此大山之麓，人莫敢近，以為野番嗜殺；今則群入深山，雜耕番地，雖殺不畏，甚至傀儡內山、臺

灣山後、蛤仔難、崇爻、卑南覓等社，亦有漢人敢至其地，與之貿易。生聚日繁，漸廓漸遠，雖屬禁不能使止也。地大民稠，則綱繆不可不密。今郡治有水陸兵五千餘人，足供調遣。鳳山南路一營，以四五百里山海奧區，民番錯雜之所，下淡水恆春盜賊出沒之地，而委之一營八百九十名之兵，要能固守也很困難啊。

諸羅地方千餘里，淡水營守備僻處天末，自八里岔（今新北市八里區）以下尚八九百里，下加冬、笨港、斗六門、半線皆奸宄縱橫之區，沿海口岸，皆當防汛戍守，近山一帶，又有野番出沒。以八九百里險阻叢雜之邊地，而委之北路一營八百九十名之兵，聚不足以及遠，散不足以樹威，此杞人所終夜憂思而不能入睡者。

臺民好為盜賊，不因飢寒。方慶削平，又圖復起。去歲平臺大定之後，尚有布散流言，嘯聚巖谷，復謀作亂者數次，屢經撲滅，歲末才滅絕。而王忠一賊，伏匿深山，至我皇上即位，乃克就縛。可見地方廣大，搜捕不周，雖平臺僅在七日，而拔盡根柢，東擒西勦，亦有兩載艱難。欲為謀善後之策，非添兵設官、經營措置不可也。以愚管見，劃諸羅縣地而兩之。於半線（今彰化）以上，另設一縣，管轄六百里。雖錢糧無多，而合之番餉，歲徵銀九千餘兩。荒蕪之地開闢，貢賦日增，數年間巍然大邑也。半線縣治，設守備一營，兵五百。淡水八里岔設巡檢一員，佐半線縣令之所不及。羅漢門素為賊藪，于內門設千總一員，兵三百。下淡水新園設守備一營，兵五百。郎嬌極南僻遠，為逃盜竄伏之區，

亦設千總一員，兵三百，駐紮其地。使千餘里幅員聲息相通。又擇實心任事之員，為臺民培元氣。寇亂、風災、大兵、大疫而後，民之憔悴極矣。

然土沃而出產多，但勿加之刻剝，二三年可復其故。惟化導整齊之。均賦役，平獄訟，設義學，興教化，獎孝弟力田之彥，行保甲民兵之法，聽開墾以盡地力，建城池以資守禦，此亦尋常設施耳。而以實心行實政，自覺月異而歲不同。一年而民氣可靜，二年而疆境可固守，三年而禮讓可興；而生番化為熟番，熟番化為人民；而全臺不長治久安，我是不相信的。反觀有人指出臺灣位在海外，不宜闢地聚民，是亦有這種說法。但今臺灣人民數已有百萬之多，不可能全數驅回內地原籍，必當因其勢而利導約束之，使歸善良，則來臺的移民就多多益善了。

承上述，藍鼎元的基於諸羅地方，距離淡水營守備自八里岔以下尚八九百里，下加冬、笨港、斗六門、半線皆奸宄縱橫之區，而委之北路一營八百九十名之兵，聚不足以及遠，散不足以樹威。

藍鼎元想出的為良善政策，認為非添兵設官不可。於是大膽向廷上建議：劃諸羅縣地而兩之，於半線以上，另設一縣管轄。我摘錄注此，就一位「下茄苳堡學」的研究者而言，我們是應該給藍鼎元掌聲的。

（藍鼎元繼續評論）

從來疆域土地既已開發，只有日日繼續開闢增廣，而無日日減少的，這是氣運使然。即使有人想要放棄，也必然會有人從後而取得。如澎湖、南澳都為海外荒地，大明初期江夏侯周德興都曾嘗試遷移民眾而廢墟其地，其後皆成為盜賊聚集的地方，使得福建廣東疲憊。等到設兵戍守之後，到現在都已成為重要城鎮。臺灣這地方自古以來無人知道，明中葉乃知之，而島夷盜賊，都曾先後佔據，乃致為邊患。等到設有郡縣，才成為快樂的地區。

　　由此觀之，可見有地不可無人。經營疆理，則為戶口貢賦之區；廢置空虛，則為盜賊禍亂之所。臺灣山高土肥，最利於墾殖開闢。利之所在，人所必趨。不歸之民，則歸之番、歸之賊。即使內賊不生，野番不作，又恐寇自外來，將有日本、荷蘭之患，不可不早為綢繆者也。

　　平常居處無事發生，失去警戒心的準備，一旦有事來，想用嘴咬自己的肚臍，是做不到的事啊！前出之鑑不遠，不可為寒心哉！殉難諸臣，雖功過不一，然大節炳然，足以增光宇宙，官府應該褒獎其後代，表彰其祖先，崇獎義烈，用慰忠魂，亦因以為鑑可也。

　　自臺民起事端，以及平定安集，中間事蹟繁多，千頭萬緒，欲以一篇文字，網羅而條貫之，非有浩然剛大之氣，排山倒海之力，縱有剚犀斷蛟的才華文筆，尚未能有如治理亂絲、或多餘而毫無用處的東西、顧此失彼者也。茲紀一氣呵成，是絕對需要很大的功力。

要敘述亂事的所以發生，至纖至微，止在守土恬嬉逸樂，便開出無窮禍變。可見凡有地方責任之君子，皆當兢兢業業，無事常如有事的預防，不可以認為未雨綢繆是迂腐的。

岡山初起，賊勢未成，不論中才將弁，疾趨便可撲滅，偏遣一龐然無用之周應龍，玩寇殃民，養成賊亂。日行五里、十五里，稍勝收兵，一開戰就馬上快速撤退等情形，不但寫出豬狗見到老虎，醜態萬狀，亦見離府郡那麼的近尺，鎮道官員哪有不知道，並不緊急遣將派員，將兵往換，以致赤山的戰敗血役，賊遂長驅入郡。此又用人不慎，是怠惰渙散的過錯啊。

家國雄郡，無端陷沒，此時當事，成何光景！幸有陣亡殉難如許、李、游、羅諸公，凜凜生氣，至今猶存，令讀者心神飛舞，為歌「地維賴以立，天柱賴以尊」之句。彼抱頭鼠竄，縮頸蜘蛭，能不愧死無地乎！

補入高永壽兵僧軼事，追罪前鎮道疏忽，全不以封疆為意。是以賊起十日，縣府繼陷，稱孤道寡，妄希封拜。直書弗削，以見纍纍肉食，誰生厲階，蓋傷之也。

不死不逃，能全臣節，如遊擊劉得紫，尚猶有惻隱羞惡之心，故亦許之。若林亮之獨排眾議，保守澎湖，則諸將中第一出色。寫得有聲有光，鬚眉俱動。使斯人早在臺灣，必無棄地奔逃之事。而用斯人以制敵，則又何敵之不摧？是澎湖一守，扼住臺灣門戶，並收復臺灣之先鋒，亦在其中。此文字一大樞軸也。

覺羅滿督親赴廈門督師，深得控制機宜。一切調度，俱臻絕頂。肅兵安民，於戡亂功已過半。讀者於怒髮衝冠之餘，忽睹此景星慶雲出現，不覺心中為之一慰。

　　大師出征，軍威雄壯。不殺二字，使反側子自安，尤為平臺第一機括。鹿耳、安平、鯤身、西港數大戰，寫得如火如荼，五花八門，變化入妙，不止親提枹鼓，目睹垓下、昆陽，飛戈、鳴鏑時也。

　　府治既收，罪首就擒，平定南北二路，如風掃落葉。溝尾莊、下淡水義民，功不可沒。而一二附和倡亂，同黨頭目，亦必陸續擒撫，方得根株淨盡。中間插出癘疫風災，慘苦異常。見得臺民喜亂，戾氣薰蒸，即使國法可寬，天道亦不肯原諒，可為大戒。乃尚有剛被平定就想要作亂、既赦復叛之奸民，則雖欲不殺，豈可得乎？鹽水港、六加甸、舊社、紅毛寮、石壁寮、下淡水、三林、竹仔腳再叛的存活下來的人，一一受到法律制裁，臺灣民眾亦可以徹底醒悟，不敢再有非分的想法喔。

　　通篇大意，是在警戒策勵地方文武，當時刻時刻以吏治民生為念，使盜賊無自而興。若稍一偷安苟且，怠廢職務，便功名身家性命，無不隨之，且浪費後人再做許多的區畫處理。此居官者之不可不慎也。愚人作賊，不過要想妄行。朱一貴聚黨數十萬，不為不多，陷府殺官，強劫庫糧冒充王號，不為不橫；然屈指幾日，梟首碎屍，誅及親屬。數十萬黨，俱歸何處？即後此再叛，

如楊君、林君等八九案，無一不竿示薰街。作賊果何益乎？所以儆凡為民者，皆當起忠孝仁讓之心，而消其犯上作亂之氣。官民相交互勉，則田地開墾平整，常保寧靜，子孫世世，俱享昇平。此作《平臺紀略》者之意也。

大書特書，正敘側敘，補敘插敘，分敘合敘，錯綜變化，矯如游龍。至其忽然而起，突然而止，遙接遙應，飛渡陪渡，筆筆有神。一篇萬五六千言，讀之惟恐其盡，不復有冗長汙漫之嘆。知其浸淫於史漢者深矣。

總論鑑前車，籌未雨，措置設施，絕大經濟，則又當於長沙、中壘間求之。此有關世道之文，非腐儒書生所可與商議也！

後序

雲錦少多病，舞象後三年不讀書，深自懼其弗成材也。族人過者誚之曰：「此所謂今人一服儒衣，反奄奄欲絕矣。子之病在安坐偃臥，未嘗一勞力，是以筋骨懈散，血氣不行。今試習拳械，練手足，日出汗數升，非惟不病，且雄壯焉」。如其言，果稍健。因竊弄刀盾，飛砲彈，彎弓走馬以為樂。家君固見其不成材也，亦任其發展。

康熙六十年（1721 年）夏五月，聞報臺灣朱一貴作亂。先伯父襄毅公（指藍廷珍）統師征臺，念軍中無與謀畫者。時幕友陳少林（指陳夢林）先生已應制府覺羅滿督的聘請，他人畏風濤干戈，莫敢往。遂以家君（指藍鼎元）行，雲錦（序者）從焉。襄毅公笑指著說：

「養軍千日，用在一朝。汝病三載，遂成健兒，亦為一朝用也」。雲錦時年十有九，持戟立樓船，乘風破浪，覺甚壯。等到一鼓入鹿耳門，又一鼓收安平鎮。鯤身數戰，奮勇爭先。目睹巨砲雷轟，鳴鏑從耳邊飛過，亦習為故常，不復知紛紛者何物矣。七日之內，府治收復，如疾風之掃秋葉，亦似有一番佳趣。嘆古人年少請纓，大都如此。聖皇在上，仁育義正，凡有血氣，莫不尊親，豈容盜賊不共，自逃于光天化日之外？天戈所指，罪人魄喪，敢像蟲類爬行一樣地動不伏罪也！

事定旋歸，回憶執兵徵逐，竟成卒伍，粗鄙面目，何堪使君子觀之，始愧勵發憤欲讀書。家君命偕諸弟從師受業。數年以來，蹉跎作輟，至今碌碌無所成。少時不勉，悔何及矣！

《平臺紀略》，乃家君凱旋歸來時所著者。家君參贊謀畫，公文書類，具載《東征集》。茲編特記盜賊起滅、蕩滌安定事蹟而已。家君身在行間，指揮跋涉，襄毅公欲上其功，家君不可。蓋當時尚應制舉，不欲以書生廁名勳籍。今紀略亦置身事外，不以姓名勞績夾敘其間。雖高自位置，不爭此區區一日之長，亦以示至公無私，方可垂為信史也。

是書風行海內，已十餘年。雍正十年（1732年），家君客廣東，與執友天長王先生同事筆硯。先生以板文漫漶，為加評點，再付梓人。雲錦趨庭在廣東，家君命校對，且識數語于後。因薰沐百拜而書之。

雍正十年（1732年）八月初一，長男雲錦謹識。

附錄五：導讀與摘錄注周凱〈封禁山考記臺灣張丙之亂〉

　　我在《臺灣警政治安史論述稿》，和解讀「戴潮春事件」與摘錄注林豪《東瀛紀事》之後，不但沒有完稿的喜悅，反而覺得自己的心理壓力和負擔更沉重了。特別是有感於清治臺灣時期發生「朱一貴事件」、「林爽文事件」、「張丙事件」、「戴潮春事件」、「黃牽事件」等所謂「五大治安事件」。其中除了「黃牽事件」的發生是來自於海外，其他幾乎都發生於雲嘉南地區，也就是所指「朱一貴事件」、「張丙事件」、「戴潮春事件」，都與我先祖居住下茄苳堡有家族史百年以上的地緣關係。

　　在此，我想先談談「張丙事件」。張丙，祖籍福建漳州南靖人，移籍住嘉義店仔口（當屬下茄苳南堡，今臺南白河區），以販魚為生。1832年（清道光12年）當夏9月，下茄苳南堡地區發生曾文溪改道，米糖運往府城的收入減少，加上又逢稻作欠收的旱災，政府下令各庄所產稻米不得擅自越區買賣。

　　居民陳壬癸仍在店仔口私自集購了稻米數百石，並請託生員吳贊給他特權保護，運出庄外獲利，但途中被吳房、詹通所搶走。然而，吳贊卻指控張丙與歹徒互通串聯，實為首謀。知縣邵用之受賄欲逮捕張丙歸案，張丙怪知縣不治違法運米的出境者，卻只專治強行奪米的行為者，於是揚言欲擄吳贊，張丙事件的近因實源於此。

　　10月，有位住在嘉義北崙仔莊（今嘉義縣新港鄉），名叫陳辦的人，因其族人偷摘張阿凜的芋田作物，遭致張阿凜的侮辱。該族人憤而請求陳辦出面，並毀損了張阿凜的芋田，導致張阿凜的激烈報復，不但率眾焚燬陳辦的宅地，而且還牽走其家的

牛隻。

對此，陳辦透過張丙的協助，結合以詹通為首，呼應百人前來襲擊張阿凜位在雙溪口（今嘉義溪口鄉）的住宅，不成，反為所傷。此時臺灣鎮總兵劉廷斌在北巡之途，展開追擊張丙、陳辦等人。

張丙、陳辦集團即以八掌溪沿岸的茄苳（今臺南市後壁區，有上、下茄苳之分）為其最初根據地，進而襲擊鹽水港堡（今臺南市鹽水區），劫掠附近諸庄，知縣邵用之派兵圍剿失敗，被殺；知府呂志恆率營兵及鄉勇往援，亦遇害。

其後，張丙自稱「開國大元帥」，年號「天運」，以「殺戮穢官」為名，嘯聚黨類，各庄的居民皆出銀領其旗以自保，張丙集團在攻破鹽水港之後，進軍圍攻嘉義縣城（前稱諸羅城），臺灣總兵劉廷斌得武生王得蟠（王得祿之弟，諸羅縣溝尾人）募義勇來援，城內得為固守。

適時南路鳳山縣民許成聚眾起事於觀音里角宿庄，亦用「天運」年號，以滅粵民為詞，並阻擋運往府治之米，進逼鳳山縣城。臺灣知府王衍慶遂命調鳳山粵庄義民舉兵，粵庄以監生李受之為首，惟藉許成有「滅粵」之舉，遂以自保為由，劫掠閩庄，原義勇變為「粵匪」，導致閩粵族群械鬥。此後，張丙結合北路彰化縣民黃城，起事於嘉、彰交界的林圯埔（沙連堡），黃城自稱「興漢大元帥」，陷斗六門（今斗六）。

11月，福建陸路提督馬濟勝（？-1836，山東菏澤人）領兵2千抵鹿耳門入府城，再入駐嘉義縣城。

12月，逮捕張丙、黃城等人，北路平定之後，旋赴鳳山擒拿許成，南路亦被平定。然而，張丙事件後4年，也就是1836

年（道光 16 年），還發生有嘉義縣民沈知等人，焚劫下茄苳庄（下茄苳北堡）。清政府命權任分巡臺灣兵備道周凱、臺灣鎮總兵達洪阿率兵平定。

檢討張丙事件，閩浙總督程祖洛（？-1848，安徽歙縣人）。專程來臺處理，不論是林平侯（1766-1844，福建漳州府龍溪縣人，板橋林本源家族始）的曾向其慨言，當時的臺灣治安情況，主要出自吏治頑梗，多由於官不執法，幕不守法，因而愚民犯法，書吏弄法，棍徒玩法；或是周凱在〈記臺灣張丙之亂〉的直接怪罪於閩粵族群對立。

我也參閱了《臺灣府志》、《諸羅縣志》的記述「張丙事件」始末，我們要反思的是發生於 1832 年「張丙事件」，和後來發生的沈知、賴氏兄弟起事的時間與地點，其受到傷害最嚴重的該屬下茄苳堡地區的居民，而這時間點也正是我先祖已經確定是定居生活在下茄苳堡的時候了。

清治臺灣五大治安事件，除先前已導讀與摘錄注（清）林豪《東瀛紀事》的「戴潮春事件」之外，今談「張丙事件」。在地方誌中，2011 年 12 月，臺南國立歷史博物館，出版洪燕梅點校《嘉義管內採訪冊》，其〈打貓南堡〉「兵事」略提到。

現在我們要了解「張丙事件」的較原始文獻，只有藉助周凱《內自訟齋詩文集》的記述。《內自訟齋詩文集》分十卷，其中第九卷〈封禁山考記臺灣張丙之亂〉，可說是比較完整的記述了。

周凱（1779-1837），字芸皋，浙江富陽人，嘉慶 16 年（1811 年）進士。道光 13 年（1833 年），以興泉永道（管轄泉州府、興化府）調署臺灣兵備道。道光 17 年（1837 年）7 月 30

日,因病卒於臺灣道任內。

　　本文摘錄注〈封禁山考記臺灣張丙之亂〉如下:

>　　臺灣一郡、四縣、五廳,其地在東海中,西向迤而長,南盡鳳山,北盡淡水。新闢噶瑪蘭,由北而東,處臺灣之背。澎湖一廳,又孤懸不相屬,處臺廈之中。控臺灣者,莫廈門若也。其民閩之泉、漳二郡,粵之近海者往焉。
>
>　　閩人佔居瀕海平廣地,粵居近山,誘得番人地闢之。故粵富而狡,閩強而悍。其村落閩曰閩莊,粵曰粵莊。閩呼粵人為客。分氣類,積不相能。動輒聚眾持械鬥。平居亦有閩、粵錯處者。鬥則各依其類。閩、粵鬥則泉、漳合。泉、漳鬥則粵伺勝敗,以乘其後。民情浮而易動。
>
>　　自康熙22年(1683年)入版圖,於今百五十餘年矣。亂者凡一十有五,皆閩人也。大如朱一貴(康熙60年)、林爽文(乾隆51年)、蔡牽(嘉慶10年),俱請大兵剿之。小如吳球(康熙35年)、劉卻(康熙40年)、林武(雍正9年)、吳福生(雍正10年)、黃教(乾隆35年)、陳周全、陳光愛(乾隆60年)、廖卦、楊肇(嘉慶2年)、汪降(嘉慶3年)、陳錫宗(嘉慶5年)、許北(嘉慶15年)、楊良斌(道光4年)、黃斗奶(道光6年),以本省兵、或臺灣鎮標兵平之。
>
>　　或數年,或十數年,輒一見。其自相殘殺,則間歲有也。地饒而產穀,全省倚為倉儲。內地群不逞之徒,又趨之為盜賊藪。荒則從而滋事。

道光 12 年（1832 年）冬，張丙倡亂嘉義。10 月 1 日，殺知縣邵用。越日，殺知府呂志恆，圍嘉義城，困劉廷斌總兵。滿月，破鹽水港（鹽水港堡），劫軍火、器械於曾文溪。彰化黃城攻陷斗六門（今雲林縣斗六市）。是為北路賊。鳳山許成、臺灣林海攻鳳山，奪羅漢門（今高雄內門），應張丙為南路賊。而鳳山粵莊奸民李受，又乘間假義民旗，焚殺閩莊阿里港（今屏東縣里港鄉）七十餘處。凡三個月，而事平。

　　於時，興、泉、永道（管轄泉州府、興化府）周凱駐廈門。10 月 9 日，聞警馳報巡撫魏元烺（1779-1854）。魏巡撫剛兼署總督，就近調署漳州府托渾布（滿人，1799-1843），任臺灣府事。飛檄陸提督馬濟勝（？-1836，山東菏澤人）率兵二千名渡廈門。金門鎮總兵官竇振彪（1785-1850，廣東人）率兵一千三百名渡蚶江（泉州灣南的要隘）。副將謝朝恩（？-1841，四川人）率兵一千二百名渡五虎（閩江出海口）。分道平賊。按察使鳳來特別來到廈門策應。

　　11 月 28 日，總督程祖洛（？-1848，安徽人），自浙江馳抵廈門督辦。不久東渡。

　　明年正月，欽差將軍瑚松額（1772-1847，滿人），由廈門渡。事既大定，屬臺灣道平慶被議。7 月，檄調周凱權臺灣道事。任百有九日，搜捕餘孽，親自審問犯供，與前後傳聞異詞，因訪求顛末，稽之章奏、案牘，而次其事。

周凱〈封禁山考記臺灣張丙之亂〉對於張丙身家介紹與起事的原因：

> 張丙，其先祖福建漳州南靖人，移居嘉義三世，為店仔口（下茄苳南堡，今臺南市白河區）賣魚維生。平素無賴，好結納亡命，一呼數百人，與群盜相往來，有能力加以保護他們。又以小忠、小信來庇護鄉鄰，遂小有名氣。
>
> 道光十二年（1832年）夏天適逢旱災，官府令各莊禁米運出莊外。有商販陳壬癸購買了店仔口（今臺南市白河區）米數百石不得運出，以小罰財自贖求於生員吳贊來護送。吳贊的族人吳房，本身就是在逃的盜匪，夥同詹通在途中行搶。店仔口的違反禁米，是以張丙為首謀。吳贊行文給縣府指出張丙通盜。
>
> 嘉義縣知縣邵用逮捕吳房，解郡伏誅，並令捕張丙。張丙抱怨知縣邵用下令不懲治偷運稻米出境的人，卻專門針對懲治搶奪的人，欲抓擄吳贊。吳贊知道後，攜帶妻子避入縣城，張丙追及之，惟在半途遇知縣遣役卒保護而去。張丙得知邵用的行賄，更加憤怒。
>
> 陳辦者，巨盜也，居嘉義的北崙仔莊（今嘉義縣新港鄉）。其族人因摘粵人張阿凜所種植芋葉而受辱，陳述於陳辦出面報復，毀其芋田。阿凜，居雙溪口（今嘉義縣朴子市一帶）。雙溪口，粵莊之強大者。閏九月十日，阿凜率眾焚陳辦屋，又牽他人牛。陳辦邀約張丙與阿凜打鬥。張丙與詹通、劉仲、劉港、劉邦頂、賴牛、

王奉、陳委、洪番仔、吳允、許六、吳貓、李武松，聚眾三百人，與陳辦、陳連攻雙溪口，不勝，反為所傷。聞總兵劉廷斌出巡，張丙與眾潛回店仔口。陳辦、陳連焚掠雙溪口庄附近交平（溝明一帶）的諸多粵家莊。張阿凜焚陳連莊。

二十五日，陳辦搶大埔林的泛防器械。總兵劉廷斌追至東勢湖，戮搶豬者二人。北路協副將葉長春與縣令邵用亦至，夾擊陳辦於紅山仔。陳辦逃脫，與黨羽王奉會合，復攻埔姜崙莊（今雲林縣褒忠鄉）。官兵猝至，斬其黨羽王興、王泉。陳辦、王奉一起逃竄回店仔口，召張丙。引起了張丙的觸發前怒，指出官府專殺閩人褊袒；遂與詹通共謀造反，豎旗起事。詹通父詹經，知之，命長子詹日新前往謀殺詹通，刃其額，不死。在旁的詹通黨羽殺了詹日新。

十月初一日，陳辦黨羽搶劫鹽水港佳里興（今臺南市佳里區）巡檢署，殺教讀古嘉會（人名）及汛兵。掠下加冬、北勢坡、八漿（掌）溪各汛（今臺南市後壁區）。嘉義知縣邵用追殺陳辦黨羽入店仔口。張丙圍而執之，加撻辱，分其屍。

初二日，臺灣府知府呂志恆獲悉縣令邵用被困，以鄉勇二百人會營往援。南投縣丞朱懋從。張丙禦之大排竹（今白河區大竹里）。署遊擊周進龍膽怯，朱懋以言激之，乃前施砲；又不如法，為賊所乘。義首許邦亮以所乘的馬交給知府呂志恆，徒步與戰，俱陷。呂志恆、

朱懋、外委曾聚寶，皆被殺。朱懋有循聲，賊後悔之。周進龍與弁兵從小路脫逃歸回。

陳辦之約張丙也，無狀官意。至是，其妻自縊死。張丙乃遍約所交遊，稱開國大元帥，年號天運，以戕殺穢官為名。張丙告示捕獲官及兵者賞。殺淫掠者二人以徇。謂居民無恐。冀其助己也。封其黨詹通、黃番婆、陳連、陳辦、吳扁為元帥，劉仲、劉港、劉邦頂、王奉、陳委、洪番仔、吳貓、李武松、許六、孫惡為先鋒。柯亭為軍帥。吳允不受封，自稱開國功臣。賴牛亦自稱元帥。各就所居，招集丑類。

縣南之店仔口以南，張丙與詹通占踞之。縣北之崙仔莊（今雲林縣元長鄉）上庫（今雲林縣土庫鎮），陳辦、陳連踞守。推張丙為總大哥，分大、小四十二股。諸股首帥皆稱大哥。股首下為旗首。旗首下為旗腳。每股百餘人或數百餘人，以派飯、分穀為糧，以勒民出銀買旗保莊為餉，以攻汛殺官所得軍器為械。

初三日，張丙率眾圍攻嘉義城，典史張繼昌激勸兵民閉城守禦，群賊聚眾來助者，復有蔡恭、梁辦、莊文一、吳鰍、陳開陶、黃元德、陳太山、劉眉滾、杜烏番、張廖各股首。每股亦二、三百人。

初四日，張丙分眾搶大武壠（今臺南玉井區）汛，巡檢秦師韓受傷，鄉民救走。搶加溜灣（今臺南善化區）汛，把總朱國珍死之。聞總兵劉廷斌來援嘉義的情報，張丙乃令各股分道迎敵。劉廷斌以兵二百名出巡，

猝調不得至，兵單，且戰、且進。比近嘉義城，劉仲突出，腹背皆困。

遇前提督王得祿從弟武生王得蟠，糾義勇來護城，擁以入，護副將周承恩殿後，不知也，反策馬入賊陣，援之數週，被搶落馬，猶揮刃殺傷數十賊。賊斷其頭去，將弁死亡者九員、兵丁百餘人，軍械盡失。

總兵劉廷斌的求救呼城，城中疑賊假以誘城者，砲擊之。砲高，越擊尾追賊，賊乃退。兵餘無多，惟署副將溫兆鳳從。日已暮，諸囚反獄，火起，下令擒斬之。以典史張繼昌權縣事。整修戰具，招募義勇，晝夜登埤，為困守計。張丙為皮檔、竹梯攻城。劉廷斌親率兵勇禦之。又有賊江七、曾吉、侯處、歐淙、柯和尚、蔡臨、廖花、吳貂蜂起肆擾，圍城焚莊，忽分忽合，道路梗塞，郡城戒嚴。劉廷斌夜率義勇襲擊，屢有斬獲。

十月初七日，黃番婆自率其眾攻鹽水港，破之。守備張榮森力戰死。巡檢施模、外委蘇連發俱被傷。鹽水港者（鹽水港堡，今臺南市鹽水區），是通往嘉義的咽喉、嘉義郡北的屏障。既破，張丙部眾更加無所畏忌。

初八日，張丙率部眾遂解圍離去，四出騷索，逼脅附和。劉廷斌令於城外築土圍以固守郡城。以南的張丙部眾漸逼嘉義郡城，郡中最初並不清楚守令已被殺，有自大排竹（今臺南市白河區）逃回來的，詳述報告這狀況，臺灣道平慶以改簡同知王衍慶來權宜處理府中事務。環城樹柵開濠備戰守。紳士募義勇助奮鬭。守城之餉借資殷戶為應備。貢生陳以寬冒著危險內渡告警。不

好消息的傳言日起。中營遊擊武中泰落井死。有相率欲攜眷登舟去者。王衍慶以刀令於城曰：敢言走者斬。獲奸細吳連三人，知為劉仲所使，遂與獄中盜張膽六人斬以宣示。劉仲、劉港、劉邦頂、蔡恭，於圍嘉義時，潛回大穆降（今臺南市新化區），窺伺郡城。及奸細被獲，乃北去。蔡恭屯麻豆莊（今臺南市麻豆區），與張丙為犄角。

十一日，張丙遣部眾復掠攻鹽水港。

十二日，陳辦復攻笨港（今雲林縣北港鎮），屢為縣丞文烜、千總蔡凌標所敗。嘉義所屬各汛，俱遭焚掠。惟此汛始終單獨保護完整無傷。嘉義縣城圍解五日土圍成。

十四日，張丙復攻之。下令黃番婆部眾鹽水港缺口大砲於城下，不能發，強所掠兵發之。兵故高其砲，火上飛不及城，連發十餘砲，皆然。城中疑有神護。張丙亦自疑，仍以皮檔、竹梯攻城，不克。凡三日，又解圍去。

是時，南路鳳山縣許成，以月之初十日豎旗觀音山，亦號天運，封吳歐先軍師、柯神庇先鋒，以滅粵為詞。過運郡之米，窺郡城。張丙聞之，誘令來附。並所得呂守轎迎之，飯其眾，不飽去。

臺灣縣林海豎旗舊社莊，聞捕，走附許成。十四日，擾阿公店，千總許日高擊敗之，始不敢窺郡城，而南擾鳳山。北路彰化縣黃城，受張丙約，以月之十二日豎旗嘉、彰交界之林圮埔（今竹山），稱興漢大元帥。

用大明主年號。以僧允報為謀主。彰化令李廷璧聞義嘉有賊，先與鹿港同知王蘭佩勸民聯莊互相保禦。賊不得北。又聞黃城反，與副將葉長春為解散招徠計，許以免死。收簡象等八人，後頗用其力。

郡城聞嘉義被困久，而城中諸將皆在外，乃遣都司蔡長青率兵九百運軍火往援之。王衍慶又循故事札諭鳳山粵莊首士募義勇赴郡城聽調。蔡恭既回麻豆莊，偵知蔡長青將抵茅港尾（今臺南市下營區），與劉仲、劉港、劉邦頂、結江七、曾吉、蔡臨、杜鳥番、陳太山、劉眉滾，分股要之曾文溪。官兵屯溪北為背水營。

十九日，張丙部眾大至。官兵返走，溪不得渡，為張丙部眾所擊，死者蔡長青等十八員、兵二百餘，軍火器械又失。

二十三日，張丙焚嘉義北門，兵勇出擊，互有殺傷。脅角仔寮民莊為之結蔡，分遣其眾，勒索銀穀。南路許成、林海擾東港，殺巡哨兵二十七名。鳳山粵莊監生李受藉、王衍慶，諭札約各莊頭人，斂銀穀、聚義勇。匪徒日集。製臺灣府義民旗六。因許成有滅粵之語，以自保為辭，不赴郡，乘機搶掠閩人。連日攻萬丹（今屏東縣萬丹鄉）、阿猴（今屏東市）諸閩莊。

二十八日，總兵劉廷斌聞義首王得蟠（王得祿之弟）圍詹通於灣內莊（今高雄市仁武區），出兵勇助之，斬百餘賊，盡焚其蔡，毀所製一軌三輪車八輛。

三十日，張丙復分股圍嘉義城。城中出兵勇與戰，擒股首陳太山、劉眉滾，殺之。陳辦、陳連攻大牌頭雙

溪口粵莊，不勝。張丙見攻城一月，不能下，諸賊各相雄長，分踞各莊自飽，有鎮南、鎮北、中路、南路元師名目。賊夥郭桃、葉斷，亦各自為股。吳充為諸賊歸心，有兼併意，僅孫惡、柯亭猶仍封，遂舍城去，與諸賊分掠民莊以為食。莊民初見張丙示，不害鄉里，派飯封谷，買旗保莊，猶強應之。

至是，苦責索無厭，稍不應，則縱賊大掠，焚其莊，裹脅以去。知其被張丙部眾所騙，遂相率併力拒之。殷富之莊，紳士出貲，建義民旗殺賊。於是，股首葉斷為莊眾所殺。杜烏番、張廖果、吳貂、柯和尚、郭桃為紳士所擒。賴牛為張繼昌所獲。皆殺於市。惟遊民無所得食者，群附和之。

是日，南路圍鳳山牌頭竹圍。牌頭無城，樹莿竹為城，故曰竹圍，縣署在焉。賊勾內應，夜縱火，逼縣署。署遊擊翁朝龍退守火藥局，署知縣托克通阿與千總岑廷高列砲縣庭，賊至然砲擊之退，逮捕林海殺之。

十一月初一日，福建陸路提督馬濟勝將兵 2 千名分乘坐 13 船隻，兵員連同船隻一起抵達鹿耳門。傳令徹底檢查海岸隘口，隔絕張丙部眾水路。

初三日，駐紮郡城北門外校場，誓師振旅，難民跪道呼冤者萬餘人。馬濟勝曰：巡撫已奏聞天子，發大兵十萬，由福建五虎、蚶江、廈門等三口渡海而來，不日即可以抵達，這不是為你們復仇嗎？揮手要難民散去。馬濟勝問屬下，現張丙部眾在何處？屬下回南北皆有張丙部眾。馬濟勝曰：當先其大者、急者。以貢生陳廷祿

為鄉導。先是，馬濟勝在廈門購麻布米袋數千，至郡復購焉。曰：賊眾我寡，當步步為營。

初五日，進兵西港仔（今臺南市西港區），獲奸細，知賊狀。

初七日，至茅港尾（今臺南市下營區），遇賊二千，勝之。馬濟勝曰：是地可戰。令深其濠，以袋盛土，結壘為三營，立就，諭知鄉勇別為營，無近我。雖役夫，皆知馬濟勝之必勝也。

初八日，賊眾五、六千，大呼來攻。馬濟勝戒勿動。等其力竭，分兵擊之。殺賊三百人。

初十日，賊來益眾，以砲拒，我亦以砲擊之。賊敗，斬數百人，生擒數十人，獲賊往來書札、蔡恭印，碎之。益知賊中虛實。

十二日，進兵鐵線橋（今臺南市新營區南端）。橋長而狹，溪流湍急，不可涉。賊眾伏橋北。馬濟勝曰：毋輕進，返屯茅港尾（今臺南市下營區）。聞賊欲抄小路，絕郡城之援。又聞賊欲以火燒尾牛車衝我軍，決上流水灌營，馬濟勝不聽。令築濠三重，設守以待。凡三日，港南無一賊，而港北之賊大集。

十八日，張丙親率部眾萬餘挑戰，分兵三路擊之敗。蔡恭旁出，又敗之。追至灣里溪（今臺南市麻豆區），多溺死。張丙部眾謠言傳說馬濟勝營區藏有銀二十萬，諸無賴思得銀，偷偷跟隨在張丙部眾的後面，張丙部眾藉以張其勢。

二十二日，張丙擁眾二萬，自搏戰，氣銳甚。搶砲

呼聲震山谷。馬濟勝曰：吾欲其集而殲焉。在此舉矣。下令堅壁，無出聲，自己（約當上午9時至11時）至酉（約當下午的五時至七時），叫戰罵聲四起，士卒皆怒，賊聲漸渴，乃發令。軍中大呼，士皆超壘躍濠以出，勇氣百倍，張丙部眾不及戰，披靡返奔，追逐數十里，生擒五十餘人，斬殺七、八百餘人。轟擊溺水及自相觸以死者無算。張丙部眾尚萬餘，紮營在鐵線橋的北邊。

二十三日清晨，馬濟勝親自督率大軍，出不意，過鐵線橋。張丙部眾望風而走，官府軍直搗其巢，生擒李武松，獲詹通，賊大潰。道路以通。乃大張曉示，解散其黨。以往買張丙賊旗以保莊派飯從賊者，本懷二心，賊至則插賊旗，賊退自稱義民。間有搶掠者，至是皆豎起義民旗，縛賊以獻。張丙部眾更加窘困，竄伏近山蔗林中。

二十六日，大軍次鹽水港。金門鎮竇振彪，亦於初三日登岸，自鹿港疏通北路，引兵來會。副將謝朝恩率兵自福建五虎門渡者，漂風收鹿耳門，亦以兵三百來會。馬濟勝更以兵二百，下令進攻鳳山南路賊。

二十八日，馬濟勝整旅入嘉義城。總兵劉廷斌迎見，與竇振彪分兵四出搜捕。紳士義民或縛賊來獻，或導兵捕賊，獲黃番婆、劉仲、劉港，戮於軍前。

三十日，傳來勝利消息。彰化賊黃城，既不能北，率賊千餘人欲南與張丙合。斗六門者，處嘉義北界，樹竹為圍，大汛的駐兵所在。縣丞方振聲、守備馬步衢、

千總陳玉威設險守禦，黃城不得逞。約梁辦、莊文一、吳貓攻之，屢敗。

十一月初一日，黃城想退走。監生張清紅，人呼張紅頭，與守備馬步衢有嫌隙，令族人張成稱大元帥，集眾助黃城。

初三日，黃城用張紅頭計，駕牛車載草填濠。千總陳玉威焚之。是夜，復助以車，覆泥草上以塞河，逼竹圍。馬步衢督諸兵卒禦之。方急。許荊山者，嘉義都司，與知縣邵用同出捕賊，至土庫（今雲林縣土庫鎮），為陳辦所逼，奔避斗六門（今雲林縣斗六鎮）。馬步衢留守以禦賊。見勢危，破竹圍遁走。黃城部眾得乘間隙而入，縱火。

陳玉威與外委朱承恩、許國寶、林登超、蔡大貴、額外陳騰輝、朱萬斗巷戰死。陳玉威先遣其子陳繼昌赴總兵告變。方振聲亦先遣其妾抱幼子出匪。馬步衢無眷屬，或勸之走。屬聲叱之，欲集所餘火藥，與方振聲自焚，不死，遂與方振聲妻張氏並幼女、陳玉威之妻唐氏被執，皆罵賊死。賊醢之。

方振聲之友沈志勇、僕江承惠、曾大祥、邱新、許廚，以義死。沈志勇之子沈聯輝，以孝死。同時死難者，官九員，家屬丁幕九人，兵二百二十餘人。黃城派令黃雖萊為縣丞，守斗六門。自率其眾而南下，援助張丙以抵拒官軍，敗。

十二月，與張丙、蔡恭、江七、莊文一、陳辦、陳連、陳開陶、黃元德、許六、吳貓、梁辦、曾吉、歐

宗、劉邦頂、吳扁、侯虎，全被官府逮捕。押解張丙、詹通、陳辦、陳連到府城，令處決李武松諸人於嘉義，人頭懸掛在木桿上示眾於店仔口（下茄苳北堡、今臺南市白河區）諸處，又剖挖黃城等人的心肝，以祭死難者。官府平定北路之亂。

初七日，馬濟勝督兵赴鳳山，圍剿南路餘賊。打敗許誠部眾在二喃溝的抵抗。

初八日，謝朝恩抓了許成，擊斃蔡臨，砍碎其屍。南路亦告平定。

回溯事件開始的時候，粵人李受用計誘許成的攻鳳山牌頭也，必破。破則以粵人復之，可得功。指所掠閩莊為賊，粵人故智也。遂與楊石老二、廖芋頭勾結生番，乘間逞其報復。

十一月初十日，以義民舉旗攻破阿里港（今屏東縣里港鄉）及附近諸閩莊，焚掠慘殺尤甚。不料許成再次攻打牌頭，被砲擊退，走臺灣縣界。

十二月初二日，許成攻羅漢門汛（今高雄市內門區），李受又乘間攻連界嘉義之噍吧哖（今臺南市玉井區）閩莊。臺灣道平慶會副將謝朝恩誘李受獲之，置於獄。

十三年正月，總督程祖洛抵達臺灣。鳳山閩莊之被難無歸者，男婦老少尚千八百餘人，在郡城撫恤，乃捐銀令紳士於阿里港各莊結草藔休息。令提督馬濟勝鎮守鳳山，搜捕攻莊粵人各股首、旅首之未獲者按治之。

二月，欽差大臣將軍瑚松額（1772-1847）抵達臺灣。

當總兵劉廷斌的被圍困，與臺灣兵備道平慶等二人都以無法遏止事件的擴大受到指摘，於是朝廷命瑚松額署福州將軍，頒欽差大臣關防；哈朗阿為參贊大臣，領侍衛巴圖魯、章京三十四員，又調西安馬隊兵三百名、河南兵一千名、貴州兵五百名、四川兵一千五百名，赴臺灣督導剿亂辦治。

當巡撫魏元烺於十三年十二月十一日，接到提督馬濟勝的捷報，於是奏請止兵，並飛咨各直省截回。奉上諭：瑚松額抵福建後，即行渡臺，督同馬濟勝，劉廷斌搜捕黨羽。程祖洛渡臺辦理善後事宜。所調各省官兵，撤回歸伍。所到何處，即行截回。侍衛章京令瑚松額酌帶數員，其餘著哈朗阿管帶回京。故各省之兵，皆未入福建境內。

而瑚松額與總督程祖洛先後渡臺也，至則奉命澈查起事原由及死事出力者與不職者，奏聞。窮究餘黨，按名悉獲，梟斬凌遲三百餘犯，遣戍者倍之。械送首犯張丙四人於京師。死事諸臣及兵丁，俱蒙恩優卹。方振聲、馬步衢、陳玉威入祀昭忠祠，妻亦賜諡。

又於斗六門立專祠，以幼女、幕友、家丁從祀。提督馬濟勝賞戴雙眼花翎。二等男爵世職、御書「忠勇嚴明」匾額賜之。前任提督子爵王得祿，率家屬勸諭連莊，建議旂獲賊，賞加太子少保銜。總督程祖洛，賞戴花翎。守城殺賊，從事文武官弁及紳士義勇之出力者，

前後賞戴花翎、藍翎，遷擢有差。臺灣鎮道俱被議。後臺灣鎮劉廷斌以病卒於軍。臺灣道平慶因病請准退休，調興、泉、永道周凱署臺灣道事。

六月，瑚松額內渡，以次撤兵。

七月，程祖洛善後事宜竣，巡閱北路而歸。周凱以七月抵任，與總兵張琴搜捕在逃盜匪斬除四十餘人。

十二月，周凱回任興、泉、永道本職。明年春正月，提督馬濟勝入京覲見道光皇帝，深蒙嘉賁，晉子爵，在御前侍衛行走，半月，回福建提督任。賜巡撫魏元烺花翎。

周凱在文末自記：

上述事件的經過情形，皆查章奏供詞直敘，不敢稍有增益。初一、初二諸日，不書甲子，從歸太僕「壬戌紀行」及「崑山倭寇始末」；股首、旂首諸稱，不以詞代，從實也。

第二時期　近代臺灣日治時期政經發展史（1895-1945）

19 世紀，帝國主義的出現，起因於英國在國際政經霸權的式微，與現代民族主義思潮的興起。典型帝國國家的特點，即以專制君主為首、由中央協調、行政和軍事體職能分化的行政和軍事體。

帝國不是一個「主權」國家，而是擁有不同「治權」的結盟機構所組成的政治實體，其政策是由皇帝、選舉人和帝國議會所決定。這種勢力近乎均等的國際關係與新興民族主義，導致一個高度競爭的國際政經體系。帝國主義國家之間的相互競爭，造成國際政經利益的衝突，更因為現代科技與通訊交通的發展，加強了對國際政經利益的控制。

帝國主義是政府運用策略和外交以獲得被保護國的土地，並增加工業發展、貿易和投資的機會。19、20 世紀，最典型的殖民主義思想，殖民體制是一個殖民母國與殖民地之間脈絡相連的結構。經由這個結構，使殖民地的經濟、社會均從屬於殖民母國；而殖民的終極目的，就是依殖民母國的需要，剝削殖民地的經濟剩餘與社會剩餘。

帝國主義基於殖民主義的觀點認為，海外征服和工業化就像自然法則一樣不可抗拒。國際政經利益的魅力使得東方原本孱弱

的日本幕府後期，在 1860 年代明治維新的全面學習西方帝國主義的擴張與侵略，整個國家政經社會以「殖產興國」、「文化開明」與「富國強兵」為信念，進入軍國主義政經體制的結構與發展。

日本明治維新運動證明其在工業化與軍事化所獲得的成果，國力強盛得以在世界體系競爭和資本主義市場利益中，與西方帝國主義國家平起平坐，終致出現強調「國權皇張」的「脫亞論」強勢主張，而當時殖民地的最佳目標就是選定臺灣、朝鮮與衰弱的大清帝國。

1592 年，日本豐臣秀吉就曾有過佔領朝鮮的王京漢城，並準備攻取大明帝國北京的舉動，特別是為 300 年後的日本軍國主義發揮了示範作用。所以，才發生 1895 年打敗大清帝國，1902 年，英國接受日本在東亞的霸權地位，並與日本簽屬「英日同盟」，以及 1905 年打敗俄國沙皇的戰役。1910 年，乃至於占領朝鮮，再再證明其自 1860 年代明治維新的效果。

一般對軍國主義的定義，其本質與帝國主義的意涵相同，只是軍國主義更凸顯其強調軍事武力戰爭的必要性，一般皆以帝國主義稱之，當有必要時則會以軍國主義稱之。尤其是 1895-1905 年，日本統治臺灣最初階段的以軍事武力掃蕩反抗勢力，和 1931 年以後在東亞發動的一連串戰爭。

1603 年，日本德川幕府建立於江戶（今東京）。幕府體制是由幕府和 267 個藩進行統治，日本天皇只處理原則性的事，而非例行性事務。在這樣的幕府體制之下，元祿年代（1688-1703），出現了經濟、文化的繁榮景象。但 19 世紀之後，則必須面對與日俱增的歐美帝國主義殖民者之威脅。

幕府時代初期，對外關係要求基督徒踩基督聖像證明其非基督徒，後來才有被指突破禁忌關卡的「踏繪」之舉；對內關係的藩主在藩地擁有絕對權利，藩主與藩主之間的關係則經常發生戰爭。直到1867年至1868年日本發生一場結構性革命，幕府體制被推翻，國家的控制權回到京都的天皇手上，終於結束了250年的德川（江戶）幕府時代，進入明治年代（1868-1912）。但是日本人並不稱這個權力體系的改變為革命，而是認為這是恢復舊秩序。

日本在開始進行軍國主義侵略的時候，其國內發展帝國資本主義的環境條件還相當脆弱。所以，日本佔領臺灣之初，其國內並不存在必須迫切佔領臺灣的需要因素，只是在歐美帝國主義列強競相奪取他國領土的熱潮中，誘使日本佔領臺灣的侵略行動也具有帝國主義意涵，矢內原忠雄《帝國主義下の臺灣》因而將其稱之為「早熟的帝國主義」。

日治臺灣時期臺灣與日本殖民關係，日本是母國，臺灣是日本的子國。日治時期臺灣政經發展，主要分為前後期兩階段：日治前期（1895-1930）是軍國主義體制臺灣支援日本內地化政經發展，是日本殖民前期臺灣農業支援日本工業。日治後期（1930-1945）是軍國主義體制臺灣支援日本南進化政經發展，是日本殖民後期臺灣工業支援南洋農業。以下，分日治前期內地化與後期南進化政經發展。

一、日治前期內地化階段臺灣政經發展（1895-1930）

日治前期內地化臺灣政經發展（1895-1930），是軍國主義

體制臺灣支援日本內地的政經發展階段，是日本殖民前期臺灣農業支援日本工業的階段。總督府在臺灣首先推動的資源調查，是臺灣農業發展支援日本內地化的最基礎工程，對臺灣農業後期發展產生了深遠的影響。

1898 年，日本創立「臺灣協會」，在東京、臺灣、朝鮮及滿蒙設立分會。協會內設「學術調查部」和「現在勢態經濟調查部」。資源調查包括人口、土地及林野調查等三大項目，特別是土地調查，反映了日本武裝力量已由北向南逐漸掌控臺灣政經發展的推進順序。

1898 年 7 月，公佈第一份的〈臺灣地籍規則〉和〈土地調查規則〉，當時日本的統治範圍僅限於臺灣北部地區，從 1898 年 7 月至 1900 年的約兩年半時間，殖民政府所測量的土地面積不過 129,000 甲，且大部分集中在臺北地區。涂照彥《日本帝國主義統治下的臺灣》指出，當全島反抗勢力被平定告一段落的 1902 年夏天，正是土地調查的巔峰時期，總共投入 1,760,000 人，耗資經費達 5,220,000 圓，調查地區已擴及新竹、臺中、臺南、和屏東等地，面積總計高達 823,366 甲。

土地調查工作的完成，也凸顯日本對臺灣統治地位的確立，以及規劃建設現代化臺灣農業發展的基礎工作。林野調查與整頓，由於山林地與農耕地不同，尚未形成明確的私人所有權，因而日本在進行林野調查時，即赤裸裸地暴露施展其掠奪和宰制的統治技倆，政府透過強權沒收，直接侵害私有財產制，來累積殖民母國的國家資本。

臺灣總督府共賣出 204,912 甲林地，獲利金額為 5,459,863 圓，這是軍國資政經體制的施政本質，也是總督府運用政經權力

性格的象徵。日本統治朝鮮初期亦是採用相同的方式，進行土地調查事業，以利殖民式產業發展。至於人口普查亦表現出日本在統治臺灣的過程中，其嚴密控制力已遍及島內各地的事實。

高橋龜吉《現代臺灣經濟論》指出，日治以後每年大約有一萬人的勞工來臺，從事採茶、採礦，及金銀工、漆工、鞋工、人力車夫、理髮師、廚師等工作。這樣職業類別所占的比率突顯日治初期的臺灣是日本無業者、牟利商人及不屑公務官吏淘金的天堂。

這階段來到臺灣的日本人有如教皇烏爾般二世（Urban II），在 1095 年為第一次十字軍東征祈禱時指出：聖地的財富是每一個基督徒都可以自由取用的。當然這樣的說法對那些無產無業的法蘭克貴族子孫是一個很大的鼓勵。這就是為那些歐洲的遊手好閒之徒尋找適合的工作，而且這種工作在亞洲要比在他們自己的家鄉更具有建設性。

總督府在完成臺灣土地、林地及人口調查等基礎工程之後。1899 年，即開始進入糖業發展的階段。日治臺後 4、5 年間，糖業衰退的主要原因為：臺灣富商、望族內渡清國，使得蔗農失去融資管道；團匪蜂起，減少男工，田園任由荒蕪；土木建築、修築鐵公路吸引勞工，導致農力大減；因為防匪需要，道路兩旁 70 公尺，乃至於後增為 270 公尺以內禁栽甘蔗，減少了蔗園面積；課稅嚴過昔時，降低栽種誘因；糖價雖漲，但蔗農並未獲得應有的利潤，生產成本卻相對提高，致使糖業的種植與產量衰退。

1899 年，臺灣總督府從夏威夷引進「切支甘蔗」（cane cutting）的新品種，每英畝生產的甘蔗遠超過「在來蔗種」

（local plant）。對臺灣總督府而言，移植現代製糖業一方面可以解除每年高達1千萬圓的砂糖進口，防止外匯流出，每年還可結餘近1千萬圓的臺灣所需財政經費，以達成臺灣財政獨立的目標。

1901年10月1日，總督府在臺灣實施《砂糖消費稅法》；1902年6月，設糖務局，新渡戶稻造出任臨時局長，1904年6月卸任。新渡戶任職期間，除了1902到1903間，開始實施土地改革，允許土地買賣，以及完成臺灣地籍的測量工作之外，還提出直接增產蔗糖的做法，包括：

第一、改良蔗種、建立灌溉系統，實施施肥、開發新蔗園、收成不佳的稻田改栽甘蔗、引進新式製糖法，以及改良傳統壓榨法等措施。

第二、政府擬出的間接獎勵措施，包括：提高日本內地外國糖進口稅率、實施退稅法、增進運輸便利、擴張銷路管道、推行公定糖價、推行糖業教育、鼓勵成立糖業組合、刊行蔗作製糖新知刊物、設置甘蔗產物保險、保護牛畜、製造酒精副產品等，來促進糖業產量的成長。

1905年，更從德國引進肥料以加速糖產量的增長，現代製糖業的移植臺灣，是日本殖民主義產業發展的必然結果，臺灣本地產業雖也提供了相當發達的製糖條件，但在比較製糖的過程中，根據新式製糖廠的分糖法，蔗農可以取回固定比率的糖，不過糖廠並不是分給蔗農砂糖現物，而是依當時的市價折算現金給付。

在實施分糖法的方式下，蔗農雖然要與糖廠共同承擔糖價波動的風險，但在糖價有利的時候也可以分享利潤，可是這種分糖

法方式，不久就因為經營糖廠的資本家，為了要壓榨蔗農分享政府特惠保護下之糖價所帶來的利潤，遂以瑣碎易生糾紛為由，被以直接收購的辦法所取代。隨後，總督府更以設置原料採集區制度，在劃定的甘蔗原料產區內，以新式製糖廠為唯一的買主，賦予市場壟斷權，臺灣原有發展的傳統糖業生產規模就慘遭吞併。

總督府為保護臺灣現代糖業發展，具體表現在資金補助、確保原料供應，及關稅優惠等三方面。適用對象僅限於日本內地資本的現代製糖業，將臺灣原有的舊式製糖業排除在外。透過總督府的介入，保護產業在臺灣市場的獨占利潤。所謂臺灣製糖業的興起，雖只是發展殖民母國現代製糖業的一個別稱，卻也對臺灣產業發展的在地化與現代化，產生了間接助益的影響。

臺灣總督府《砂糖關係調查書》指出，臺灣現代製糖業的生產，由 1905 年占舊式糖業總生產量 750 萬斤的 10%，到 1909 年產量已升為兩倍，達到 11,880 萬斤，占臺灣糖產量的三分之二以上，甚至高達 98%。1911 年，整個臺灣糖產量高達 4 億 5,000 萬斤，創下歷史最高紀錄，滿足了殖民母國內地 80%的市場需求，充分凸顯臺灣農業作為支援日本市場砂糖生產基地，居於關鍵地位。

日治初期，軍國政經體制產業政策的強調「工業日本、農業臺灣」。臺灣農業發展的目的，首先是在提供日本工業化後內地短缺的糧食，以節省日本外匯的支出。加之，1903 年，日本內地受到稻作歉收，和 1904-1905 日俄戰爭，以及 1914-1918 年第一次世界大戰的衝擊，導致日本內地轉變為糧食進口國，必須依賴從臺灣的出口支援才能解決困境。

從 1914 年到 1920 年，日本內地稻米的總生產量都小於該年

總消費量，凸顯日本內地面臨稻米供需嚴重失調的窘境。1919年（大正 8 年），總督府尤其規定臺灣米的輸出，和 1920 年的撤銷輸出限制；1923 年，日本關東發生大地震，臺灣米價再度掀高潮，如此暴漲暴跌現象。1925 年，臺灣總督府不得不開始實施《米穀法》來平抑價格。

1925 年至 1935 年，日本內地的稻米生產量係在穩定中成長，產量逐年增加；甘蔗的生產量則從 1925 年至 1935 年，幾乎每年呈現非常不穩定的現象，金額也都出現很大的波動。

1906-1934 年，臺灣改良在來米（秈米）金額 511,228 圓，獎勵蓬萊米（粳米）金額 136,179 圓，相對於日本內地蓬萊米的移植臺灣，在費用金額上顯然並未完全受到總督府積極保護與照顧。相對地，也不能抹煞總督府在水利灌溉設施方面的積極投入，透過對水權的控制，操縱臺灣種植稻米的利益。臺灣總督府投入稻米增產事業的資金，幾乎完全用在灌溉排水設施上。

1920 年 9 月 1 日，臺灣史上最大規模水利工程嘉南大圳的動工，將原本貧瘠到只能依賴自然降雨的嘉南平原，改善成為肥沃大穀倉的重大工程，翻轉嘉南平原的百年命運，更深深影響整個區域農業和臺灣地方政經體系結構的發展。

1934 年，總督府投入稻米增產事業的總資金 47,457,777 圓，幾乎完全用在灌溉排水設施上。有關灌溉排水設施占 98%，近 46,615,581 圓，其餘金額才花費在獎勵二期稻作、旱田獎勵費，然其背後尚隱藏對臺灣糖業的獎勵政策，但實際上對稻米的增產產生極大效果。

臺灣總督府在水利設施方面也展開積極建設，從官設埤圳、公共埤圳、水利組合，到認定外埤圳等四種型態的變遷，充分凸

顯總督府對水權的控制與支配，一方面要穩固臺灣農業發展，另一方面亦有助於日本內地推動農業經濟發展。

這也是臺灣為何能以蓬萊米為中心擴大出口市場，終致形成「米糖相剋」的嚴重市場利益競爭。但其彼此競爭市場的結果，尤其是糖業是農業中的工業，亦是有助於部分臺灣現代企業資本形成的另一原因。

蓬萊米的出現，改變了過去「北米南糖」現象。1930年代以前，大抵在臺中、臺南兩州的蓬萊米水稻種植面積已達60%左右，使得蓬萊米耕作面積侵蝕甘蔗作田。1930年，由總督府技師八田與一設計與監造的嘉南大圳完成，嘉南平原不但廣植蓬萊米也有利於甘蔗種植，亦使土地生產力增加，但蓬萊米是用來輸出日本內地，臺灣人仍以食在來米為主。

1934年，因為蓬萊米的大量輸出日本，使得日本軍國主義政府不得不祭出「減反案」，試圖限制耕地面積。米糖市場相剋的爭議問題，直接衝擊到臺灣原有的土地制度。日本軍國政經發展以發放國家債權的方式補償「大租戶」，其目的在確立「小租戶」為土地的唯一所有者，而佃農仍維持傳統的租佃地位，以簡化所有權關係，逐漸健全土地所有權制度。

總督府對大租權的整頓，不但確立了臺灣現代的土地所有權制，也使得本地大地主或多或少，獲得轉向現代產業和金融投資的機會，例如彰化銀行、嘉義銀行、臺灣製麻會社等本地產業與金融，都是遵行總督府政策性的配合下設立。

日治臺灣初期由於受到軍國政經體制的影響，導致日本軍費支出的沉重負擔和財政健全發展，惟仍不足以徹底改變臺灣原本的土地和農民之間的生產關係。臺灣總督府為了鞏固支配權，選

擇了保留小租戶所有權，與小租戶階級妥協的策略。該策略雖然使總督府在短期內恢復生產及達成財政獨立，解除了日本國庫的負擔，幫助穩定社會秩序。然而，從長遠來看，臺灣土地分割的零碎化，卻變成日本軍國政經發展大規模農作的障礙。

同時，臺灣人土地，又透過墾荒和收購破產農民的土地，將其出售給退休的政府官員及日本公司。這些被徵用的土地都成了壟斷公司的地產，主要用於種植甘蔗，導致大多數臺灣的農民都被迫成為隸屬在公司組織下的蔗農，形成軍國政經體制結構或半資本主義生產關係。

宮川次郎《臺灣の農民運動》指出，傳統地主和佃戶家長式關係的沒落，加上農地價格取決於農民依附土地作為維生工具的程度，非以追求利潤為生產目的，又習慣不把自家勞動算入成本，導致臺灣高昂的地價，這也造成日本糖業資本家收購土地的障礙。

1909年，臺灣農民反抗林本源製糖株式會社強制收購土地，以及1924年至1926年間，彰化二林地區蔗農抗爭林本源製糖株式會社收購甘蔗價格太低，導致蔗農為要求合理待遇與警察偏袒公司所爆發的衝突事件，並因而擴及鳳山、麻豆等地農民團體的紛紛成立與加入抗爭行列。

尤其在桃園大圳、嘉南大圳等水利灌溉工程，蓬萊米取代在來米的種植，種植香蕉、鳳梨，以及森林的開發等方面，雖然改變了農業的生產項目，和帶動農業生產效能和效率，但農民的強烈抗爭事件，凸顯日本公司藉由總督府的公權力，強行掠奪臺灣市場的經濟利益，並削弱或取代臺灣人企業和以土地資本為主的經營空間，更逐出英美國家在臺灣的市場利益。

總督府在臺灣推動農業發展所導致「米糖相剋」的政策，除了由地方性的「二林蔗農抗爭事件」所組的農民團體之外，並擴及南部地區，最後發展成為全國性「臺灣農民組合」組織，團結全國農民對殖民政府抗爭的政經事件。

二、日治後期南進化階段臺灣政經發展（1930-1945）

日治後期南進化臺灣政經發展（1930-1945），是殖民後期的政經發展，最主要的因素乃是 1931 年，在中國大陸爆發了「九一八事件」的戰爭之後，臺灣政經結構的產業政策才有機會，得以由臺灣農業支援日本內地工業發展的「工業日本、農業臺灣」，調整為臺灣發展工業，以支援日本南進侵略，所謂「工業臺灣、農業南洋」產業政策的契機。

臺灣總督府在臺灣實施軍國主義政經體制，在初期的強調「工業日本、農業臺灣」的產經政策，導致農業與工業的不均衡結構。當代美國政治經濟學家詹鵪（Chalmers Johnson, 1931-2010）《通產省與日本奇蹟》指出：1925 年，日本軍國政經體制為發展國家的整體戰力，特別設立了「商工省」（MCI）；1943 年，設立「軍需省」（MM）；1945 年，復出的「商工省，到 1949 年重組的「通產省」（MITI）。這一連串政經結構的沿革都不是有計畫的改變，而都是政府各部門經過激烈權力鬥爭，不斷地協調折衝蛻變來的。

臺灣農工業的不均衡發展，尤其到了 1931 年之後，在工業發展方面，為配合日本母國軍國主義的政經利益，開發主要以食品工業為主的加工出口業。到了日治末期，臺灣總督府更將產業

的政策與發展，轉型為與軍備有關的工業規劃和開發。

　　當時臺灣工業發展的項目，大部分皆屬於與總督府相關的獨占企業，例如依據特別法創立的臺灣青果株式會社、臺灣銀行及臺灣電力株式會社；林業及鐵路完全由政府資本獨占；鴉片、樟腦、菸葉、酒等專賣制度，不但促成官營企業獨占市場，且依靠指定委託方式，授予民間資本獨占經營的特權。正如當代經濟學家熊彼得（Joseph A. Schumpeter, 1883-1950）指出：利率和高投資回收率，要歸功於壟斷與獨占市場利益的保障。

　　日治軍國政經體制的臺灣工業發展，一直要到被殖民統治末期，開始有了鐵路網、公路和水力發電等三項成果之後，其特別對發展臺灣工業才出現有顯著效果。

　　回溯日治臺灣殖民前期的政經發展，日本軍國主義取得臺灣作為殖民地之後，交通建設即列入最基本殖民地經營的基礎建設，如建設島內鐵公路、郵電系統，營建現代化的舶船港埠，建立對外聯繫的海運航線等等。這些基礎建設也部分的彰顯日治臺灣時期「殖民現代性」意涵。

　　在以臺灣工業支援日本南進侵略南洋農業的階段，臺灣總督府積極發展工業類別，主要是選擇化學工業及金屬工業。特別是，1934年與1937年，日月潭發電所第一期與第二期的分別完工，其電力供應對工業用的煉油、醬油、肥料等化學，與煉鋁、機械等金屬工業的影響最大。

　　1930年代末期，臺灣工業化的腳步，臺灣開始製鋁、矽鐵、化學肥料、蔗渣工業、火柴工業，以及酒精、製麻等農產加工業的發展。1937年，中國「盧溝橋事件」以後，臺灣被要求編入日本的總體戰時體制，臺灣總督府援引日本內地的《臨時資

金調整法》，規定金融機關的貸款必須依照政府指示投資用途，優先貸款給直接參與軍需工業有關的企業。

1938年，日本殖民政府依據《戰時總動員法》，制定生產力擴充計畫，要求臺灣應擴充工業、農業及礦業生產。尤其加強工業方面的生產，如鋼鐵（特殊鋼及鍛鑄鋼、錮鋼）、輕金屬（鋁、鎂）、非鐵金屬、石油（航空石油、汽車用石油、無水酒精）、鹼（工業鹽）、紙漿、金、鐵路貨車等產品。

為了達成擴充生產力目標，日本殖民政府不但在資金、勞力、物資等方面實施統制管理。殖民政府更在臺灣總督府增設企劃部，負責物資統制與配給，抑制民生產業減少生產，並以其重要設備、原料優先配給軍需產業，並由經濟警察擔負戰時經濟統制之責。

農、工產業結構的變動，工業產值的超越農業產值，顯示臺灣產業結構發展已由農業轉型為工業，特別是軍需工業的發展。張宗漢《光復前臺灣之工業化》指出：臺灣總督府透過成立與合併的機制，並充分運用海外資源來擴大公司資本額與技術，組織獨占或寡占性的大企業集團，來發展臺灣初期的工業。

產品項目諸如：鋁業、鎂業、鎳業、合金鐵業、電氣製鐵業、硫安業、尿素石膏業、燐酸肥料業、水泥業、硫酸業、耐火磚業、玻璃業、發電業、鑄鋼業、海綿銑業、人造橡膠業、礦用火藥業、工業鹽業。

這其中最主要公司資金來源是日本的企業集團，而進口的工業原料主要進口分別進口自印尼的鐵礬石、中國東北的菱苦土礦與旅順大連的礦石、緬甸的砒化鎳、西伯利亞的礦砂鎳礦、越南鐵礦、菲律賓的雲母礦、新南群島與南洋安高爾島的燐礦石，以

及日本八幡的鐵屑等海外資源，來供應發展臺灣的工業需求，以及充分支援日本在二戰時期的發動大東亞戰爭。

1921-1942 年，比較各種工業年平均生產金額的成長比率，最高的是金屬類從 1.7%成長到 7.0%；其次機械設備類從 2.1%成長到 4.5%，第三紡織類是從 1.7%的維持不變；食品類則是從 74.6%降到 61.0%。

工業與其他產業的比率，臺灣農業是從 1915-1919 年占 55.0%降至 1940-1942 年 41.0%；臺灣礦業是從 1915-1919 年占 2.8%增加到 1940-1942 年 4.5%；臺灣漁林業是從 1915-1919 年 3.4%增加到 1940-1942 年 6.6%；臺灣工業生產從 1915-1919 年的占 38.8%，到 1940-1942 年已增加到占 47.4%。

臺灣近代企業組織的形成，在經營資金的來源，除了依靠早期已經稍具基礎土地墾殖的土地資本、農事經營的農業資本，及郊商的商業資本所累積的本地資本外，日治以前，英美資本比較重視在臺灣沿岸從事貿易活動，對於改良生產結構與提高生產力，並未有具體作為和進展。這方面的成長，要到日治時期才有顯著的改變。

日治初期，英美資本對臺灣產業發展的政經支配與影響，臺灣總督府想要取代這股影響力，唯有靠推動臺灣土地、林野調查，及確立貨幣金融制度等改革，才能逐步達成。由於日本內地技術及商業資本的大量進入臺灣，導致臺灣政經發展成為日本軍國主義的附屬，一方面供給日本消費食料品，一方面為日本推銷工業品，促使臺灣企業經營者與臺灣總督府、日本資本家的利益結合。

這種軍國體制政商結構的利益共同體，改變了臺灣自明清時

期以來農業發展利益依存關係，其占臺灣整體對外貿易的比重，相對於日治時期開始出現顯著下降。涂照彥《日本帝國主義統治下的臺灣》指出，對照臺灣的對外貿易輸出，在 1902 年以前，以對中國大陸貿易為主。然自 1905 年日本對臺灣統治基礎確立後，臺灣對日本市場的輸出急遽增加，臺灣的對日市場輸出有集中少數商品的傾向。如 1910 年的砂糖，及 20 年代中葉以後的稻米與鳳梨、香蕉、酒精等農產品及其加工品。

1937 年，當日本發動對中國大陸侵略戰爭的開始階段，臺灣對中國大陸的貿易一時中斷，嗣後隨佔領區的擴大及當地物價高漲的影響，臺灣對日圓流通區域的市場輸出大為增加。另一方面，臺灣在總進口市場上呈現強烈的分散性。其中肥料與鐵製品類有取代香煙、酒、鴉片等商品市場的趨勢。若再加上紡織品，這三項商品占總輸入額近三分之一，顯示臺灣對日本市場的進口依存度日深。1937 年以後，臺灣肥料已全部轉為依賴性進口的結構關係。

就日本軍國體制市場利益的角度衡量，促進臺灣政經發展可以增加日本母國投資利潤，累積日本內地資本。1895-1915 年，臺灣對中國大陸貿易呈現萎縮趨勢；1916-1929 年，又呈現增加的情況，這一改變主要是因為受到第一次世界大戰的影響，歐美列強放鬆對中國大陸市場的控制；加上，戰爭的需要，又回到了帶動臺灣與中國大陸之間貿易的發展。

1930-1937 年，又因中國大陸受到日本的侵略，發動抵制日貨運動，加以 1930 年代世界經濟大蕭條，消費減少，貿易再呈現萎縮趨勢；1938-1945 年，兩岸貿易又有明顯成長，主要是因為日本佔領東北、華北，為滿足戰爭的需要，增加輸往該區的物

資。

　　臺灣總督府將原本以英美資本為主的臺灣與中國大陸經貿關係，移轉為以日本資本為主的臺灣與日本經貿關係，達到總督府將臺灣經濟「去中國化」的目的。例如在中日交戰期間，更導致臺灣原在東南亞的茶市場，因當地華僑抗日而縮減，同時也因「九一八事件」、「七七事件」，使滿洲國不再買中國茶葉而改買臺灣茶。

　　另外，日本殖民政府為了維持臺灣成為其軍國主義發展的附屬經濟區，以提昇米糖的生產量和輸出量，從中獲取利益。為促使臺灣政經發展的日本內地化，臺灣總督府使用各種政經手段，除了極力防止臺灣金融產業的崛起之外，也透過藉由設立以臺灣銀行為中心的貨幣及金融制度，全力來保護、培育以日本母國資本為中心的企業。

　　鑒於臺灣與中國大陸貿易往來的熱絡及外國洋行對市場的滲透，必須建立完善貨幣與金融制度，並將臺灣錯綜複雜的幣制與日本軍國體制資本的金融體系相結合。由於臺灣總督府本身參與投資和保證虧損，臺灣銀行遂成為殖民政府掌控的一部分。

　　1926 年，由地主林獻堂發起創辦的大東信託公司，其股東完全是臺籍人士組成的臺灣金融企業，在經歷初創時期總督府無端的阻擾成立介入之後，該公司仍被視為支持民族運動的背後財力支援者，終究被迫停止營業。1944 年，臺灣總督府依《信託法》實施，並因應戰時統制需要，開始籌畫將當時比較具規模的臺灣興業信託、大東信託與屏東信託合併，並在臺灣銀行等銀行再出資之後，改名「臺灣信託株式會社」。

　　臺灣總督府只允許臺灣產業發展集中於三井物產、三菱商

事、杉原產業及加藤商會等，與殖民政府關係密切的日本大資本家手中，對外貿易完全受日本軍國政經體制財閥控制。小島政二郎指出，日本不管出兵臺灣或西南戰爭的時候，都必須用船隻運送軍隊，使政府委任的三菱公司奠下其經營的基業。

臺灣總督府及資本家雖然採取激烈手段，極力抑制與剷除臺灣本地企業勢力與外國洋行，但以臺灣人為主體投資的企業資本仍逐漸累積，間接增強了臺灣政經發展的自主性。

日本殖民統治下，臺灣當時的企業基本上還是屬於家族式組織結構，較著名且比較有實力家族公司的企業，其所經營項目分別是經營米業、糖業的板橋林家，開採煤礦、金礦的基隆顏家，專營樟腦的霧峰林家，貿易起家的高雄陳家與鹿港的辜家等五大家族，當時臺灣企業發展仍只限於集中在少數家族手中。

分析這五大家族的企業經營模式，最重要的是維持與日本殖民和臺灣總督府之間的良好政商關係。整體而言，臺灣企業的逐漸形成與壯大，導致五大家族企業都曾被日本強迫合併，或遭受日本支配的慘痛經驗，其企業組織結構可謂與日本軍國資本主義和民間資本相結合，而獲取政經利益的寄生性承包階級。

日治以來臺灣資本主義企業資本的形成，根據 1938-1941 年，辜顯榮、顏雲年、林獻堂、林本源、陳中和等，臺灣五大家族企業集團的資本結構和其發展變遷，以及針對日治時期日資、在臺日資與在地資本投資工業金額對照，凸顯這五大家族所投資的企業集團，深受臺灣總督府與日系企業利益的制約。

直言之，臺灣這五大家族實際上都很難掌控企業經營的自主性，但藉由與日本政府權力及日系在臺企業的利益共生，形成新的政商特權階級，卻可以保存了舊有地主的勢力，也在臺灣農工

轉型的過程中扮演關鍵性角色。

　　1942 年，太平洋戰爭爆發，日本政府更將其內地淘汰或老舊的民間工業機械運來臺灣設廠生產，再將成品銷售到東南亞，並將東南亞的工業原料轉運來臺灣生產，形成「工業臺灣、農業南洋」的分工型態。殖民化經濟的統制策略，透過「臺灣鐵工業統制會」，制定〈臺灣戰力增強企業整備要綱〉，以及成立「臺灣戰時物資團」，加緊對各項工業物資、人力、資金的統制，並集中在發展軍需工業上，乃至於殖民政府在臺灣發行的馬克、票券、保險、郵政儲金等數十種債券，在 1945 年日本戰敗之後，一夕之間化為烏有。

三、小結

　　20 世紀，資本主義的巨大企業與巨大銀行之間的關係，與 19 世紀有本質上的不同，其最主要結構的區別，凸顯在固定資本（設備資金）調度關係上形成新的產業與資本關係，而形成這種新資本的實體資本，一般稱為金融資本（financial capital）產業結構的政經發展。

　　但日治臺灣時期軍國體制政經發展，雖然大多數的西方資本主義國家都進行帝國主義的事業，但在英法資本帝國主義的強權歷史中，資本主義政府和殖民地人民之間不純粹是一種剝削關係；甚至在第一次世界大戰之前，西方帝國主義政府對於殖民地的服務，帶給他們教育、行政體系、醫療和技術的基礎。客觀而論，尚有極少部分帝國主義的現代化建設，仍帶有它「殖民現代性」的深層意涵。

反之，西方壟斷資本與落後國的支配階級相結合，落後國家商人和資本家深受封建積習感染，講求奢侈浪費而不從事資本累積，扼殺本國資本家的企業，使一個富於活力和競爭力的私人經濟部門無法建立。本國資產階級無法茁壯，就不能成為推動企業發展與工業化的主導力量。

　　檢視邊緣資本主義國家的政經之所以能夠發展，乃是因為帝國主義的功能變化。昔日帝國主義之所作所為，皆在阻止邊緣國或殖民國經濟發展和工業化；新帝國主義則透過邊緣經濟創造活力，並實現其控制。臺灣產業對日本技術的依附，削弱了臺灣政經發展的自主性。一旦主要經濟部門受制於進口技術，想發展與社會及經濟目標更密切的技術就十分困難。

　　就日治臺灣時期的南進工業化技術合作而言，短期內或可增強臺灣本地產業的競爭力及獲利力，但就長期來看，技術依附將削弱本地研究開發的能力和國家產業自主。同時，帝國主義主張拓展殖民地，從而剝削殖民地利益，大都是貪婪資本家及惡質官吏的所作所為。

　　因此，日治臺灣時期臺灣人所形塑的「臺灣意識」，其展現做為一種精神現象，凸顯臺灣人反抗強權壓迫，尋找本土認同，不只要維護當時社會臺灣人尊嚴的強韌生命力，這也是日治時期臺灣政經發展，被日本軍國體制政經發展所採取的殖民化、皇民化、南進化過程中，遭遇特有悲慘命運的一段血淚歷史。

第三時期　現代臺灣中華民國政經發展史

　　戰後亞洲新興工業化國家，大部分採取軍、經援助或國際之間軍產複合策略，對外透過關稅、非關稅障礙、配額等對外貿易，與對國內採取財經改革、公共投資，及科文教等主要政經政策。

　　哈佛大學政治經濟學教授溫克勒（Edwin A. Winckler）指出：戰後臺灣政經體制的演變是從「硬性威權主義」到「軟性威權主義」的轉移過程，並在九○年代的中期以後，出現從威權主義轉型到自由民主的體制。

　　檢視現代臺灣中華民國政經發展，主要可分為：戒嚴前期黨國化臺灣政經發展（1945-1972）與戒嚴後期本土化臺灣政經發展（1972-1987）。

一、戒嚴前期黨國化階段臺灣政經發展（1945-1972）

　　1945 年至 1949 年，是戰時動員政經體制的戰後復員政策，政府強調發展民生消費性工業。戰後臺灣雖然脫離日本殖民統治，然而國共內戰的如火如荼，導致臺灣仍未能脫離戰爭的惡夢。所謂的「綏靖期間」乃指 1945 年抗戰勝利至 1947 年 7 月 18 日，政府頒布〈戡亂動員綱要〉之一段期間。依據〈臺灣省

行政長官公署組織條例〉，臺灣雖不採行與大陸各地同樣的省制，而採行由中央政府所任命之行政長官掌握政府的行政、立法、司法等大權。由於當時中國國民黨負責臺灣黨務工作的組織尚未健全，黨的權力運作，還是委由行政長官維持類似日治時期總督府的統治模式來推動政務。

1945年10月25日，臺灣行政長官陳儀，代表中國戰區最高統帥蔣介石委員長，在臺北市公會堂（今中山堂）二樓（今光復廳）主持受降典禮，日方由臺灣總督安藤利吉代表全體日人投降，美軍也有代表到場。11月1日，國民政府接管地方政權。至此，日治總督府和地方行政權責，都已順利移交中華民國行政體系的開始展開運作。

1945年5月，中國國民黨在重慶召開第六次全國代表大會，通過國民大會集會的日期，嗣因政治協商會議延期及在中共與民主同盟阻擾，遂延至1946年11月，通過《中華民國憲法》（草案），並辦理各類選舉，但因中共在各地進行破壞，國民政府因應反共戰爭，乃制定〈動員戡亂時期臨時條款〉。

當第一屆國民大會選出蔣介石、李宗仁為中華民國第一屆總統、副總統時，國家實已進入動員戡亂階段。1944年4月，在中央設計局內設立「臺灣調查委員會」，派陳儀為該會主任委員，積極從事接管臺灣的準備工作；並在〈臺灣省接管計劃綱要〉中，規定「預備實施憲政，建立民權基礎」、「接管後，應積極推行地方自治」。

政經發展的牽涉權力相關選舉，1946年至1948年間，國府在臺灣地區共選舉產生七種職稱的民意代表，可以分為三個等級，即縣市、省，及中央三級的民意代表機構，代表民意行使職

權。1947年2月28日,不幸發生「二二八事件」,雖導火線於一次查緝私菸的紛爭,然而事件卻一發不可收拾,尤其事後演變所成立的「二二八事件處理委員會」,其所提出的〈處理大綱〉之後。

1947年3月11日,南京《中央日報》報導:3月10日,國府蔣介石主席於總理紀念周上指出,臺灣省所謂「二二八事件處理委員會」所提出的無理要求,有取消臺灣警備司令部,繳械武器由該會保管,並要求臺灣陸海軍皆由臺灣人充任,此種要求已踰越地方政治範圍,中央自不能承認,而且日昨又有襲擊機關等不法行動相繼發生,故中央已決派軍隊赴臺,維持當地治安。諸如多位在1946年當選制憲國民大會代表,並前往南京參加國民大會的所謂「祖國派」人士之一的張七郎,最後也都被臺灣省警備總司令部以背叛黨國的名義處死。

檢視二二八事件結果,導致國府撤換陳儀,改由文人魏道明接任,行政長官公署改為省政府。洪炎秋〈幾個難忘的印象——悼陳辭修副總統〉指出:1949年1月,陳誠接任臺灣省政府主席、兼臺灣警備總司令,蔣介石引退,但臺灣仍陷在一連串政治事件不斷發生的愁雲中,加上學生不斷出現「反內戰、反飢餓、反迫害」的反體制口號,導致「四‧六事件」學潮。國府為穩定臺灣政局與經濟秩序,展開全面性的實施戶口總普查,並自5月20日起全省宣佈戒嚴,對投共、擾亂治安、金融及煽動罷工罷課罷市等份子皆依〈懲治叛亂罪犯條例〉處以重刑。

1949年1月,蔣介石下野,雖由李宗仁代理,但蔣介石仍擔任中國國民黨總裁,並於引退之前任命陳誠為臺灣省政府主席兼臺灣警備總司令、蔣經國為中國國民黨臺灣省黨部主任委員

（未到任）。11月，李宗仁稱病須出國治療；12月，立法委員、監察委員，及國大代表先後聯電蔣介石復行總統職權，同時促請李氏返國；12月底，國事紛亂，國府被迫將中央政府撤遷到臺北；1950年3月1日，蔣介石復任總統職務，並以電報告知李宗仁，希望他以副總統的身份做專使，在美國爭取外援。

同時間，蔣介石檢討在大陸的軍事失敗，是因為政治工作不如中共，中共軍之所以有今日的發展和勝利，主要歸功於他們加強對政治工作。當蔣介石復職總統，隨即宣布成立「國防部總政治部」，擔負起重建軍隊的政工制度，加強軍中的思想教育，竭誠服膺領袖的領導；並透過黨的組織建置來掌握軍隊，但隨著1950年4、5月戰事再失利，國民政府相繼棄守海南島、舟山島，轉而全力固守臺澎金馬。

檢視國民政府為順利完成接收臺灣的工作，早在1944年便在中央設計局內成立「臺灣調查委員會」，作為收復臺灣的籌備機構，並在1945年完成〈臺灣接管計劃綱要〉。主要的基本目標是要解除日本對臺灣人民的壓制、重建臺灣的社會秩序、改善臺灣人民的生活、保障臺灣人民的權益、盡速恢復臺灣經濟的運作，以及政府儘可能提供各種支援等。

依據《臺灣省行政長官公署組織條例》，政府成立「臺灣省接收委員會」與「日產處理委員會」。政府也特別擬定兩項有關經濟接管的計畫，主要針對為〈臺灣地政接管計畫〉和〈臺灣金融接管計畫〉，開始實施所謂的計劃性自由經濟。

1945年至1947年間，國府特別宣示〈第一期經濟建設原則〉及其他相關文件，均顯示了一個重要的政策和制度概念上的轉折，「計劃自由經濟」、「企業自由」和「扶持民間企業」等

概念逐漸形成新的理念共識。

隨著戰後初期復員工作的目標，主要仍是強調國家整體動員的「發達國家資本」力量，凸顯政府在計劃性自由經濟發展的功能，來達成國家資本經濟發展的目標；相對地出現「節制私人資本」的壓制了民間企業發展。但隨著政府財政赤字的持續擴大，再加上國共戰爭的漸趨於白熱化和規模化，導致物價不斷上漲的形成惡性通貨膨脹。

這凸顯戰後中國東北的工業設施早已遭到俄國的破壞與拆遷，戰後復員工作面對國家建設資金的缺乏與工人的罷工，加上生產成本的不斷提高，導致貿易出口量減少，以及外匯的短缺。同時，物價上漲的通貨膨脹壓力，其影響結果致使得工業生產無法按計劃達成目標。

戰後的國共內戰結果，也助長民間企業寧可囤積獲取暴利，而不願意投入增加生產的投機心態，造成許多企業的破產，和資金籌措的更加困難。加上，戰爭對政府財務產生排擠效應的結果，國府能用在經濟發展的經費與軍事支出的比率逐年降低。

戰後臺灣、澎湖群島從戰敗國日本手中，重新回到中國的懷抱。由於受到戰爭的影響，戰後復員工作百廢待舉。1945年，上海物價已較戰前上漲884倍，到了1948年物價更較1945年飛漲了998倍。而當時臺灣物價上漲的原因，除了臺灣光復後不到4年之間，舊臺幣發行額從30億增加到5,270多億，另外還有1兆2,100多億的即期定額本票在市面上流通。

檢討當時臺灣物價的上漲主要也受到大陸金圓券貶值的拖累，政府遂以上海運來的200萬兩庫存黃金、白銀作為準備，加上從美日兩地陸續運來的黃金，總共達300萬市兩。1949年 6

月 15 日,臺幣發行幣制改為新臺幣,限額發行 2 億元,每新臺幣 1 元合舊臺幣 4 萬元,每 5 元新臺幣合 1 美元,而且設發行準備監理委員會,每月終檢查新臺幣發行數額及準備情形予以公告,臺灣的物價才慢慢穩定下來。

同時,當時臺灣還必須擔負提供糧食、原料,及消費性等民生工業的產品,支援當時中央政府正陷入國共戰爭的需求。這一重要角色要一直延續到大陸淪陷,國民政府於 1949 年底撤退到臺灣為止。

當期臺灣政經發展,主要在追求安定與自給自足策略來達成「在安定中求發展」的最高原則。戰後臺灣農業增產的關鍵,除了延續日治時期農業建設的基礎,和記取大陸時期土地改革失敗經驗的外,是靠一場有計畫性的經濟社會改革。

1948 年,政府設立中國農村復興聯合委員會(簡稱農復會),以運用美援協助農業發展。1949 年底,國民黨政府來臺之後,隨即採取溫和漸進式的方式,透過一系列政策如三七五減租、土地放領,及耕者有其田等三個階段來完成土地改革,奠定農業培養工業發展的基礎。

近代臺灣比較重大、具體的土地改革政策,可以溯自清治時期劉銘傳「清賦」,和日治臺灣時期後藤新平「臨時臺灣土地調查」的階段。檢視戰後臺灣從土地改革前後,農業生產指數,平均每一勞動者工作日數及複種指數皆有大幅增加。

林鐘雄《臺灣經濟發展四十年》指出:在土地改革前,如 1943 年農作物生產指數為 76.04%(以 1941 年為基期),到了 1953 年土地改革完成時,生產複種指數由 133.9%,增加了 39%。同期間,平均每一勞動者的工作日數,則由 159.5 日提高

為167.6日，而複種指數由133.2提高為172.5。就分配方面而言，在1943年時，土地所得占農業生產值之比率高達45.65%，1953年降為37.39%，勞動所得份額在同一時期，則由44.31%提高為54.38%。

1950年至1975年，是蔣介石總統主政在政經發展上，積極推動輕工業政策，政府強調發展勞力密集產業。1950年3月，蔣介石復職視事。臺灣在蔣介石主政下，以不危及黨中央的領導結構，凍結總統、中央民意代表的選舉，只局部開放具有象徵意義的地方性選舉。正如英國經濟學家寇斯（Ronald H. Coase, 1910- 2013）指出：選舉制度結構的改變，使人們能有效地表達他們的看法和意識型態，而只花極少的成本。

對於中央民意代表方面，立委、監委則依據大法官1954年1月30日釋字第31號解釋：「在第二屆委員未能依法選出集合與召集以前，自應由第一屆立法委員、監察委員繼續行使職權」；國大代表，則適用憲法第28條「每屆國民大會代表之任期至次屆國民大會開會之日為止」的條文。第一屆國大代表的任期與立委、監委一樣，實際上無限期延長，形成舉世罕見的「萬年國會」。至於不影響中央政府權力結構與運作的地方性選舉，仍分別選出臨時省議員、省議員、縣市長。

這是透過籠絡地方政治精英及結合地方仕紳的策略，實施既能以民主選舉號召，又能兼顧確立威權體制的有效雙軌制，繼續以〈動員戡亂時期臨時條款〉及〈戒嚴令〉，限制人民的言論、集會、結社、出版、及新聞等自由，並強調以「法統說」來掌控國會的權力運作。

面對兩岸戰爭的對峙局面，國民政府為鞏固領導中心，遂開

始強化權力結構重組，首先進行中國國民黨的改造工作。中央改造委員會的成立，最顯著的精神為：其一，明定黨的屬性為「革命民主政黨」；其二，裁撤中央監察委員會，採評議委員會制，領導更趨於一元化；其三，注重基層組織與民眾團體；其四，建立幹部制度；其五，確立新的黨政關係。

改造目標是要貫徹以黨對政、軍、警、情治，及工會、商會、漁會、農會、青年、婦女、文化界等社會團體的指揮機制，建立「以黨治國」的「黨國化」政經體制，並強烈主張代表的是中國合法正統政權，不容許有任何反對理論和行動的對權威挑戰。改造時間是從1950年8月起到1952年10月，國民黨召開第七次全國代表大會開幕之日止。

總結改造工作的成果，在消極方面，要把失敗主義的毒素徹底肅清，要把派系傾軋的惡習痛切悔改，要把官僚主義的作風切實剷除；在積極方面，關於基層組織的充實，幹部制度的建樹，黨政關係的確立，教育訓練的實施，文化事業的鼓勵，民眾運動的發展，社會調查的舉辦，設計研究的進行，大陸工作的策劃，海外黨務的發展，紀律與考核的執行，以及財務與黨營事業的整頓，較之於改造以前，顯然已有相當的成績與進步。

由於黨政關係制度的建立，各級黨政民意機關中政治小組，政治綜合小組，以及黨團的運用，使黨政工作互為表裡，相得益彰。而且早在1949年10月，並已開始在陽明山創辦革命實踐研究院，有計劃的調集訓練黨內高級和中級幹部。

1952年10月，國民黨召開第七次全國代表大會，並通過修改黨章，藉由「中央委員會」的組織結構，接掌原已運作的「中央改造委員會」職權。中央委員會閉會期間則透過「中央常務委

員」的權力核心執行黨務工作,對中央委員會負其責任。這次的全國代表會議結果,正式宣告陳果夫、陳立夫兄弟(所謂的 CC 派)、宋子文、孔祥熙、孫科等重量級人士,和閻錫山、白崇禧、楊森等多位將校紛紛被解除軍職,而被排出權力核心,蔣介石第一次完全控制中國國民黨。

另外,對國家安全的掌控方面,1954 年設立「國防會議」,該會議不經立法程序,不必向國會負責,卻掌握大權,不僅各特務單位必須對其負責,必要時連相關部會首長亦須接受節制,人稱「太上內閣」,該會之下設有「國家安全局」,負責協調並監督各特務機關,該會於日後改名「國家安全會議」。

1958 年,臺灣省警備總司令部成立,接管原保安司令部等單位所負責的戒嚴、警備、出入境管理、文化檢查、郵件檢查、軍法審判等業務。除此之外,改組後的國民黨海工會、陸工會、社工會,及憲兵、外交部情報司等單位,雖各有職司,但是都必須向國安會彙報。

1952 年 10 月 31 日,成立「中國青年反共救國團」,強制規定所有高中以上學生為當然團員,團員必須信仰三民主義、宣傳三民主義,以三民主義為中心思想,凡有背叛三民主義者以違犯團紀論處。

救國團本身擁有幼獅通訊社、幼獅月刊社、幼獅廣播公司、中國青年寫作協會,和各地的青年活動中心,舉辦各類型青年活動,加強與青年的聯繫和輔導;並且採取與國民黨各縣市黨部相平行的組織建置,來配合推動黨的工作,做為國民黨領導青年並儲備青年黨員的機構,達成如同 1947 年 9 月,國民黨第六屆四中全會通過「統一中央黨部團部組織案」,將「三民主義青年

團」與國民黨進行「黨團合併」模式。屆時中國國民黨終於完成堅持「黨團合一」、「黨外無黨、黨內無派」的主張，確立了國民黨在臺灣一黨獨大的優勢，和鞏固以蔣介石和培植其子蔣經國為權力核心的領導機制，這期間包括1954年3月，國民黨開除時任臺灣省主席吳國楨。因為，他在擔任臺灣省主席兼保安司令任內反對蔣經國成立救國團，省府主席吳國楨不但不給予經費資助，還指責其團體有如為希特勒法西斯集團，和共產黨共青團的組織。

檢視1949年12月16日，吳國楨接任陳誠的臺灣省主席一職，1953年4月10日辭去省主席一職。當初吳國楨之所以會被賦予省主席的重要職位，除了他本人具有的學經歷之外，主要是當局要借重他來爭取美援。

1949年12月29日，蔣介石在他的日記中曾提到，臺灣省政府改組以後，國務院氣焰更漲，對我政府侮辱情形更難忍受，而其各種挑剔、刁難壓迫，斥責備至，竟將我政府請求其援助之事，反置之罔聞，痛心至極。

吳國楨與爭取美援因素，起因於韓戰爆發後，中華民國成為圍堵共產國家重要的一員，美國開始全力支持退居臺灣的國民黨政府，並提供美援，此後毋須再以吳國楨的親美經歷來爭取美援，吳國楨的重要地位因此也就降低了。特別是吳國楨對蔣經國主持救國團的政府經費支援等事宜，導致執政當局對吳國楨施政的不滿。

吳國楨任臺灣省主席的期間（1949.12.16-1953.4.10），亦正是國民黨來臺之後，積極進行國民黨改造的期間（1950.8至1952.10）。吳國楨任內施政的引發當道不滿，其結局可想而

知，最後是省黨部主委李友邦與吳國楨先後因「叛黨」受到處分。李友邦最後遭槍斃，吳國楨則出走美國，省黨部主委一職改派由三民主義青年團出身、國民黨改造委員會委員的倪文亞接任。

1960 年，當蔣介石以增訂〈臨時條款〉方式，總統任期將不受憲法第四十七條連任一次的限制，和中央民意代表不用定期改選的萬年國會機構，開始陸續遭到《自由中國》雜誌社，胡適、雷震、殷海光等人士的嚴厲批評。最後終致雷震有「包庇掩護共諜」之嫌及「散發不法言論」被起訴，被判須合併執行有期徒刑十年，剝奪公職七年，當然他們所有意籌組「中國民主黨」也就難產了。

另一扮演批評政府言論的雜誌，是創刊於 1957 年而結束於 1965 年的《文星雜誌》。《文星雜誌》的為自由民主訴求，難逃繼《自由中國》雜誌之後的下場。1964 年，臺大教授彭明敏、魏廷朝等人撰擬〈臺灣自救宣言〉，也都在政府的監控和壓制之下，也同樣有人因叛亂罪而遭到入獄的悲慘遭遇。

檢視這些為推動政治民主化和自由化的言論，其相對於武裝奪權和非法組織政黨的權力運作，都只是還停留在標榜延續「五四」精神的啟蒙運動，和對「東西文化」的論戰框框，純屬於部分知識分子的爭取言論自由層次，對威權統治並未能構成任何政經體制的結構性威脅。

至於地方性選舉方面：1963 年，有李萬居、郭雨新、許世賢的當選省議員。1964 年，有高玉樹當選臺北市長、葉廷珪當選臺南市長、林番王當選基隆市長、黃順興當選臺東縣長，1968 年有楊金虎當選高雄市長。但反對人士仍然只是在「黨禁」、

「報禁」的有限度環境下，滿足少數地方政治精英的參政冀望而已。

甚至於當面臨大陸選出的中央民代日漸老化、凋零的嚴重問題時，國民政府為避免造成法統體制的統治合法性危機。1969年，開始舉辦增補選，反對人士也只有郭國基及黃信介等少數進入中央民意機構，不管是在中央或地方的選舉結果，在權力結構上反對人士並未能凝聚成有組織的力量。

這些零星政治性突圍，對於當時國民政府所建構政治權力的二重組織結構，根本無法撼動或制衡蔣介石所建立的威權統治，基本上也都只是屬於微弱的「孤星式」抗爭。1975年4月5日，蔣介石過世，但並不影響國民黨在臺灣執政的基礎。總結蔣介石執政時期不但是確立，而且是鞏固了政治體制上的威權統治。

在經濟發展方面，政府採取「以農業培養工業，以工業發展農業」策略。政府陸續採取三七五減租、土地放領，及耕者有其田等三個階段的策略完成土地改革工程，以增加農業生產，安定農村社會。

1953年，當政府積極推動耕者有其田策略時，為避免徵收與補償地價造成通貨膨脹，政府乃以七成實物土地債券及三成的四大公營企業（水泥、紙業、工礦、農林公司）的股份交付。這四大公營企業的開放民營，不但解決了土地改革地主的補償金問題，也促成臺灣傳統大地主從農業生產開始轉型企業經營。企業經營項目的類別，除了糖與肥料等重要輕工業產品之外，也重視對於水泥與紡織等勞力密集輕工業的經營。

在戰後的50年代，臺灣原可供外銷的農產品米、香蕉與鳳

梨等，已因日本與大陸市場的流失而出口量大減，無法再為國家獲取外匯；在國內市場又由於為數眾多的大批軍民來自大陸，消費量增加，可供外銷的產品數量所剩不多。加上，剛萌芽的部分勞力密集產品，又受制於日貨的強勁競爭。因此，政府決定採行進口替代策略，以自製非耐久性消費品代替進口貨，一方面對外可以節省外匯，另一方面對內又可以保護幼稚工業的發展。

當時政府外匯與貿易政策，是由行政院「外匯暨貿易審議委員會」主持，實際的外匯業務是由臺灣銀行獨家辦理。1950年代初期，臺灣不但外匯存底枯竭，且對外積欠外匯達1千餘萬美元，臺銀開出的 L/C 已被國外銀行所拒絕接受，政府除採取金鈔只許持有，不許買賣的新金融措施之外，另一立刻措施就是建立外匯審核制度，在臺銀之下，分別設立進口外匯初審小組及普通匯款初審小組，開始實施外匯管制，按需要的優先次序，以樽節因應經濟發展的外匯支出。

對外貿易實際業務，則由政府授權中央信託局統辦，諸如：軍事採購，美國援華物質，臺糖公司糖類外銷，代辦臺鹽銷日業務；受省糧食局委託，負責對日銷售食米換取日本化學肥料進口業務。總計糖、米、鹽三類商品占當時全臺灣出口總值四分之三以上。

當時政府採取的經濟發展政策，是既保護又鼓勵的雙軌並行方式。進口替代策略的最直接措施就是決定採用複式匯率，在出口時用的是基本匯率，而進口時除基本匯率之外，還加上給匯證、防衛捐等，進口與出口的差別匯率，遂形成以變相徵收額外進口稅的方式，加重進口產品的成本，減少外國產品的進口，來保護國內產業，但見進口商將本求利，匯率一旦提高，國內批發

價及零售價格也會隨之提高。

　　政府曾有一度除了一般進口匯率之外，為配合僑資，還設計了一種投資觀光匯率：美金1元比新臺幣35元，以鼓勵外資來臺投資觀光。而出口率也有兩種：1比18與1比24，至於哪一種貨品應用哪一種匯率，並沒有什麼固定的標準，主要當時出口都是糖、鹽等公營事業。這些匯率的差額最終雖然都繳到國庫，但是這種多元匯率不利於出口，也導致資源分配不當和許多不法行為。

　　同時，採用高關稅稅率與外匯分配等方式，管制消費性產品進口，確保進口替代產業的國內市場；而且，透過公營金融機構對若干進口替代業的優惠資金融通，來促進企業投資的成長與減低經營成本；並且透過提供原料，保障工廠線的穩定生產。然而，因受到政府保護的廠商獲利甚豐，常引起外界不滿。1960年7月，政府決定固定在美金1元比新臺幣40元的匯率。

　　這階段政府更以「代紡代織」模式，解決資金及原料的難題，扶植了國內棉紡織業的發展。臺灣原本就不生產棉花，因此衣著向來仰賴進口，再加上日本或低價傾銷，更使臺灣紡織業無法發展。政府有鑒於美援物資中有大量的棉花與棉紗，而大陸紡織業遷臺時亦帶來了不少機器，因此主張管制棉布、棉紗進口，以保護本國的紡織業。

　　「代紡代織」的實施，指的是政府批發美援的棉花、棉紗給業者，並支付業者一筆加工費，最後成品也由政府收購。加工費通常定得很高，以降低紡織業者風險，保障利潤。「代紡代織」政策剛實施時，因成品品質低劣，民眾多怨聲載道，迫使政府將「代紡代織」的保護政策取消，國內紡織業已能穩定成長了。

臺灣肥料工業的發展，受到美國為了解決盟軍佔領下日本的缺糧與工業復建問題，曾於 1950 年 9 月，透過盟軍總部的安排，要我國和日本簽定「中日貿易協定」，規定中華民國自日本進口肥料及其他工業產品，並出口米、糖及其他農產品，這協定透過每年的更新，使政府在 1950 至 1965 年間不得不將肥料進口稅固定於 5%的管制措施，這是所有進口項目中稅率最低者。日本肥料的大量進口入侵完全破壞政府原先的整建與發展計劃。

雖然政府實施保護政策頗受經濟自由主義國家的抵制或批評，但對部分開發中國家的經濟發展則有不得不然的苦境。尹仲容贊成工業民營化，卻反對自由放任式的自由經濟。尹仲容認為，在落後國家，民間還沒有具經驗的人才和經濟力量，政府不宜放手讓民營企業隨意去做，而應該由政府來統籌全局，從整體經濟利益著眼，決定某一個時期工業發展的方向與目標，亦即哪些工業應優先發展，哪些應暫緩，哪些應在某一段時期內發展到某種程度。

尹仲容指出，這種經濟計劃，並不同於共產集權國家的經濟計畫，因為在那些國家中，政府並不掌握生產工具，也未控制所有的經濟活動；政府的計畫只涉及工業的種類，而沒有牽涉到各類工業中的生產單位企業，因此這些單位企業仍有充分的活動自由。尹仲容曾稱這種經濟為「計畫式的自由經濟」。

李國鼎稱計畫性自由經濟制度，是以市場機能為基礎，但政府可視實際需要，另做必要而合理的干預。因此隨著經濟發展階段的不同，自由與計畫的相對成分會有所變異。臺灣經濟的自由化直到 1980 年代中期，也只能算是局部自由化。但這階段臺灣經濟政策與發展已從戰後原先的「節制私人資本」，逐漸調整為

「扶植民間企業」。也就是「計劃經濟」逐漸轉型成「計畫性自由經濟」了。

　　1960 年代前後，臺灣在政經發展勞力密集工業時，與臺灣同時發展輕工業的許多第三世界國家，在推行進口替代策略一段時間，同樣會面臨國內市場飽和的壓力，政府明智地不是深化進口替代，而是改採出口擴張策略。

　　李國鼎指出，為擴展臺灣對外貿易，政府進行〈外匯貿易改革方案〉，確立匯率訂為 40：1 的單一匯率，並繼續簡化退稅手續及放寬退稅條件，同時放寬外銷低利貸款項目；推動〈加速經濟發展方案〉的十九點財經改革措施；頒布〈獎勵投資條例〉，以減免租稅獎勵投資；通過〈加工出口區設置管理條例〉，在港口都市附近興建標準廠房，提供電力、給水、通信等各種公共設施以及港口與倉儲設備，以簡化申請投資設廠、成品出口、原料進口、匯出入款等手續，來降低投資的管理成本，同時藉大幅稅捐減免，配合優秀而廉價勞動力，吸引僑外投資人來臺投資。

　　所以，從 1963 年起是臺灣有效推廣輸出的轉捩點，自此以後，臺灣已逐步擺脫對美元的依賴。當時政府所推動的鼓勵出口政策，包括：

　　第一、是對於直接生產者的鼓勵，由於直接生產者農民不諳國際市場情況，受到中間商的剝削，故想要加強推廣輸出，必須保障直接生產者利益，提高其增產興趣，並使其有財力作增產的投資，改進生產技術，以提高品質，政府實施「香蕉出口五五制」，便是對生產者的鼓勵。

　　第二、對國際市場有計畫的拓展，對洋蔥、柑橘採統一供應方式，鳳梨罐頭則實施聯購原料，香茅油辦理統一報價，洋菇及

蘆筍罐頭更實施全面性之產製銷。

　　第三、對工業廠商的鼓勵，對棉紡、毛紡、鋼鐵及橡膠等生產廠商，採取各項鼓勵措施，諸如出口獎勵金、出口退稅及低利貸款等。

　　1961 年至 1972 年間，臺灣經濟結構的變化是工業成長率遠高於農業成長率，不但 1963 年是臺灣經濟起飛期，經 1967 年後的階段臺灣工業化程度已超越日治時代的水準，而且在 1968 年臺灣已進入勞動剩餘的終結年。工業年成長率高達 16.7%，而農業成長為 4.7%；工業部門中，尤以製造業成長最速，年成長率高達 18.5%，礦業為 4.3%，公用事業為 13.6%。

　　然而，邢慕寰指出，60 年代初期以後持續呈現的高度出口繁榮，最主要的原因並不是國內產業結構真正有所改善，或其對外競爭能力真正有所增強，而是政府一直維持 60 年代初期所定的外匯匯率，使臺幣價值一直相對偏低，從而形成實質的外銷補貼。在這種情況之下，加上國內市場高築的關稅和非關稅壁壘，終於導致央行外匯存底的快速累積，和因為收購出口外匯所引起的貨幣供給的遽速增加。

　　1950 年代至 1960 年代之間，政府在行政院之下設有「力行小組」，由各部會首長組成，其任務就是「對匪經濟作戰」，其起源於蔣介石認為臺灣有必要透過香港對大陸進行經濟作戰。當時蔣介石認為，臺灣有很多東西賣到香港去，可是並沒有標明出產於臺灣，例如許多臺灣稻米銷往香港時，都用大麻袋包裝，不如改以小袋子包裝，袋子上面著名臺灣生產，可以達到國際宣傳效果。

　　此外，也可以在香港設立臺灣商品陳列室，宣揚臺灣經濟成

果。為了執行蔣介石的指示，除了在行政院成立「力行小組」之外，還在臺灣成立了「臺港貿易公司」，又在香港成立「港臺貿易公司」，也就是當年臺灣在香港對大陸進行經濟戰的前哨。

二、戒嚴後期本土化臺灣政經發展（1972-1987）

戒嚴後期本土化臺灣政經發展，始於蔣經國擔任行政院長的組閣。1972 年 5 月，蔣經國出任行政院長之前，國民黨的權力核心已開始逐漸轉移到蔣經國的手上，所謂「接班人」已隱約浮出檯面。

然而，蔣經國在面對臺灣長期以來內部一直存在國家認同與族群意識的挑戰，「臺灣獨立」的訴求，似乎與臺灣民主運動形影相隨。蔣經國深刻了解到中國國民黨與中華民國政府本土化的迫切性與重要性。於是透過擴大延攬臺籍精英參與黨中央、中央政府機構及國會的權力運作。

蔣經國組閣時，即大幅增加本省閣員的比率，由臺籍人士擔任重要政治職務，如行政院副院長、內政部長、交通部長，以及臺灣省主席和臺北市長都由臺籍人士出任。並在接任行政院長的同年 12 月，舉辦自由地區增額中央民意代表選舉，以充實中央民意代表機構。

1975 年 4 月 5 日，蔣介石過世，總統職務雖由副總統嚴家淦依憲法規定繼任，但國民黨總裁一職，則在當月 28 日所召開的國民黨中央臨時全體會議決議，保留黨章「總裁」一章，另推舉蔣經國為中央委員會主席兼中央常務委員會主席，蔣經國乃正式成為國民黨的黨主席。

然而，面對的是 1977 年 8 月 16 日，臺灣長老教會發表的〈人權宣言〉，敦促政府面對現實，並採取有效步驟，以使臺灣成為一個新而獨立的國家，以及 11 月 19 日，地方公職人員選舉所發生的「中壢事件」，選舉結果更產生地方權力結構的劇變。

1978 年 3 月，第一屆國民大會第六次會議選舉蔣經國、謝東閔為第六任總統、副總統；5 月 20 日，正式就職；22 日，蔣經國提名孫運璿並獲立法院高票同意，擔任行政院長，正式開啟了蔣經國主政臺灣的時代。

溯自 1970 年代初，「釣魚島事件」的保釣運動展開時，學生高懸「外爭國權、內除國賊」，體制內的改革運動顯示了民間社會已普遍從省籍權力分配、社會利益分配，及政經自主性等實際結構和意識型態層面，向威權體制提出挑戰。

1971 年，從文化擴張到關懷社會的一些年輕學者，藉由《大學雜誌》的平臺，延續《自由中國》、《文星雜誌》書生論政的風格，督促政府尊重人權、政治民主化、國會全面改選的改革等訴求，於是要求國民黨政治革新的呼聲越來越高。尤其是強調「臺灣意識」的體制外改革運動，引發了 1977 年 11 月，地方公職人員選舉所發生的「中壢事件」，以及因美國在 1978 年 12 月 16 日與中共建交，迫使政府原訂於 12 月 23 日，將舉行中央民意代表的選舉延期，導致 1979 年 12 月 10 日，爆發嚴重流血的「美麗島事件」。

這是「二二八事件」以來，臺灣發生的最大規模的一次政治暴力衝突事件。「美麗島事件」的發生，從社會在野的對抗態勢而言，國民黨政府的逮捕違法黨外人士，幾乎把十幾年來逐漸壯大的黨外勢力摧毀殆盡。

檢視蔣經國主政時期的積極推動本土化策略，不管是在地方或中央權力結構的調整與釋出，以及 1987 年 7 月，公佈《動員戡亂時期國家安全法》的解除戒嚴，與 11 月開放大陸探親，緊接著 1988 年 1 月 1 日的解除黨禁、報禁，其對國民黨執政的權力結構與機制都已產生結構性變化，在實際上運作上都已經逐漸弱化了蔣介石主政時期所確立的硬式威權政經體制。

　　這階段與蔣介石主政時期的威權統治相比較，可稱之為「軟式威權政經體制」，亦是政經體制上對威權統治的調整策略。尤其是在蔣經國 1988 年 1 月 13 日過世的前一年，對外宣稱「自己是中國人，也是臺灣人」。國民黨權力結構演變，凸顯標榜「自由中國」的國家發展主軸，逐漸轉型為發展「經濟臺灣」的總體目標。1988 年 1 月 13 日，李登輝繼任總統；7 月 7 日，在中國國民黨第十三次全國代表大會當選黨主席，中華民國本土化的權力結構變化更趨於明顯。

　　當期政府為因應國際能源危機、國內通貨膨脹壓力，及解決經濟結構的問題。1974 年，開始推動〈穩定當前經濟措施〉，從穩定物價、健全財政，及限建措施等來帶動經濟持續發展。尤其，政府在逐步推動國家建設的同時，由於經濟的快速成長，許多基礎設施已不敷需求，形成經濟發展的瓶頸；而且工業發展所需的基本原料日增，能源亦漸感不足，只能大量依賴進口。因此，十大建設主要項目，是基礎建設與加強重化工業投資，包括核能電廠、六項交通建設、一貫作業煉鋼廠、中船高雄廠，及石油化學工業等。

　　推動十大建設不但帶動公、黨營事業投資，更彌補私經濟部門投資與有效需求的不足。同時，由公營部門投資所帶動基礎設

施的健全化，更提供了有利於經濟發展的外部條件，大量吸引民間及外國廠商的投資，擴大有效需求，除有助臺灣重化工業發展之外，更因經由經濟層面的起死回生，連帶有促使政局穩定的效果。

同時，從 1970 年代乃至於 1980 年代，政經發展提高了臺灣經濟的自足性與自主性；相對地，降低了對外依賴的程度。1976 年，臺灣輕、重工業比率，首度由重工業的 50.8%超過輕工業的 49.2%，臺灣多年來推動重工業要提高在產業結構中，占比較重比率的目標終於達成。

林鐘雄指出，1971 年起，除了與進出口融資有關及進口機器設備之外資外，國際資本之流入仍受到嚴格的管制。1979 年 2 月 1 日，外匯市場成立，外幣帳戶除原有之外幣存款外，增設外匯存款，准許廠商及個人將外匯所得以「外匯存款」方式持有。惟營業性質的外匯收入只能存外匯存款，且提取有用途限制，而能舉證為自備外匯者才能存入外幣存款，才可自由提取；並隨著外匯市場的建立，匯率改採管理式機動匯率制度。

檢視 1976 年，爆發「啟達案」，這是繼前一年度「青年公司冒貸案」之後的金融弊案。啟達企業集團共有五家公司，啟達公司製造玻璃紙，立達公司產製模造紙、牛皮紙、打字紙，中洲公司產製紡織品，啟信公司產製瓦楞紙箱，經成公司產製不鏽鋼餐具，因積欠農銀等多家公營銀行，金額達 18 億 4 千 2 百萬元。

1976 年 8 月 11 日，《蔣經國日記》針對「啟達案」留下自我檢討領導無方的文字，除了痛感人心難料，也決心整頓政風。政府嚴格規定銀行對單一企業及其關係企業放款，不得超過銀行

存款總額的一定百分比，後來陸續演變這項限制就納入銀行法，以及禁止或限制銀行負責人三親等以內貸款、投資房地產及投資股票上限等規定。

　　1984 年 6 月，臺北開辦境外金融業務，允許外匯銀行與非居住民從事新臺幣以外之所有外匯交易，但與居住民間之交易仍受到限制。因此，1971 年至 1984 年時期的金融自由化，可稱為「管制外匯體制下的金融自由化」；1985 年以後，則為「金融自由化與國際化業務開拓期」；1987 年 7 月，修正〈外匯管理條例〉，大幅放寬外匯管制，宣布所有與貿易相關的經常帳外匯管制悉數撤除，允許中華民國居民自由持有及運用外匯。另規定資本帳部分，凡非金融機構的個人及廠商，可不經事先核准從事匯出匯入，每人每年可匯入 5 萬美元，匯出 500 萬美元。

　　同時，開放外國證券業務投資國內證券商，其股份可達 40%，及外國人可參與我國證券投資信託事業，股份可達 49%；1989 年，銀行法修正，撤除對銀行存放款利率之管制，央行取消銀行間外匯交易的價格限制；1988 年及 1990 年，分別准許本國銀行成立信託部，及開放外國銀行在臺辦理儲蓄存款與信託業務。1991 年，臺灣的外匯市場已趨於平衡。

　　當臺灣發展重化工業的同時，政府注意到中小企業是處於政經權力核心體系的邊陲，除特別完成〈中小企業發展條例〉的立法工作，以及於 1981 年在經濟部屬下正式成立「中小企業處」外，並積極展開對中小企業提供整體性輔導，以改善中小企業的經營體質，來提高競爭力，並協助中小企業轉型。

　　臺灣許多中小企業不但逐漸發展成大企業，更因應國內外環境的變遷，淘汰勞力密集產業的轉型為發展電子科技業等。在產

業結構的調整下，政府選擇了產業關聯效果大，技術密集高，有廣大市場的紡織、石化、電子、鋼鐵及機械等五大工業，作為策略性的產業，以帶動整體工業的升級與發展。

臺灣產業發展以來，不論農業、工商業或製造業，乃至於服務業的企業經營結構，都是以中小規模的方式為主，其中最大關鍵就是資本取得的問題。政府為解決中小企業融資困難，特成立中小企業信用保證基金，及臺灣中小企業銀行。政府透過對中小企業的輔導，創造了許多就業機會，也達成社會安定、所得平均分配，及城鄉均衡發展的經濟和社會目標。

當然，臺灣中小企業幾乎占企業整體結構中的 97%以上，亦是臺灣產業有別於日韓以發展大企業為主的重要特色之一，彰顯了臺灣產業結構其具有維持市場自由競爭的功能，藉由中小企業與大企業之間的互補作用，大企業不宜生產的零件，分配給垂直分工的中小企業來生產製造，充分發揮產業之間的互利共生結構。

這階段政府積極介入市場經濟的凱因斯式經濟發展政策，是為因應國際經濟帶來的挑戰，政府乃選擇發展策略性高科技技術密集工業，協助臺灣產業要在資本密集產業發展的基礎上逐漸發展起來。

1980 年代，對臺灣經濟發展而言，實際上是一個過渡時期。因為，臺灣經濟政策與發展的目標時而模糊，時而矛盾，如在發展農業與工業之間、保護主義與競爭優勢之間、公營與民營企業之間、外國與國內資本之間、小型與大型企業之間，以及在地化與國際化之間，再再凸顯的是政府所採取的彈性「國家資本主義」色彩。

主要原因是戰後臺灣企業的經營發展，主要可以分為公營、黨營和民營企業等三大類型的經營模式。尤其在公營事（企）業和黨營事（企）業方面，之所以不稱「企業」，而稱「事業」，就當時政府的考量，認為公營和黨營，不似民營之純以營利為目的，而是賦與社會民生的福利責任兩者都具有特殊的時代背景和歷史意義。也因為政府和政黨的介入資本主義市場的企業與經營，遂亦有人將戰後國民政府統治臺灣時期所實施的政經體制稱為「黨國資本主義」（KMT-State Capitalism）。

　　1980 年代以後，臺灣經濟受到高度成長衍生問題的影響，出現高額貿易出超，外匯存底快速累積增加，新臺幣急劇升值，引進大量熱錢及貨幣供給額增加的壓力，造成股票飆漲、房地產價格暴升、工資不斷上漲，致使生產成本上升、競爭力逐漸減退，投資環境漸趨不良的窘境。

　　加上，1987 年蔣經國總統的宣布臺灣解嚴。解嚴後臺灣社會呈現脫序所形成的環保抗爭、勞資爭議、政治不安定、治安惡化，導致投資減少及產業外移。政府採納「經濟革新委員會」的提議，加速臺灣經濟自由化、國際化及制度化的「經濟三化策略」。

　　自由化的目的是要檢討以往對產品、資金、關稅、外匯及技術在國內與國際間流通的限制，透過鬆綁的力求開放程度，讓臺灣經濟國際化，並檢討有礙經濟發展的法令規章予以制度化。

　　1977 年 3 月，政府部門成立園區執行小組；1980 年 9 月，正式成立科學園區管理局，12 月園區開幕，為臺灣高科技創業投資與結合國內外人才，奠定了臺灣發展高科技工業的基礎。

　　李國鼎指出，實施〈科學技術發展方案〉，設立新竹工業園

區，提出〈加強培育及延攬高級科技人才方案〉等重要發展技術密集產業的政策，尤其是 1985 年政府訂定〈國家科技發展十年計劃（1986-1995）〉，1994 年通過〈十大新興工業發展策略及措施〉，並依《科學技術基本法》訂定國家科學發展計畫，提升臺灣成為「技術立國」的先進國家，以因應「知識經濟時代」的來臨，臺灣經濟政策已逐漸要從自由化和國際化，走向全球化資本主義市場經濟競爭發展的佈局。

當期臺灣政經體制的產業與企業結構發展與變遷，「黨國資本主義」結構是受到批評的主要原因。當時臺灣經濟發展的企業組織與經營型態，可分為公營、黨營和民營企業等三大類型的模式。公營事業又可包括地方性質省營與中央政府國營的方式。

第一、公營事業的組織與經營。所謂「公營事業」，根據 1953 年〈公營事業移轉民營條例〉第二條之規定，係指：一、政府獨資經營之事業；二、各級政府合營之事業；三、依事業組織特別法之規定，由政府與人民合資經營之事業；四、依公司法之規定，由政府與人民合資經營而政府資本超過百分之五十以上之事業。

戰後政府的公營事業來源，除了部分是大陸遷臺產業之外，主要接續日治時期殖民經濟所留下來的資產。1965 年 1 月，李國鼎擔任經濟部長，根據俞國華回憶當年指出，李國鼎在經濟部長任內，大力提振國營事業，擴充國營事業規模，一再要求財政部提供經費。財政部也有自己的困難，不可能總是滿足經濟部的需求。有幾次，經濟部長李國鼎便向副總統兼行政院長嚴家淦抱怨，認為財政部沒有盡力支援經濟部，於是 1969 年 7 月初的內閣改組中，李國鼎被改派財政部長，接替俞國華。

1970 年代，隨著政府積極推動十大建設，政府不但要求公營事業擴大投資與生產，而且也邀請中國國民黨的黨營事業，及部分的民間企業配合加入。所以，公營事業公司的存在與經營，主要偏重在加強與公營部門投資有關的基礎設施行業，以及投資報酬率回收時間長，或是資本和技術方面民間企業無法經營者，都由政府組成的公營公司來經營。諸如當時政府為推動重化工業投資分別於 1977 年成立中國造船公司、中國鋼鐵公司等公營事業。

　　然而，公營事業存廢的爭議始終存在。反對公營企業者，認為企業公營必導致效率低落，成為缺乏效率的最好溫床；而贊成者則力倡公營企業可濟民營企業追求私利不顧公益之失，故可提升整體經濟的福利。1980 年代末期，盤根複雜的公營事業轉投資民間企業的行為很難不被視為與民爭利和利益輸送的工具。

　　然而，政府為因應 1990 年代，由於臺灣高度經濟成長所衍生的貿易出超造成外匯存底過高，臺幣升值引進熱錢和貨幣供給增加，於是股票飆漲、房地產遽升、工資上漲形成生產成本增加，投資環境惡化、競爭力減退等經濟因素。在非經濟因素方面更因為環保抗爭、勞資爭議、治安敗壞。

　　因此，政府提出經濟自由化、國際化和制度化的三化策略。1991 年，修正業已停擺將近 40 年的〈公營事業移轉民營條例〉，將原條文第三條：「左列公營事業應由政府經營，不得轉讓民營：一、直接涉及國防秘密之事業。二、專賣或獨占性之事業。三、大規模公用或有特定目的之事業。」的內容，修正為「公營事業業經主管機關審視情勢，認已無公營之必要者，得報由行政院核定後，轉讓民營。」臺灣公營事業終於繼 1953 年的

四大公營企業的民營化之後,被迫再度走向民營化。

三、小結

　　1945 年-1987 年,國民黨在兩蔣主政時期的政經發展被批評「黨國資本主義」,是有其發展的歷史背景。回溯中國國民黨的黨營事業,源起於 1945 年該黨的第六屆全國代表大會,黨中央依循會議所訂的財務基本方針,以事業盈餘充作黨務經費。1947 年,由陳立夫創辦的齊魯公司,是唯一在臺復業的黨營生產事業單位。基本上,黨營經濟事業在臺灣的發展主要可以分為四個階段:

　　第一階段是 1950 年代的初創期,主要負責生產橡膠製品。第二階段是 1960 年代的奠基期,主要生產與營業在水泥、蔗板、電器、電子、製藥等民生用品。第三階段是 1970 年代的拓展期,主要生產與營業在票券金融、石化工業及電子工業等新興行業上。第四階段是 1980 年代的轉型期,主要生產與營業再轉型與民間企業合作。

　　臺灣企業組織結構發展和政府的關係,隨著 1990 年代以後政府主導公營事業的逐漸民營化,和國民黨的停止經營黨營事業,臺灣資本主義發展的結構已從家父長式資本主義發展成為大小夥伴關係,以及之後轉型迄今的策略聯盟式關係。

　　檢視臺灣政經發展自 1945 年起第一階段至 1988 年第三階段止的期間,即與美國為首的民主自由集團站在同一條生命線上,儘管實施的是「軟性的計畫經濟」或稱「計畫性自由經濟」,走的是介於純粹資本主義和中央計畫經濟之間的「三民主義道

路」,但臺灣政經發展的黨國化體制是無可避免的被美國資本主義宰制了。

　　黨國威權體制在政經決策上,平心而論,政府固然主導了整體經濟政策與發展,但是民間企業在「計畫自由經濟」運作機制中有很大的彈性活動空間。

　　蔣經國主政階段臺灣政經發展的轉型,可溯自 1986 年 3 月,中國國民黨第十二屆三中全會通過「政治革新」方案;9 月,民進黨正式建黨。1987 年,立法院通過《集會遊行法》、〈資深中央民代自願退職條例〉、《選罷法》修正案、《人團法》修正案等,一系列有關臺灣政經發展民主化與自由化的重要法令。

第四時期　當代臺灣中華民國時期政經發展史（1987-迄今）

當代臺灣中華民國時期政經發展史（1987-迄今），主要分為：解嚴前期威權轉型臺灣政經發展（1987-2000），與解嚴後期鞏固民主臺灣政經發展（2000-迄今）的兩階段。

一、解嚴前期威權轉型階段臺灣政經發展（1987-2000）

1988 年，李登輝主政。1990 年，李登輝當選中華民國第八任總統，1991 年展開第一階段修憲，至 2000 年的八年間，共進行六階段的修憲，彰顯「經濟臺灣」積極轉向「政治臺灣」的國家發展主軸。

臺灣主要政經權力結構的重大顯示：1991 年 5 月 1 日，終止〈動員戡亂時期臨時條款〉。1991 年 6 月，廢止〈懲治叛亂條例〉。1992 年 5 月，修正通過《刑法》一百條，排除思想叛亂入罪；12 月，影響政經發展的重大改變是第二屆立委選舉，民進黨獲得 31%總得票率及 50 席立委，相較於國民黨 53%及 102 席，國內政黨政治隱然形成。1993 年 8 月，從國民黨分裂出去的「新國民黨連線」，另行成立「新黨」，立法院的權力結構隨之產生分合的複雜關係。

1994 年 7 月，立法院通過《省縣自治法》和《直轄市自治法》；12 月，舉辦的臺灣省長、北高市長與省議員選舉；8 月，國民黨召開第十四屆二中央委員會，宣稱自己政黨屬性已從早期的「革命政黨」、「革命民主政黨」、「富有革命精神的民主政黨」，乃至於成為政黨政治中的「民主政黨」。1995 年，立委選舉。

　　1996 年，第三屆國大代表選舉與中華民國第 9 任總統、副總統的直接民選，是國家建立自由民主體制最關鍵時刻，顯示我國已從威權政經體制的轉型中，建立了以「主權在民」為機制的自由民主政經體制。選舉結果，李登輝、連戰當選總統、副總統。1997 年，地方縣市長選舉。1998 年，立委選舉之後，更加劇朝野政黨各自因內部派系結構調整與理念歧異，及政爭的紛擾，導致國內政黨與政黨之間的權力角逐更形尖銳化。

　　這階段臺灣從解嚴、國會全面改選到總統直選，不但完成了主權在民的價值觀，以及強化主權國家定位，凸顯臺灣追求相對主體性的體目標。從轉型體制的國家認同角度，佐證總統、副總統的直接民選，正表示國民黨已不是一個「外來政權」的政黨。

　　從臺灣政經發展的政治民主化觀點，臺灣政經權力結構的逐漸走向社會開放構成的力量，可以驅策社會走向效率與合理化，並重新設定經濟活動的秩序，引導經濟活動往比較優勢的方向進行，而遠離賄賂與裙帶主義，這是彰顯臺灣權力體系的結構性轉型。

　　1999 年，李登輝總統將兩岸關係定位國家與國家，至少是「特殊國與國關係」。這是臺灣政經發展，其推動轉型體制的政治民主化與經濟自由化，但是這一條路並不是坦途。2000 年，

臺灣政治的權力結構起了很大的變化，國民黨在總統大選失掉執政權，臺灣第一次出現政黨輪替，代表民進黨的陳水扁、呂秀蓮當選第十任中華民國總統、副總統。

李登輝指出，雖然在兩岸關係上，政府早已放棄「漢賊不兩立」的思考模式，而改以「雙贏」的態度，希望積極改善兩岸關係，也提出了領導人會面、文化交流、農業合作等具體的方案，但中共一定要把我們納入他們所謂的「一個中國」模式，不然就指控我們「搞臺獨」，「雙贏」的想法不能發揮作用，迫使我們不得不採取「戒急用忍，行穩致遠」的因應方針。

基於分散市場風險的考慮，「戒急用忍」只是對大陸投資作若干限制，且範圍限於高科技、基礎建設等項目之投資，以及對大型投資作更合理規範，對一般投資及中小企業完全沒有影響。「戒急用忍」是階段性政策，假若大陸政經情勢趨於穩定，兩岸關係明顯改善，中共尊重兩岸對等分治，臺商投資權益可經由雙方協議受到確切保障，而且不影響臺灣經濟穩健發展，則政府將就「戒急用忍」政策加以檢討調整。

然而，「戒急用忍」並沒有因應中國大陸自 1987 年以來，市場轉向發展的契機，反而是將本有利於自己市場競爭，轉趨於緊縮的政經管制政策，不只因為戰術不能，無法實現政府的管制目標，更因為戰略不智，無法發揮臺灣的整體優勢。戰術不能，將導致臺灣的自我設限，因而逐漸流失機會。戰略不智，將導致臺灣的自我削弱，因而逐漸流失政經發展的籌碼。

當期兩岸經貿應採貿易與投資並重方式，臺灣對中國大陸開放成品市場，進口中國大陸在國際市場上極具競爭力的中低檔產品，讓兩岸充分享受比較利益帶來的優勢，形成一種產業內與產

業間並重、貿易與投資同行的分工合作關係。檢討「戒急用忍」政策，並未能如計畫中的發揮預期效果，終致國民黨在選舉中失掉繼續執政機會的因素之一。

政府為解決國內投資意願低落的問題，推動〈振興經濟方案——促進民間投資行動計劃〉，以加速產業升級及發展臺灣地區成為亞太營運中心。該方案自 1993 年 7 月起實施，至 1996 年 6 月此方案三年期滿，其目標在達成三年內民間投資每年增加 10%至 15%，經濟成長率維持 6-7%的任務。

執行策畫單位經濟建設委員會指出，亞太營運中心的目標希望進一步提昇臺灣經濟自由化、國際化的程度，促使國內外人員、貨品、資金及資訊能夠便捷地流通，藉以充分發揮臺灣在亞太地區及兩岸之間的經濟戰略地位，吸引跨國企業並鼓勵本地企業，以臺灣作為投資基地及經營東亞市場，來突顯臺灣在這一地區政經整合中所扮演的關鍵角色，並同時擔負先進國家與開發國家中，政經發展的國際關係與責任。

1990 年代，臺灣經濟結構有了很大轉變。1988 年，服務業的 49.3%生產值首度超過工業的 45.7%。2000 年，臺灣工業與服務業產值占國內生產毛額之比重是 32.37%比 65.57%，農業更減至 2.06%，而服務業項目中，批發、零售及餐飲業占 19.16%，運輸業占 6.74%，金融保險及不動產業占 20.5%，其他服務業占 19.17%。

政府持續以自由化、國際化、制度化的「經濟三化策略」，及科技導向的發展高科技工業政策，來因應臺灣社會多元化、美國新保護主義，及區域經濟發展的競爭，臺灣經濟發展雖然仍獲致相當的成效，但卻持續受到外貿順差所帶來經濟外部不平衡的

壓力。尤其政府為了穩定匯率，透過外匯市場的政策干預，及為了避免貨幣供給額成長過快所採取的沖銷措施，導致延長臺灣整個經濟結構的調整期。

同時，政府為分散海外貿易市場、因應東南亞經貿整合新趨勢，以及繼續加強與東南亞等國家的經貿關係。1994年元月，實施〈加強對東南亞地區經貿工作綱領〉，亦即所謂「南向政策」的政經關係與市場轉向。但當中國大陸成為世界工廠，對全球市場產生巨大的經濟誘因與效應時，儘管「南向政策」採取了加強輸出融資，和推動簽訂貨品暫准通關協定等獎勵措施，但績效仍然未至理想，並未能達到預期的效果。

1980年代以後，新銀行和新券商的開放，雖然符合金融自由化與國際化的需要和趨勢，但是經濟發展財團化的結果，加上立法院提供企業菁英新機會追求決策過程的影響力，各式各樣的企業集團突然變成選舉政客，及地方派系競相爭取為合夥的對象，並與國民黨和國民黨的黨營企業相結合。尤其新組成的「工商建研會」，儼然與工總、商總及工商協進會等三大傳統工商團體相抗衡，形成新的政商結構關係。

1989年，政府為加速國營事業民營化，開放決定中鋼等二十家國營事業民營化，國營事業不能再像過去為擴張新的企業範圍或規模而損及民間企業。2007年，整個國營事業民營化的推動，剩下經濟部所屬6家事業，除臺灣自來水公司暫不採釋股方式民營化，而採業務項目委託經營，其餘臺灣中油公司、臺船公司、臺電公司、漢翔公司、臺糖公司等5家事業，也正面臨民間要求積極推動民營化的壓力。

1990年代，國民黨黨營事業到了徐立德（1988年8月至

1993 年 2 月），和劉泰英（1993 年 3 月接手）主導時期之後，整個黨營事業發展到了 1995 年的巔峰。在黨中央「黨營事業管理委員會」的管理之下，共有負責金融事業部、石化事業部和綜合事業部的中央投資，負責文化事業部的華夏投資，負責能源事業部、科技事業部的光華投資，負責保險事業部的景德投資，負責營建開發事業部的啟聖實業，負責專案事業部的建華投資，和負責海外事業部的悅昇昌等七大控股公司。

在這七大家的控股公司參與投資下，舉凡文化傳播、貿易流通、工商服務、金融服務、營建服務、科技發展、石化工業、民生服務等八大行業，國民黨透過黨營事業的七大控股公司，轉投資的企業公司合計高達 140 家公司。

在黨營事業與公營事業的交互投資情形，各公營事業在民間金融企業投資，顯示公營事業資本作為民間企業的股東，可以對該民營企業的經營權產生一定的干預力，特別金融企業大多為特許行業，在相關市場上占有特殊地位，等於是黨國資本主義對金融體系的每一個層面都擁有實質的控制力。

然而，由於金融機構擁有特殊的市場地位，政府很容易經由獨占或寡占進行超額利潤的汲取，而流入國庫與黨庫。這也是臺灣在一黨獨大的黨國體制下特有的政經網絡關係，其政經結構糾葛與利益交換不僅見之於金融體系，也普遍出現在生產事業體系的結構之中。同時，因為民營企業依附公營和黨營事業的逐漸壯大，致使臺灣政經發展已從原先的家父長式關係，弱化政府功能與角色，逐漸調整為大小夥伴的政經結構關係。

二、解嚴後期鞏固民主階段臺灣政經發展（2000-迄今）

　　解嚴後期鞏固民主臺灣政經發展，是轉型威權與深化民主政經發展。1993年，更提出《人民團體組織法》修正草案的限制黨營事業條文交付審查。1996年12月，「國家發展會議」通過黨營事業不得從事壟斷性事業之經營、不得承接公共工程、不得參與政府採購之招標、不得赴大陸投資。

　　2000年1月，國民黨總統候選人連戰提出國民黨「黨產信託」的主張。3月18日，陳水扁當選總統，臺灣的民主政治進入政黨輪替、政權和平轉移的階段，而失去政權的國民黨亦由連戰主導黨務，並對國民黨黨產和黨營事業處理原則做出具體回應，即將七大控股公司裁併為三家，並在完成黨產清查，而於一年內完成黨產信託。

　　國民黨黨營事業在臺灣政經發展過程中的意義，除有其政黨本身利益之外，這在黨國體制之下，其實存與公營事業對國家經濟發展貢獻的角色並無二致。尤其當國家需要它的時候、民間投資意願不高的事業，黨營事業更配合政府經濟發展與產業升級的政策，在各時期從事不同重點的產業投資，創造了國民的就業機會；有時更為了配合政府政策及克盡對社會的責任，不但要承擔風險，甚至要犧牲盈餘，但因此確能帶動民間企業的成長，增加了政府稅收。

　　檢視戰後國民黨黨國資本主義經濟上的管制規則，也常常容易被利用淪為少數個人或獨占事業的保護工具，極易形成政治經濟學家所謂的「企業化政客」。「企業化政客」對於金錢的貪婪，最常善於利用各種政經結構上特權，鑽營法規的漏洞，或創

造有利於自己的相關法規。

　　由於政府長期控制規模龐大的公營事業，與各種特許事業的許可權力，加上執政黨又擁有許多黨產和黨營事業公司，尤其在2008-2016、2016-2024的政黨輪替之後，臺灣政經發展的產業結構雖然已經逐漸走向民營化，但是與民間財團政客所結合形成的「黑金」結構仍為社會所詬病。

　　2000年，政府經濟政策與發展，主要推動知識經濟與接軌國際經貿體制的策略。檢視2000年起政府揭櫫「知識化、永續化、公義化」三大理念，全力投資人才、研發創新、運籌通路與生活環境外，亦發展半導體、影像顯示、生物科技及數位內容等產業，以提升產業創新能力與國民生活品質。

　　2002年，臺灣正式成為WTO的會員國，逐步建立與國際接軌的經貿體制，重新定位臺灣經濟的核心優勢。其間，臺灣經濟面臨網絡泡沫化、SARS危機等一連串衝擊，但在政府採行適當因應對策下，能將影響降至最低。

　　2008年，臺灣遭逢全球的金融海嘯，政府推動〈因應景氣興經濟方案〉、發放消費券、擴大公共建設等政策，更是讓臺灣能再次安度危機的重要關鍵。6月，政府通過〈永續能源政策綱領〉，訂定高效率、高價值、低排放及低依賴的「二高二低政策」原則，及實施能源供應面淨源與能源需求面節流的政策綱領，將臺灣在資通訊科技方面累積的經驗與優勢，轉移到綠色能源的新領域，創造新的永續競爭力。

　　2009年4月，政府陸續推動六大新興產業行動方案，包括生物科技、精緻農業、醫療照護、觀光旅遊、文化創意、綠色能源等產業，將原有的通信、資訊、光電及半導體的ICT產業，

再加入相關的綠色能源產業、醫療設備產業及製藥等生技產業，並與文創產業密切相結合。臺灣整體服務業占 GDP 的比重達 69.3%，服務業已成為我國經濟活動的主體。

2010 年 5 月，通過《產業創新條例》取代《促進產業升級條例》，以內需和出口作為雙引擎，推動「加速投資臺灣」、「落實結構改革」兩大策略，讓創新成為成長動能，以創造就業為成長的主要目標，在成長的同時兼顧分配的公平。2011 年，政府頒布〈產業實施綱領〉，架構未來農業、工業及服務業各產業發展策略方向，其達成提升國際經貿地位、轉型多元產業結構、促進區域均衡發展的願景。

在加強投資臺灣方面，投資產業創新，包括「五＋（加）二」產業創新，以及數位經濟與服務業科技創新、晶片設計與半導體前瞻科技、文化創意產業科技創新及生活產業，重塑臺灣全球競爭力；並積極推動前瞻基礎建設，奠定未來 30 年國家發展基礎，以因應新產業、新技術、新生活的需求。

在落實結構改革方面，將加速財經法制革新，推動金融市場創新及進行稅制合理化。此外，政府在擴大國際合作方面，積極推動新南向政策，持續加速經貿結盟，以提升對外經濟的格局及多元性。

面對人工智慧（AI）時代來臨，AI 革命比工業革命的規模大且更激烈，例如互聯網、商業 AI、感知 AI、自主 AI 的改變人類生活應用，未來 AI 將逐步取代白領或藍領的工作，勢必帶動新產業結構的改變，不但造成產業人力供需的調整，並將促使因薪資結構的改變所導致貧富差距的拉大，也將顛覆現行體制的政經發展。

三、小結

　　1987 年，解嚴後的中華民國，進入了所謂「後戒嚴」時期，但李登輝主政的「戒急用忍」，和馬英九主政的未能通過「服貿」，導致臺灣失去對外開放的接上國際市場時機。

　　2000 年，政黨輪替的結果是民進黨執政了，雖然已不再聽到政府強調「三民主義統一中國」等意識型態的論調。然而，2016 年，民進黨蔡英文主政的「轉型正義」成效又如何？2024 年，民進黨賴清德接著主政階段，出現「朝小野大」的政局，民進黨不接受監督的批評，導致之前常批評國民黨「黨國化」政策，現在則是採偷天換日的形成「國庫通黨庫」弊端，這現象的臺灣政經發展，再再需要透過嚴厲監督的考驗。

　　臺灣是否真正「解嚴」的鞏固與深化民主政治，經濟發展是否努力朝向尊重市場經濟的發展，或是要停留在、甚至於是倒退為所謂「牛群以山坡草地為生，而飼主則靠政府補貼過活」的政經發展窘境。

　　管理學大師杜拉克（Peter Drucker, 1909-2005）指出，從工業革命初期開始，一直有人主張經濟上互相依賴的力量，應該會比民族主義份子的熱情還強烈。全球化市場經濟是美國化的委婉說法，臺灣隨著政治民主化、蘇聯解體的共產主義式微，對於當前市場經濟能夠較為世人所接受，我們除了還原資本主義的真面目以外，對於資本主義思想的「善」與「惡」，和實施資本主義制度結果的「利」與「弊」，更該有深一層的認識和體驗，當有助實現臺灣追求民主政治、自由經濟、公民社會和多元文化的目標。

檢視長期臺灣政經發展，一直與資本主義市場經濟同步亦趨，雖然一直存在有不同政府介入的程度。所以，臺灣政經發展的市場與政府關係，在漫長相互糾纏的歷史洪流中可以被定位是「管理資本主義」的發展與演變。

　　世界市場只要得到管理，就會獲得積極而不是災難性的消極結果；世界市場只要存在任何長的時間，就少不了某種世界管理方式。畢竟我們不願意看到資本主義可能有著人的臉，但是政府和政治過程必須確保資本主義不是披著人皮的狼。

　　2000年至2008年，臺灣出現政黨輪替，民進黨政府在臺灣後解嚴時期的政經轉型，以及2016年至2024年再取得執政，乃至於2025年以後的賴清德主政，對於臺灣政經的民主鞏固與深化，政權與金錢之間的關係，和公民社會人權的發展，仍然有待觀察。

結論：生命、財富與價值時代

　　研究政經發展與變遷乃是理解歷史演變的關鍵。當臺灣經濟面臨人類歷史的發展，在國家與社會的發展與變遷，逐漸走向政治民主、市場經濟、多元文化及公民社會的道路，而自由民主的國家與社會發展必須仰賴健康、活力的多元文化與公民社會，才能夠繼續地維持穩定的政經發展。

　　臺灣政經發展的轉型，亦應朝向此主流價值前進，雖然市場與政府競爭的歷史是否終結尚未定論，但是創造一個政經發展環境，其所建構在一個可靠的信守承諾，必須結合政府與人民之間的相互關係的機制，促使自由民主化社會的發揮功能與有效率的運作。

　　臺灣為適應當代政經發展與社會變遷的全球化與區域化，其所導致國家發展與族群文化認同的問題，在政經發展過程中議題的比重不斷增加。尤其中國大陸在國際政經的實力崛起之後，以及美國總統川普在國際與兩岸政策上的變數，更使得臺灣政經發展議題的複雜化與詭辯化。

　　新自由主義或稱自由制度主義的國際政經論述，就是在無政府的國際社會中，各國追求的是一種「絕對利益」，即國家間透過持續的合作，有助於共同利益的達成。臺灣在新（後）冷戰的國際關係應該配合這種高度的互賴，會使國家間傾向建立規則、

規範或組織來處理共同的問題,並促進彼此合作的機制,為臺灣政經環境創造一個極大化利益的發展。

不管是史密斯(Adam Smith, 1723-1790)所描述的世界進化政經理論,李嘉圖(David Ricardo, 1772-1823)的地主控制經濟,或是馬爾薩斯(Thomas R. Malthus, 1766-1834)的人口膨脹所造成生存邊緣社會,或是馬克思(Karl Marx, 1818-1883)所斷言資本主義的自毀趨向,或是凱因斯(John M. Keynes, 1883-1946)所剖析資本主義長期性蕭條的趨勢,這一切資本主義政經發展的盛衰社會,不管是多麼有效,看來始終欠缺某種懸疑因素而未達理想目標。

因此,當我們轉問現代政治經濟學家有關我們生命價值,與生存的社會意義,以及我們未來的方向何去何從;還有政府是否真正關心機會平等,而不只是關心所得平等時,我們必須借重過去政經發展與變遷的經驗與教訓,鑑知未來,促使我們要走向更民主、更自由、更平等的社會。

面對 21 世紀,國際政經發展的新趨勢,已由前世紀美國主導的全球化思維,逐漸轉向在顧及國家安全,和發展自己國家利益的政經發展策略,對於涉及軍事安全等高科技產品的採取管制政策,使得全球化與區域化的概念都須加以重新檢視與調整,已成為有限度下所謂「自由貿易」的政經發展策略,也衝擊到臺灣政經發展的挑戰與因應。

諾貝爾經濟學獎得主史迪格利茲(Joseph E. Stiglitz, 1943-),於 2003 年在卸任柯林頓(Bill Clinton)政府的總統經濟顧問委員會主席之後指出,政策基礎不在於自由市場的意識型態,而在於了解市場機制及政府的限制,這樣才有可能創造出經濟榮景。

同時，體認市場與政府的優點與限制，不但與現代政經理論的學說相符，也與政經發展史的課題相符，而且不只是在美國如此，在其他國家也是如此，這不亦就是史迪格利茲批評當前新自由主義，提醒其應多關注市場與政府需要更強有力的法律和法規，來監督當前所呈現諸多民主政治失能與自由經濟失序的問題嗎？

　　布勞岱爾（Fernand Braudel, 1902-1985）在《物質文明、經濟和資本主義》中，他探討資本主義發展最先是從一般人的日常物質生活，其次再深入探討與一般人生活相關的交換制度、市場制度。進一步才討論基於這些超乎日常生活的，以少數大商人經營為主的資本主義式經濟的發展過程。

　　布勞岱爾的這段話，從臺灣政經發展史的角度切入，讓人更可以理解與印證詩哲泰戈爾（Rabindranath Tagore, 1861-1941），在《漂鳥集‧三三》所要闡述的「生命因世界的需要而發見它的財富，因愛的需要而發見它的價值。」這不就是我們為臺灣政經發展的探討，所要改善人民生活的目的，和要實現人類的最崇高目標嗎？

　　最後結語，我想說的是：思考政權、金權與人權關係發展，對於臺灣這塊土地與人民，我投注的有熱愛的情感，它深深觸動著我去探討與書寫完成這樣的一部《臺灣政經發展史論述稿》。

國家圖書館出版品預行編目(CIP)資料

臺灣政經發展史論述稿/陳添壽著. -- 初版. -- 臺北市：元華文創股份有限公司, 2025.09

面； 公分

ISBN 978-957-711-462-4 (平裝)

1.CST: 政治經濟 2.CST: 國家發展 3.CST: 臺灣史

574.33　　　　　　　　　　　　　114010377

臺灣政經發展史論述稿

陳添壽 著

發 行 人：賴洋助
出 版 者：元華文創股份有限公司
聯絡地址：100 臺北市中正區重慶南路二段 51 號 5 樓
公司地址：新竹縣竹北市台元一街 8 號 5 樓之 7
電　　話：(02) 2351-1607　　傳　　真：(02) 2351-1549
網　　址：https://www.eculture.com.tw
E-mail：service@eculture.com.tw
主　　編：李欣芳
責任編輯：立欣
行銷業務：林宜葶

排　　版：菩薩蠻電腦科技有限公司
出版年月：2025 年 09 月 初版
定　　價：新臺幣 500 元

ISBN：978-957-711-462-4 (平裝)

總經銷：聯合發行股份有限公司
地　　址：231 新北市新店區寶橋路 235 巷 6 弄 6 號 4F
電　　話：(02)2917-8022　　傳　　真：(02)2915-6275

版權聲明：

　　本書版權為元華文創股份有限公司(以下簡稱元華文創)出版、發行。相關著作權利(含紙本及電子版)，非經元華文創同意或授權，不得將本書部份、全部內容複印或轉製、或數位型態之轉載複製，及任何未經元華文創同意之利用模式，違反者將依法究責。

■本書如有缺頁或裝訂錯誤，請寄回退換；其餘售出者，恕不退貨■